Diana Düring

Kooperation als gelebte Praxis

# Sozialraumforschung und Sozialraumarbeit
Band 9

Herausgegeben von
Fabian Kessl
Christian Reutlinger

Sozialraumforschung und Sozialraumarbeit finden ihren Ausgangspunkt in der konstitutiven Gleichzeitigkeit von sozialer Konstruktion und Wirkmächtigkeit (vor)herrschender Raumordnungen. Letztere prägen Prozesse der Raumkonstitution ohne soziale Praktiken vollständig zu determinieren. Raumordnungen sind wiederum das Ergebnis dieser sozialen Praktiken und insofern nicht überhistorisch, das heißt keine natürlich bereits vorgegebenen Handlungseinheiten. Räume sind immer Sozialräume.
In der Sozialraumforschung steht die Analyse dieser Sozialräume im Zentrum des Interesses. Studien zur Sozialraumforschung untersuchen die spezifischen historischen Ordnungen des Räumlichen als Ergebnis politischer Kämpfe, die diese wiederum prägen.
Sozialraumarbeit ist die professionelle Arbeit an und mit diesen Sozialräumen. Ihren Ausgangspunkt sucht die Sozialraumarbeit deshalb nicht innerhalb spezifischer Territorien, sondern an den konkreten, aber heterogenen und dynamischen Orten und dem Zusammenspiel der unterschiedlichen Aktivitäten, die Räume (re-)konstruieren.

Diana Düring

# Kooperation als gelebte Praxis

Steuerungshandeln
in Sozialraumteams
der Kinder- und Jugendhilfe

VS VERLAG

Bibliografische Information der Deutschen Nationalbibliothek
Die Deutsche Nationalbibliothek verzeichnet diese Publikation in der
Deutschen Nationalbibliografie; detaillierte bibliografische Daten sind im Internet über
<http://dnb.d-nb.de> abrufbar.

Die vorliegende Arbeit wurde 2010 unter dem Titel „Kooperative Steuerung in der Kinder- und Jugendhilfe – Eine empirische Studie zu Handlungspraxen in Sozialraumteams" an der Fakultät Erziehungswissenschaft und Soziologie der Technischen Universität Dortmund als Dissertation angenommen.

1. Auflage 2011

Alle Rechte vorbehalten
© VS Verlag für Sozialwissenschaften | Springer Fachmedien Wiesbaden GmbH 2011

Lektorat: Stefanie Laux

VS Verlag für Sozialwissenschaften ist eine Marke von Springer Fachmedien.
Springer Fachmedien ist Teil der Fachverlagsgruppe Springer Science+Business Media.
www.vs-verlag.de

Das Werk einschließlich aller seiner Teile ist urheberrechtlich geschützt. Jede Verwertung außerhalb der engen Grenzen des Urheberrechtsgesetzes ist ohne Zustimmung des Verlags unzulässig und strafbar. Das gilt insbesondere für Vervielfältigungen, Übersetzungen, Mikroverfilmungen und die Einspeicherung und Verarbeitung in elektronischen Systemen.

Die Wiedergabe von Gebrauchsnamen, Handelsnamen, Warenbezeichnungen usw. in diesem Werk berechtigt auch ohne besondere Kennzeichnung nicht zu der Annahme, dass solche Namen im Sinne der Warenzeichen- und Markenschutz-Gesetzgebung als frei zu betrachten wären und daher von jedermann benutzt werden dürften.

Umschlaggestaltung: KünkelLopka Medienentwicklung, Heidelberg
Gedruckt auf säurefreiem und chlorfrei gebleichtem Papier
Printed in Germany

ISBN 978-3-531-17796-0

# Inhalt

Abbildungen ............................................................................................. 7

Vorwort .................................................................................................... 9

1 Einleitung und Problemaufriss ........................................................ 13

2 Ausgangspunkte und Kontextualisierungen ................................... 19
   2.1 Jugendhilfe im Sozialstaat ........................................................... 19
      2.1.1 Die Erfindung des bundesdeutschen Sozialstaats ................ 21
      2.1.2 Klassische sozialstaatliche Wohlfahrtsproduktion:
           Subsidiaritätsprinzip und bürokratische Organisierung ........ 22
      2.1.3 … und die Jugendhilfe ........................................................ 25
   2.2 Der Sozialstaat in der Krise ......................................................... 26
   2.3 Spezialisierung, Professionalisierung und Verrechtlichung der
      Jugendhilfe ................................................................................. 30
   2.4 Neu gesteuerte Jugendhilfe im Aktivierenden (Sozial-)Staat ...... 35
      2.4.1 Neue Steuerung als Reformprojekt des kommunalen Staates ... 36
      2.4.2 Neue Steuerung und die Jugendhilfe ................................... 41
      2.4.3 Aktivierender Staat – Neue Steuerung und Governance ..... 50
   2.5 Flexible, integrierte, sozialraumorientierte Hilfen und ihre
      kooperative Steuerung ................................................................ 56
      2.5.1 Flexible, integrierte und/oder sozialraumorientierte
           Organisierung von Hilfen ................................................... 58
      2.5.2 Ansatzpunkt: professionelles Handeln ................................ 62
      2.5.3 Konkretisierungen: Modellprojekte .................................... 63
      2.5.4 Kooperative Steuerung als alternative
           Modernisierungsstrategie (?) ............................................. 67
      2.5.5 Zusammenfassung und Übergang ...................................... 70

## 3 Zur Akteursperspektive auf Steuerungshandeln im Forschungsprozess ... 73
3.1 Erkenntnisinteresse und Erkenntnisperspektive ... 73
    3.1.1 Erkenntnisinteresse: Akteursperspektive auf das Phänomen kooperative Steuerung ... 73
    3.1.2 Interaktionismus als Erkenntnisperspektive ... 75
    3.1.3 Sozialpädagogische Jugendhilfeforschung ... 79
3.2 Forschen mit der Grounded Theory ... 80
    3.2.1 Grounded Theory als Forschungsstil ... 80
    3.2.2 Der Forschungsprozess ... 83

## 4 Empirische Konturierungen der Sozialraumteamarbeit ... 93
4.1 Rahmungen der Sozialraumteamarbeit ... 93
    4.1.1 Rahmungen der Sozialraumteamarbeit in A-Stadt ... 93
    4.1.2 Rahmungen der Sozialraumteamarbeit in B-Stadt ... 96
4.2 Sinnformeln – (Be-)Deutungen der Sozialraumteamarbeit ... 100
    4.2.1 Dominierende Sinnformel: Fallberatungsarbeit (A-Stadt) ... 101
    4.2.2 Dominierende Sinnformel: Sozialraumarbeit (B-Stadt) ... 120
    4.2.3 Institutionalisierungsprozesse: Modifikationen struktureller Ordnungen und lokale Kulturen kooperativer Steuerung ... 139
4.3 Sozialraumteams als Orte der Grenzbearbeitung ... 146
    4.3.1 Die institutionelle Ebene: Grenzbearbeitung des öffentlichen und der freien Träger ... 148
    4.3.2 Grenzbearbeitung zwischen freien Trägern ... 152

## 5 Kooperatives Steuerungshandeln – Generierung erhöhter (Selbst-)Reflexivität und Organisierung von Zustimmung ... 155
5.1 Zur multiperspektivischen Prozessierung professioneller Entscheidungsfindungsverfahren ... 156
5.2 Kooperatives Steuerungshandeln und reflexive Professionalisierung ... 164
5.3 Schlussbemerkungen ... 173

## 6 Literatur ... 177

# Abbildungen

*Abbildung 1:* Gegenüberstellung der Reformkonzepte Neue Steuerung und Governance .............. 55

*Abbildung 2:* Interne und externe Strukturelemente der Jugendhilfe .............. 65

*Abbildung 3:* Darstellung des zirkulären Forschungsprozesses .............. 85

*Abbildung 4:* Gremienstruktur in B-Stadt .............. 98

*Abbildung 5:* Arbeitsbereiche der Sozialraumteamarbeit in B-Stadt .............. 99

*Abbildung 6:* Arbeitsbogen der Fallberatungsarbeit .............. 107

*Abbildung 7:* Arbeitsbogen Planungsarbeit .............. 127

*Abbildung 8:* Soziale Welten/Arenen-Karte Sozialraumteam .............. 144

*Abbildung 9:* Positions-Karte zu alten und neue Rollen in Fallproduktionsprozessen .............. 149

# Vorwort

Unter der Überschrift „Sozialraumorientierung" werden seit nunmehr zwei Dekaden unterschiedliche Reformprogramme für die bundesdeutsche, aber auch die österreichische und schweizerische Kinder- und Jugendhilfe (bzw. Jugendwohlfahrt) präsentiert und kommunal implementiert. Diese Reformprogramme der Sozialraumorientierung weisen vor allem zwei Dimensionen auf: eine handlungskonzeptionelle und eine Dimension der neuen Steuerung lokaler Administration. In der zentralen Figur der Kooperation verbinden sich diese beiden Dimensionen: Der Auf- und Ausbau inter-institutioneller fachlicher Kooperationsstrukturen wie einer Kooperation in lokalen Netzwerkstrukturen soll sowohl eine veränderte Fachlichkeit – im Sinne einer passgenaueren Fallbearbeitung und einer damit verbundenen Nutzung nahräumlicher Ressourcen – etablieren als auch effektivere und bürgernähere lokal-administrative Strukturen – zur Überwindung einer primär bereichsspezifischen, und damit nicht-integrierten Fallbearbeitung.

Diese Situation markiert den Ausgangspunkt der Studie von Diana Düring. Ihr forscherisches Interesse gilt dem Prozess dieser „entspezialisierten Organisierung von Hilfen" und diesen Versuchen der Etablierung einer „lebensweltlich fundierten Professionalität", als Ziel der kooperativen Steuerungsprogramme in der bundesdeutschen Kinder- und Jugendhilfe seit Ende des 20. Jahrhunderts. Im Unterschied zu den vielfachen programmatischen Beiträgen und wenigen evaluativen Beurteilungen zur Frage kooperativer Steuerung legt Diana Düring mit der vorliegenden Arbeit eine systematische empirische Betrachtung dieser Reformbestrebungen vor. Dazu nimmt sie das spezifische Kooperationsinstrument der „Sozialraumteams" in den Blick. Diese inter-institutionell arbeitenden Teams von Fachkräften agieren zumeist stadtteilbezogen und sollen daher eine sozialraumorientierte – also am territorialen Nahraum ausgerichtete – und eine flexible wie integrierte – also nicht nach lokal-administrativer Bereichslogik präformierte – Kinder- und Jugendhilfe realisieren. Sozialraumteams werden somit als potenzielle Verhandlungssysteme angesehen, wie Diana Düring deutlich macht, denen ein Selbststeuerungsfähigkeit für das System der Kinder- und Jugendhilfe bzw. genauer hier: den Hilfen zur Erziehung, unterstellt wird. Doch inwieweit hat sich mit der Implementierung der Sozialraumteams tatsächlich ein verändertes kooperatives Handlungsverständnis auf Seiten der Akteure in der Kinder- und Jugend-

hilfe realisiert? In welcher Gestalt ist das veränderte Steuerungsverständnis also nachweisbar? Der forscherischen Bearbeitung dieser Fragen stellt sich Diana Düring in ihrer hier vorliegenden Studie. Ihre zentrale Forschungsfrage beschreibt sie daher mit den Worten: „Wie aktualisiert sich das veränderte Steuerungsverständnis, das mit dem Instrument der Sozialraumteams verbunden wird, in den Handlungsorientierungen der beteiligten Professionellen?"
Folgerichtig richtet Diana Düring ihren analytischen Fokus auf die „Bedeutungszuweisungen und Sinngebungen der Fachkräfte", um über diese die tatsächlichen Transformationsprozesse, die mit der Etablierung der Sozialraumorientierung auf der Ebene der Einführung kooperativer Steuerungsprogramme erreicht wurden, empirisch zu erfassen.

Diana Düring unternimmt zwei kommunale Fallstudien in zwei ehemaligen INTEGRA-Kommunen, also zwei bundesdeutschen Städten, in denen in den 1990er Jahren dieses spezifische Modell von flexiblen und integrierten Erziehungshilfen (INTEGRA) implementiert wurde. Das Bundesmodellprojekt INTEGRA zielte auf die beiden eingangs benannten Ebenen, die hier allerdings akteursbezogen fokussiert wurden: Auf der einen Seite setzte INTEGRA auf der Ebene der Akteure, das heißt der direkten Erbringungssituation, selbst an. Dort wurde versucht, Ressourcen des sozialen Nahraums zu aktivieren, indem „flexible Organisationen" gemeinsam erarbeitete Hilfeoptionen und notwendige Unterstützungsleistungen für den jeweiligen Einzelfall individuell realisierten und sich dafür entsprechend zuständig sehen sollten. Auf der anderen Seite zielte INTEGRA auf die Ebene der Organisationen bzw. der Kooperation der beteiligten Träger. Leitend war dabei die Überzeugung, dass nur diese organisationalen Kooperationsstrukturen die Erbringung von integrierten und sozialräumlich organisierten Hilfen ermöglichen könnten. Während mit der ersten Ebene die Tradition einer lebensweltlichen Perspektive weiterentwickelt und entsprechend wenig Widerspruch erzeugt wurde, löste dieses Modellprojekt insbesondere in der Phase seiner Implementierung in Bezug auf die rechtliche, finanzierungs- und steuerungstechnische Machbarkeit – also die zweite Ebene – eine höchst kontroverse Diskussion aus. Im Zentrum stand dabei das Steuerungsinstrument der so genannten Sozialraumbudgets, das im Zusammenhang der Implementierung neuer kommunaler Steuerungsmodelle Ende der 1990er Jahre entwickelt wurde. Trotz intensiver Debatten und auch formal-rechtlicher Einwände blieb auch die Diskussion um die Sozialraumbudgets bisher auf dem Niveau eines Machbarkeitsdiskurses. Einblicke in die konkreten Prozesse, welche vor Ort, durch das Zusammenspiel ganz unterschiedlicher Akteure, ablaufen, und was diese im Hinblick auf die Frage der Kooperation und Steuerung genau bedeuten, liegen bisher kaum vor. Die vorliegende Studie von Diana Düring schließt genau in Bezug auf dies Aspekte eine systematische Forschungslücke. Ihre Untersu-

# Vorwort

chung ist zwar auf den spezifischen INTEGRA-Kontext bezogen, ihre Ergebnisse und Schlussfolgerungen geben jedoch Hinweise, die für die Debatte um die weitere Ausgestaltung und Fortführung der sozialraumorientierten Neujustierung Sozialer Arbeit insgesamt von grundlegender Bedeutung sind.

Diana Düring gelingt mit der vorliegenden Arbeit ein systematischer Beitrag zur Identifizierung der konkreten Gestalt gegenwärtiger Sozialraumarbeit. Zugleich verweist sie damit auf die vorhandenen Engführungen derartiger sozialraumorientierter Zugänge, die in näherer Zukunft in der Fachdebatte bearbeitet und möglichst verhindert werden sollen: (1.) Noch immer scheinen sozialraumorientierte Ansätze ihre Orientierungspunkt programmatisch in territorialen Dimensionen zu suchen, obwohl in den fachlichen Handlungsvollzüge – in Diana Dürings Studie insbesondere am Beispiel der Kommune A verdeutlicht – die Herstellung pädagogischer Räume im Vordergrund steht, und damit die territoriale Dimension de facto nurmehr eine marginale Rolle spielt; (2.) Kennzeichnend für die gegenwärtige Sozialraumarbeit in der Kinder- und Jugendhilfe sind „lokale Kulturen", auch darauf kann Diana Düring hinweisen, und keineswegs einheitliche Muster, wie vorherrschenden Sozialraumorientierungsprogramme mit ihren generellen Konzeptionsvorschlägen suggerieren; (3.) Mit dem Instrument der Sozialraumteams kann eine Herstellung von Transparenz in der Fallbearbeitung und auch eine strukturelle Vorbereitung von Fallentscheidungsprozessen gelingen. Ja, teilweise sogar eine präventive Vermeidung der Fallproduktion selbst. Zugleich führt die dazu erforderliche inter-institutionelle Kooperation aber u.U., wie Diana Düring rekonstruierend zeigen kann, zu einer Tabuisierung der realen Konkurrenzsituation zwischen den beteiligten Trägern; damit verbunden erweist sich (4.). die Etablierung kooperativer Handlungsmuster als potenzielle Gefahr der konsensuellen Befriedung und der Verschattung bestehender Macht- und Herrschaftsverhältnisse; von fundamentaler Bedeutung ist schließlich (5.) der Hinweis von Diana Düring, dass die Arbeit der von ihr beforschten Sozialraumteams von einem systematischen Ausschluss der AdressatInnen charakterisiert ist. Damit dominieren auch hier weiterhin die Deutungsmuster der Fachkräfte. Zwar wird immer wieder programmatisch auf die Relevanz subjektiver Dimensionen, wie den Willen oder das Interesse der AdressatInnen verwiesen, aber diese Forderungen scheinen auch hier zumeist nur Programmatik zu bleiben.

Sozialraumorientierung ist in der deutschsprachigen Sozialen Arbeit an vielen Stellen zum Catch-All-Reformprogramm geworden. Dadurch ist inzwischen nicht mehr systematisch unterscheidbar, was drin ist, wenn Sozialraumorientierung drauf steht. Um eine solche Differenzierung wieder vornehmen, und echte Reformgewinne von einem programmatischen Labeling unterscheiden zu können, sind Analysen, wie die von Diana Düring von dringender Notwendigkeit.

Denn erst sie erlauben es, eine reflexive räumliche Haltung – und somit eine professionelle Positionierung – einzunehmen.

Als ein solcher Aufklärungsbeitrag fügt sich Dianas Dürings Studie wunderbar in die VS-Reihe Sozialraumforschung und Sozialraumarbeit ein und ihr ist daher eine breite Rezeption auch deutlich über die sozialpädagogischen Diskussionen hinaus zu wünschen.

Essen und Rorschach im Februar 2011
Fabian Kessl & Christian Reutlinger

# 1 Einleitung und Problemaufriss

Die vorliegende Arbeit setzt sich mit kooperativen Steuerungsformen in der Jugendhilfe auseinander bzw. präziser mit dem, was Mitarbeiter und Mitarbeiterinnen ‚vor Ort' tun, wenn sie trägerübergreifend und ‚sozialraumorientiert' kooperieren und dies als Steuerung begreifen oder dieses als Steuerung dargestellt wird. Den Forschungsgegenstand im engeren Sinn bilden *gemeinsame Teams des öffentlichen und freier Träger der Hilfen zur Erziehung* – die je nach Kontext und zu Rate gezogener Literatur als Stadtteilteam, Sozialraumteam, Sozialraumgremium, Regionalteam, Kiezteam, Fallteam o. Ä. bezeichnet (vgl. Bestmann/Brandl 2006) und im folgenden Sozialraumteams genannt werden. Die sozialräumlich ausgerichteten Teams verfolgen programmatisch den Anspruch, Jugendhilfeleistungen in ihrem Zuständigkeitsgebiet kooperativ zu steuern bzw. zu organisieren und sind – auch in ihrem Selbstverständnis – innerhalb der Reformprogrammatik einer flexiblen und/oder integrierten und/oder sozialraumorientierten Jugendhilfe verortet. Dieser Reformdiskurs knüpft an der mit der Heimkampagne begonnene Institutionen- bzw. Organisationskritik an bzw. führt diese fort (vgl. Rosenbauer 2008). Dabei stehen ausdrücklich die ungeplanten Nebenfolgen der seit den 1970er-Jahren stattgehabten Entwicklungen in den Erziehungshilfen im Mittelpunkt, die sich als Institutionalisierung einer versäulten Hilfe-Struktur zeigen und auf einer Kultur von Spezialisierungen und damit struktureller Selektivität fußend Maßnahmekarrieren und Verschiebungspraxen (strukturell) evozieren (vgl. Freigang 1986, Klatetzki 1993, zuletzt Hamberger 2008).

Ausgehend von einer kritischen Betrachtung dieser Nebenfolgen wird demgegenüber mit der Reformprogrammatik einer flexiblen und/oder integrierten und/oder sozialraumorientierten Jugendhilfe auf eine entspezialisierte Organisierung[1] von Hilfen und eine lebensweltlich fundierte Professionalität abgehoben. Anstelle auf Dauer gestellte (Erziehungs-)Hilfen mit festumrissenen Problembezügen vorzuhalten geht es darum, *bedarfsgerechte* Erziehungshilfen zu organisieren, die von den lebensweltlichen Schwierigkeiten der Adressaten und Adressatinnen ausgehen. Zudem wird Jugendhilfe resp. Hilfen zur Erziehung in die-

---

1 Der Begriff Organisierung wurde in dieser Arbeit bewusst gewählt, um so die Prozesse des Organisierens in den Mittelpunkt zu rücken.

sem Rahmen immer auch als (kommunale) Sozialpolitik bzw. Infrastrukturarbeit konzipiert und damit individualisierende, ausschließlich einzelfallbezogene Ansätze suspendiert zugunsten der Beachtung von Lebenslagen und Lebenswelten. Ein starker Gemeinwesen-/Sozialraumbezug ist somit charakteristisch für die Reformprogrammatik einer flexiblen und/oder integrierten und/oder sozialraumorientierten Jugendhilfe. Die Realisierung dieser wurde insbesondere über verschiedene Modellprojekte wie bspw. INTEGRA (vgl. Peters/Koch 2004) oder dem Stuttgarter Reformprojekt (Früchtel et al. 2001) zu erreichen versucht, fand aber auch zum Teil ‚flächendeckend' Eingang in die normale Erziehungshilfelandschaft (vgl. z. B. Haller et al. 2007, Kurz-Adam 2006).

In der entsprechenden Literatur werden die (zum Teil während der Modelllaufzeiten) implementierten oder weiterentwickelten Kooperationsformen zwischen öffentlichen und freien Trägern als zentrale (Modernisierungs-)Instanzen markiert, mit denen die Reformprogrammatik in Handlungspraxis überführt wird und für die beteiligten professionellen Akteure und Akteurinnen praktisch erfahrbar wird. Im Kanon der kooperativen Arbeitsformen wird den Sozialraumteams dabei eine besondere Rolle zugewiesen, da sie kooperative Arbeitsbeziehungen der Mitarbeiter und Mitarbeiterinnen des öffentlichen und der freien Träger auf der alltäglichen Ebene des beruflichen Handelns implizieren und damit über andere kooperative Settings (wie z. B. themenbezogene Arbeitskreise) ‚hinausgehen'. Sie gelten oftmals als ‚Umschlagspunkte', an denen die Reformen für die Mitarbeiter und Mitarbeiterinnen praktisch werden. Des Weiteren wird mit der – auch über Geschäftsordnungen abgestimmten – verbindlichen Verpflichtung Steuerungsaufgaben kooperativ zu lösen, im Vergleich zu den anderen im Feld der Jugendhilfe vorfindbaren Steuerungsmodellen Bürokratie und Markt auf eine alternative Koordinierung gesetzt. Sozialraumteams können insofern theoretisch als Verhandlungssysteme beschrieben werden, mit denen „ein neues Muster der Problembearbeitung oder funktionalen Orientierung etabliert wird, das durch Flexibilität, Integration, Sozialraumbezug und Selbstbeschränkung sowie erhöhte Selbstreflexivität charakterisiert ist" und das als „kooperatives sozialpolitisches Steuerungsmodell" bezeichnet werden kann (Peters 2004b: 127; Herv. im Text). Mit einer solchen Stilisierung derartiger Teams als Verhandlungssysteme wird an steuerungstheoretische Überlegungen angeknüpft, wie sie zuvorderst in politikwissenschaftlichen Ansätzen zu (Un )Möglichkeiten der Gesellschaftssteuerung formuliert werden (vgl. Willke 2001). Kooperative Steuerung verspricht demnach das Problem aktiver Koordination in hochdifferenzierten Gesellschaften – „die Herstellung der erforderlichen und unabdingbaren Einheit unter der Bedingung, dass die Autonomie, Vielfalt, Varietät und Innovativität der Teilsysteme des Ganzen möglichst schonend erhalten bleiben" (ebd.: 112) – angemessen zu bearbeiten und dementsprechend eine leistungsfä-

# 1 Einleitung und Problemaufriss

higere Alternative zu anderen Steuerungsmodellen darzustellen. So verstanden, setzt kooperative Steuerung auf die Selbststeuerungsfähigkeiten des Systems bzw. der Akteure und Akteurinnen, eine flexible Spezialisierung sowie Responsivität.

Ausgehend von dieser theoretischen Konturierung kooperativer Steuerung stellt sich jedoch die nur empirisch beantwortbare Frage, wie sich diese Programmatik in konkrete Handlungspraxen ‚übersetzt', zumal eine empirisch gegründete Auseinandersetzung mit den Perspektiven der Fachkräfte auf/in diese(n) ‚neuen' Settings bislang noch weitestgehend aussteht.[2] Diesem Erkenntnisinteresse wird hier mittels einer qualitativen Forschungsstrategie im Rahmen des sogenannten interpretativen Paradigmas nachgegangen, um über die Rekonstruktion der interpretativen Leistungen der handelnden Akteure und Akteurinnen Zugänge zu den interessierenden sozialen Wirklichkeiten (Praxen) zu gewinnen. Mit anderen Worten: Das Forschungsinteresse richtet sich auf die (artikulierten und beobachtbaren) Sinnkonstruktionen der Sozialraumteammitglieder, mit denen sie ihr Tun – ‚Sozialraumteamarbeit zu machen' – versehen und erklären, um auf diese Weise Erkenntnisse zu (niedrigschwelligen) kooperativen Steuerungsformen in der Jugendhilfe zu generieren. Im Kern zielt diese Studie daher auf die Rekonstruktion der Sinngebungen und Handlungsorientierungen der professionellen Akteure und Akteurinnen von Sozialraumteams und fragt, wie sich der programmatische Kern dieser – zunächst als alternativ beschreibbaren – spezifischen Steuerungsweise in den Handlungsorientierungen der Fachkräfte aktualisiert. Es geht also um eine empirische Annäherung an das Phänomen der kooperativen Steuerung in der Akteursperspektive[3] und um Antworten auf die Fragen, wie bzw. ob sich eine derartige Praxis kooperativer Steuerung im Feld der Jugendhilfe ‚einschreiben' kann und welche Konsequenzen sich daraus ergeben.

Hierbei wird nicht davon ausgegangen, dass die (autonomen) subjektiven Sinnkonstruktionen als unabhängig von äußeren, strukturellen ‚Zuständen' resp. gesellschaftlichen Institutionen zu verstehen sind, sondern die Position vertreten, dass „die einzelnen Subjekte sich die vorgegebenen Institutionen verinnerlichend aneignen und freiwillig handelnd umsetzen, sie eben diese Institutionen reproduzieren und so deren Wirklichkeit erhalten." (vgl. Schröer 1994: 14), aber auch – trotz aller ‚Rahmung' – modifizieren und gestalten. Soziale Arbeit resp. Jugendhilfe und hier vorfindbares professionelles Handeln kann so als Teil des wohlfahrtsstaatlichen Arrangements in einem Bedingungsfeld verortet werden, wel-

---

2 Vgl. zum INTEGRA-Projekt ansatzweise Peters/Koch 2004: 149 ff., Koch u. a. 2002.
3 Mit dem Begriff Akteursperspektive sind sowohl die Perspektiven der Akteure als auch der Akteurinnen gemeint. Auf die Begriffserweiterung i.S. von Akteurs- und Akteurinnenperspektive wurde verzichtet, um eine bessere Lesbarkeit zu gewährleisten.

ches durch wohlfahrtsstaatliche Rahmungen bzw. institutionelle Vorgaben, den beruflichen Diskurs sowie die konkrete Organisiertheit strukturiert wird (vgl. Kessl 2005, Köngeter 2009), ohne die grundlegende Sinn- und Subjekthaftigkeit des Handelns zu suspendieren.

Die ‚Erfindung' des bundesdeutschen Sozialstaats bildet folglich den Ausgangspunkt der vorliegenden Arbeit. Aufgrund der Übernahme des bundesdeutschen Systems bzw. der bundesdeutschen Strukturen als Leitmaximen für die sogenannten neuen Bundesländer beschränkt sich die entsprechende Rekonstruktion auf die Entwicklungen im bundesdeutschen Sozialstaat.[4] Es gilt also zunächst die wesentlichen Aspekte des (spezifischen) wohlfahrtsstaatlichen Arrangements unter besonderer Beachtung der je relevanten Steuerungsmodelle und Organisierungsweisen zu skizzieren.

Hier zeigt sich, dass die Frage, wie (öffentliche) Hilfen organisiert und gesteuert werden sollen bzw. wie das Zusammenwirken der (professionellen) Akteure und Akteurinnen gestaltet werden kann, um die Erreichung bestimmter Resultate zu erzielen, diskursiv strittig ist. Üblicherweise wird dabei auf drei Grundformen zur Koordinierung und Organisierung kollektiver Handlungen rekurriert, die sowohl innerhalb der sozial- bzw. politikwissenschaftlichen Steuerungstheorie als auch innerhalb der Organisationstheorie voneinander abgegrenzt werden: Bürokratie/Hierarchie, Markt und Netzwerke (z.B. Willke 2001) bzw. Markt, Organisation/Hierarchie und Gemeinschaft/Netzwerke (z.B. Wiesenthal 2005).

Während Steuerung (oder Steuerungsversuche) durch Hierarchie/Organisation und damit Macht sowie durch mehr Markt oder Verwaltungsmodernisierung (Neues Steuerungsmodell) zunehmend umfassender Kritik unterliegt (vgl. exempl. und auf die Jugendhilfe bezogen: Peters 2004b und die dort angeb. Lit.), ist ob und wie eine kooperative Steuerung, die als theoretische Alternative zu den klassischen Steuerungsmodellen diskutiert wird, anvisierte Steuerungsprobleme lösen und zugleich eine veränderte Praxis im Sinne einer qualitativen Verbesserung und stärkeren Professionalisierung erzieherischer Hilfen ermöglichen kann, Gegenstand der vorliegenden Arbeit.

Im zweiten Kapitel werden zentrale (Modernisierungs-)Diskurse zur Organisierung der Wohlfahrtsproduktion in der Jugendhilfe resp. in den Hilfen zur Erziehung skizziert und in Bezug zu (Reform-)Diskursen zur Gesellschaftssteuerung im Wohlfahrtsstaat gesetzt. Somit werden die wohlfahrtsstaatlichen und

---

4  Eine angemessene und präzise Beschäftigung mit dem Jugendhilfesystem der DDR würde den Rahmen dieser Arbeit sprengen. Auf die diesbezüglich verbreitete Praxis, die Jugendhilfe der DDR in einem Exkurs-Kapitel darzulegen, wird bewusst verzichtet. Zudem lieferte die Analyse des Datenmaterials keine Hinweise darauf, dass die Interpretationen der Akteure und Akteurinnen von ‚Ost-West-Unterschieden' geprägt wurden.

# 1 Einleitung und Problemaufriss

institutionellen Rahmungen beschrieben, die die konkreten Sinnkonstruktionen der Akteure und Akteurinnen im Feld der Jugendhilfe vorstrukturieren. Darüber werden zugleich theoretische Bezugspunkte der Studie vorgestellt und das Forschungsfeld gekennzeichnet.

In Kapitel 3 wird die Studie als sozialpädagogische Jugendhilfeforschung verortet und die grundgelegte interaktionistische Erkenntnisperspektive erörtert. Des Weiteren wird der Entstehungsprozess der Arbeit dargestellt und reflektiert, wobei das ‚Verfahren' der Grounded Theory als praktizierter Forschungsstil in den Mittelpunkt gerückt wird.

In Kapitel 4 werden schließlich die zentralen empirischen Kategorien (Sinnformel) Fallberatungsarbeit, (Sinnformel) Sozialraumarbeit und Grenzbearbeitung dargestellt.

Den Abschluss bildet Kapitel 5, in dem die Arbeit der Sozialraumteams unter Steuerungsaspekten betrachtet wird. Dabei wird argumentiert, dass die Akteure und Akteurinnen der Sozialraumteams in ihrem Tun kooperative, konsensorientierte Entscheidungsfindungsprozesse vollziehen, in deren Konsequenz eine erhöhte professionelle Selbstreflexivität (von Steuerungsentscheidungen) einerseits zu konstatieren ist, ohne allerdings die strukturell induzierten Asymmetrien sozialpädagogischer Erbringungsverhältnisse grundlegend zu bearbeiten. Das ‚wirksame' veränderte Steuerungsverständnis drückt sich dabei in der Grenzbearbeitung aus, die die Fachkräfte im Rahmen von Sozialraumteamarbeit kontinuierlich leisten. Zugleich wird vermittels kooperativen Steuerungshandelns auch die Zustimmung heterogener Akteure und Akteurinnen zu Problemlösungen organisiert, die (nachher) in anderen Arenen, ohne ihre Beteiligung, getroffen werden (können). Insofern stellen Sozialraumteams eine ambivalente Veranstaltung dar, die wohl unter Begriffen neuerer Governance-Konzepte weiter diskutiert werden müsste.

Die aufgezeigten Begrenzungen kooperativen Steuerungshandelns werden mit der Anbindung an Überlegungen zur reflexiven Professionalisierung Sozialer Arbeit (vgl. grundsätzlich Dewe/Otto 2005) bzw. einer reflexiven räumlichen Haltung (vgl. grundsätzlich Kessl/Reutlinger 2007) in den Blick genommen, um ein Weiterdenken reflexiver kooperativer Steuerungsformen in Theorie und Praxis anzuregen.

# 2 Ausgangspunkte und Kontextualisierungen

## 2.1 Jugendhilfe im Sozialstaat

Kaufmann beschreibt mit dem Begriff Wohlfahrtsstaat „die politische Verfassung von Gesellschaften des privatkapitalistisch gesteuerten Modernisierungstyps, die die Folgeprobleme ihrer Modernisierung auf der Individualebene mit Hilfe der Einräumung von sozialen Rechten und der Schaffung bzw. Förderung von Einrichtungen zur Gewährleistung dieser Rechte zu lösen versucht" (Kaufmann 2005a: 190). Damit benennt er sowohl die Zielrichtung als auch die entsprechenden staatlichen Instrumente.[5] Mit der Einräumung sozialer *Rechte* – als Ergänzung der älteren Freiheitsrechte – übernimmt der Staat Verantwortung für seine (Staats-)Bürger und Bürgerinnen. Die Formation demokratisch legitimierter und kapitalistisch fundierter Wohlfahrtsstaaten ist im Anschluss an Lessenich Produkt der modernen, funktional differenzierten Gesellschaftsordnung und zugleich Voraussetzung ihrer Entwicklung. Das gesellschaftstheoretisch *Neue* und Interessante an Wohlfahrtsstaaten ist die in ihnen „repräsentierte und institutionalisierte »Erfindung des Sozialen«" – die „symbolische und materiale Konstruktion einer öffentlich-rechtlichen Verantwortlichkeit »der Gesellschaft« für ihre Mitglieder." (Lessenich 2008: 16). Gefahren werden in Risiken transformiert, die nicht mehr individuell bearbeitet, sondern als überindividuelle soziale Risiken der Gesellschaft überantwortet und somit einer kollektiven Bearbeitung zugänglich werden (vgl. ebd.: 15 f.). Während man (existentiellen) Gefahren passiv ausgesetzt ist, können Risiken aktiv bearbeitet werden. Demnach eröffnet erst die Umwandlung von Gefahren in Risiken[6] Handlungspotentiale. In der Folge wird der Vorstellung, nach der gesellschaftliche Entwicklungen nicht zu beeinflussen sind, eine Konzeption von Gesellschaft als grundsätzlich gestaltbare

---

5 Neben dieser eher funktionalistischen Perspektive, führt Lessenich (2008: 38 ff.) drei weitere Ansätze mit je unterschiedlichen Erklärungsangeboten zur Entwicklung des Wohlfahrtsstaates an: interessentheoretische, institutionalistische und kulturalistische Ansätze. Kaufmann (2005a: 129 ff.) wiederum differenziert genetische, krisentheoretische und prozessuale Perspektiven auf wohlfahrtsstaatliche Entwicklungen.

6 Die Geburtsstunde des Risikos fällt daher in eine historische Epoche, in der die Welt erstmals als durch menschliches Handeln veränderbare Welt begriffen wurde – vgl. Evers/Nowotny 1987: 35.

Gesellschaft gegenübergestellt – eine Idee, die sich ausdrücklich in den Vorstellungen über den modernen und souveränen Staat und damit einhergehender Sicherheitsversprechen zeitigt: sowohl äußerer Sicherheit (Integrität des Territoriums) als auch innerer Sicherheit (Schutz der Untertanen) (vgl. Kaufmann 2003: 76). Als *eine* zentrale Wertidee des Wohlfahrtsstaats erweist sich daher die der Sozialen Sicherheit, welche die wohlfahrtsstaatlichen Institutionen der sozialen Sicherung fundiert. Die staatliche Verantwortung für das Wohlergehen der Mitglieder realisiert sich im staatlichen Eingreifen; im Intervenieren in gesellschaftliche Verhältnisse. Kaufmann unterscheidet diesbezüglich rechtliche, ökonomische, ökologische und pädagogische Interventionsformen voneinander (vgl. Kaufmann 2005a: 86 ff.).

Wohlfahrtsstaaten lassen sich demgemäß als Realisierung moderner Staatsideen bzw. Staatskonzepte fassen, mit denen dem Staat eine aktive Rolle hinsichtlich der Gestaltung gesellschaftlicher Verhältnisse zuerkannt wird, und die sich in einem Zuwachs an Staatsaufgaben materialisiert (vgl. Bogumil/Jann 2005: 48). Als terminologische Entsprechung zeigen die Begriffskombinationen *expansiver* (Wohlfahrts-)Staat, *fürsorgender* Wohlfahrtsstaat bzw. *interventionistischer* Expansionsstaat dieses Charakteristikum von Wohlfahrtsstaaten an (vgl. Kaufmann 2005a: 186, Kailitz 2007: 302, Dahme 2008: 11, Dingeldey 2006: 3). In der deutschsprachigen sozialwissenschaftlichen Diskussion wird das Konzept Wohlfahrtsstaat überwiegend synonym mit dem des Sozialstaats verwendet, gleichwohl damit unterschiedliche Akzentuierungen verbunden werden (können). Im Anschluss an Lessenich (2008: 22 f.) kennzeichnet der Terminus Sozialstaat die deutsche Variante der wohlfahrtsstaatlichen Programmatik und hebt insbesondere auf die institutionelle (Sozialstaats-)Architektur ab. Demnach stehen die konkreten Institutionalisierungsformen der wohlfahrtsstaatlichen Programmatik im Zentrum: das wohlfahrtsstaatliche Arrangement (vgl. dazu auch Kessl/Otto 2009). Ortmann differenziert in diesem Zusammenhang zwischen Institutionen der Sozialversicherung, der Vorsorge sowie der Fürsorge (vgl. Ortmann 2005).

In dieser Logik ist das Sozialstaatskonzept das vergleichsweise engere, zuvorderst auf Institutionen bezogene Konzept während mit dem umfassenderen Konzept des Wohlfahrtsstaates „eine historisch spezifische Gesellschaftsformation" beschrieben wird (Lessenich 2008: 22). In dieser Arbeit werden beide Begriffe synonym verwendet, dem Sozialstaatsbegriff aber insbesondere dann der Vorzug gegeben, wenn auf das spezifische, bundesdeutsche wohlfahrtsstaatliche Arrangement abgehoben wird.

## 2.1.1 Die Erfindung[7] des bundesdeutschen Sozialstaats

Die spezifische bundesdeutsche Variante der wohlfahrtsstaatlichen Programmatik in Gestalt des demokratischen Sozial- und Rechtsstaates ist mit den Art. 20 Abs. 1 und Art. 28 Abs. 1 im Grundgesetz fest in der Grundordnung der Bundesrepublik verankert und kann als Kompromiss verschiedener (gesellschafts-)politischer Vorstellungen und Traditionen hinsichtlich einer erstrebenswerten Ordnung der Gesellschaft verstanden werden. Neumann/Schaper (2008: 34 ff.) stellen in diesem Kontext die Bedeutung der (politischen) Entscheidung für eine „Soziale Marktwirtschaft" als verbindliche Wirtschaftsordnung der Bundesrepublik heraus. Die Vertreter der so sogenannten ordoliberalen bzw. neuliberalen Freiburger Schule, wie W. Eucken, A. Müller-Armack und L. Erhard, gelten in diesem Zusammenhang als einflussreiche Denker und Befürworter des Modells. Mit der Entscheidung für eine Soziale Marktwirtschaft wird an der kapitalistischen Produktionsweise festgehalten und dem Staat in ordoliberaler Manier eine Schutzfunktion dieser Wirtschaftsordnung zugeschrieben. Instrumente hierfür sind staatliche Rahmensetzungen und Ordnungspolitik. Sozialpolitik richtet sich gemäß dieser Schule an der Wirtschaftspolitik aus und ist dieser nachrangig gestellt, weshalb als die „beste Sozialpolitik (…) eine gute Wirtschaftspolitik" (Eucken 1990: 313 zit. nach Neumann/Schaper 2008: 54) gilt.

Neben den einflussreichen ordoliberalen Vorstellungen finden des Weiteren Ideen der christlichen Soziallehre(n), des demokratischen Sozialismus und des Konservatismus Eingang in die Interpretationen des deutschen Sozialstaatsprinzips (vgl. Neumann/Schaper 2008: 47 ff., Kaufmann 2005a: 189). Entsprechende inhaltliche Kontroversen zwischen diesen Positionen können in den Formeln *Freiheit vs. Gleichheit* und *Freiheit vs. Sicherheit* zugespitzt werden, welche die im Sozialstaat angelegten Spannungsverhältnisse pointieren: beispielsweise zwischen selbstbestimmter und institutionell normierter bzw. regulierter Lebensführung einerseits oder zwischen Umverteilung/Sicherung in Relation zur Zunahme staatlicher Kontrolloptionen als andere Seite der Medaille (vgl. Lessenich 2008: 27, Kaufmann 2005a: 129 f.).

Über diese inhaltlichen Kontroversen zur Funktionsbestimmung des Sozialstaates hinausgehend, kann hieran eine bestimmte Vorstellung zur Rolle und Funktion von Politik in Bezug auf Gesellschaftssteuerung nachgezeichnet werden:

---

7  Vgl. Lessenich 2008.

"Das Staats- und Steuerungsverständnis im fürsorgenden Wohlfahrtsstaat ging von der uneingeschränkten Steuerungsfähigkeit der Gesellschaft durch den Staat aus.(...) Die hierarchische Organisation staatlicher Organisationen galt ebenso als selbstverständlich wie deren funktionale Ausdifferenzierung" (Dingeldey 2006: 4).

Die Vorstellung einer prinzipiell gestaltbaren Gesellschaftsordnung und der Möglichkeit von Gesellschaftssteuerung[8], insbesondere über eine *Politik der Planung*, prägt die Glanzzeit des bundesdeutschen Sozialstaates der 1950er und 1960er Jahre. Mit politischer Planung[9] verbindet sich die Vorstellung, Gesellschaft bzw. gesellschaftliche Teilbereiche primär hierarchisch bzw. etatistisch in erwünschenswerte Richtungen zu dirigieren.[10] Die Ministerialbürokratie ist hierbei zentrales Gestaltungssubjekt, welches von *oben* in Gestaltungsobjekte – wie z. B. die Jugendhilfe – hineinwirkt (vgl. Benz 2007: 12).

*2.1.2 Klassische sozialstaatliche Wohlfahrtsproduktion: Subsidiaritätsprinzip und bürokratische Organisierung*

In den ersten drei Jahrzehnten nach dem zweiten Weltkrieg prosperiert der bundesdeutsche Sozialstaat:

„Der westliche Kapitalismus boomte – und mit ihm der Sozialstaat" (Lessenich 2008: 67).

Die Sozialausgaben steigen stetig an und der Adressatenkreis sozialstaatlicher Programme erweitert sich beständig. Mit Sachße wird davon ausgegangen, dass dem verfassungsrechtlich verankertem *Subsidiaritätsprinzip* als „Leitmaxime" bzw. „Schlüsselbegriff" ein hoher Stellenwert in Bezug auf den Auf- und Ausbau des deutschen Wohlfahrtsstaates zukommt (Sachße 2003: 191). Als geistesgeschichtliche Heimat des Subsidiaritätsprinzips gilt die katholische Soziallehre. Erstmalig erwähnt wird es 1931 in der päpstlichen Sozialenzykla „Quadragesimo anno".[11] Eine strikte Trennung von Staat und Gesellschaft wird damit überwun-

---

8   Vgl. Wiesenthal 2006: 9 ff. zur Ideengeschichte der Gesellschaftssteuerung.
9   Zur Auseinandersetzung mit differierenden Planungskonzepten siehe Lange 2000: 18 ff.
10  In diesem Punkt – den Planungsoptimismus betreffend – liegt das bundesdeutsche Politikverständnis dieser Zeit nicht so weit entfernt von dem der DDR, wenn auch die mit (politischer) Planung verbundenen Zielstellungen andere sind.
11  In diesem Zusammenhang verweist Sachße (2003: 192) auf ideengeschichtliche Anknüpfungspunkte zu liberalen Staats- bzw. Gesellschaftstheorien des 18. und 19. Jahrhunderts. Hier bezieht sich Subsidiarität jedoch auf eine strikte Trennung von Staat und Gesellschaft. Dabei wird die Freiheit der Gesellschaft bzw. der Individuen gegenüber einer Sphäre öffentlicher Gewalt betont.

den und der katholischen Soziallehre folgend neu ins Verhältnis gesetzt. Gesellschaft setzt sich demzufolge aus vielfältigen Gemeinwesen zusammen und dem je kleineren Gemeinwesen wird die vorrangige Verantwortung für die Lebensgestaltung seiner Mitglieder zugewiesen. Aus dieser Primärverantwortung leitet sich eine Abwehr übermäßiger (hoheitlicher) Eingriffe durch „übergeordnete" Gemeinschaften ab[12], wobei die Gemeinwesen gleichwohl Anspruch auf Förderung durch die übergeordnete Gemeinschaft haben (Sachße 2003: 191 ff.).

Die Auseinandersetzungen zur konkreten Ausdeutung des Subsidiaritätsprinzips bzw. den daraus ableitbaren Vorgaben zur Organisierung der Wohlfahrtsproduktion lassen sich hinsichtlich ihrer inhaltlichen Schwerpunkte unterscheiden. So erfährt das Subsidiaritätsprinzip in der bundesrepublikanischen Nachkriegsgesellschaft der 1950er-Jahre eine erste Renaissance im Rahmen von Diskussionen zum Verhältnis von Staat (staatlicher Vorsorge) und Individuum (individuelle Selbstverantwortung). In den 1960er-Jahren verschiebt sich dieser inhaltliche Fokus auf das Verhältnis von Gemeinden und Wohlfahrtsverbänden und deren Beiträge zur Ausgestaltung der wohlfahrtsstaatlichen Sicherungssysteme. Die laut Grundgesetz geltende Interpretation des Subsidiaritätsprinzips setzt auf die Nachrangigkeit des Staates gegenüber anderen Formen gesellschaftlicher Gestaltung. Damit wird den Erfahrungen aus der Diktatur des Nationalsozialismus insoweit Rechnung getragen, als dass die Eingriffsmacht des Staates beschränkt und einem *totalitären* Wohlfahrtsstaat der Boden entzogen werden soll. Ungeklärt erscheint aber hierbei die Frage, wie denn eine Wohlfahrtsproduktion mit dem Subsidiaritätsprinzip als Organisationsprinzip und insbesondere die Beziehungen zwischen öffentlichen und freien Träger zu gestalten sind. Dazu traf das Bundesverfassungsgericht 1967 im Verfahren zur Novelle des Jugendwohlfahrtsgesetzes und der Einführung des Bundessozialhilfegesetzes die Entscheidung, dass freie und öffentliche Träger zur ‚partnerschaftlichen' Zusammenarbeit verpflichtet sind, die öffentlichen Träger (Kommunen) die freien Träger zu unterstützen haben sowie von eigenen Einrichtungen zu Gunsten der Träger der freien Wohlfahrtspflege absehen sollten.

Das Subsidiaritätsprinzip als Organisationsprinzip lässt sich demnach als Vorgabe zu einer „neokoporatistische(n) Organisation" der Wohlfahrtsproduktion lesen, mit der diese innerhalb einer komplexen Struktur von öffentlichen und freien Trägern erfolgt und die durch „vielfältige Verflechtungen, Abhängigkeiten und konkurrierende Zuständigkeiten" charakterisiert ist (Sachße 2003: 208). Die Spitzenverbände der freien Wohlfahrtspflege übernehmen dabei eine zentrale Rolle in diesem Geflecht: sie sind sowohl an der Politikformulierung als auch an der Implementierung beteiligt. Resümiert werden kann an dieser Stelle,

---

12 Zugespritzt: „den Schutz gemeinschaftlicher Sozialorganisationen vor dem Zugriff übermächtiger bürokratischer Staatlichkeit" Sachße 2003: 203.

dass der sich bis heute gültige Vorrang der Selbstverantwortung des Individuums gegenüber staatlicher Sicherung und Versorgung im bundesdeutschen Sozialstaat aus dem Subsidiaritätsprinzip ableitet. Der staatlichen Gemeinschaft obliegt in diesem Zusammenhang die Aufgabe, Voraussetzungen zu schaffen, die Hilfe zur Selbsthilfe ermöglichen sowie dann normalisierend einzugreifen, wenn Individuen sich nicht (mehr) selbst helfen können. Als Organisationsprinzip (Organisierungsprinzip) liegt das Subsidiaritätsprinzip mithin quer und vermittelt das Verhältnis aller beteiligten Akteure und Akteurinnen zu einander.

Neben dem Subsidiaritätsprinzip strukturiert das bürokratische Organisationsprinzip bzw. eine hierarchische Ausrichtung die Erscheinungsformen der Wohlfahrtsproduktion dieser Zeit. Achinger (1958) formuliert in diesem Zusammenhang die These von der Bürokratisierung der Sozialpolitik. Diese besagt unter anderem, dass die Entwicklungsgeschichte der Sozialpolitik als stetige Bürokratisierung gefasst werden kann und stellt diese „spezifisch deutsche Tradition" in Zusammenhang mit der in „dialektischer Weise" miteinander verwobenen Entwicklung von Sozialpolitik und Verwaltung (Baum 1988: 11). Obgleich sich *reale* Organisationsstrukturen von Verwaltungen immer als *Mischformen* aus zweckprogrammierten und konditionalprogrammierten Strukturen darstellen, postulieren Vertreter und Vertreterinnen der Bürokratisierungsthese, dass sozialpolitisches (also staatliches) Handeln und Denken von den Prinzipien des Verwaltungshandeln bzw. der bürokratischen Logik dominiert werde. Insofern trüge der Prozess der Bürokratisierung von Sozialpolitik zur Institutionalisierung ihrer Herrschaftsfunktion bei:

„Die Eigenmacht der Institutionen und die Eigenproduktivität der sozialstaatlichen Bürokratie hätten dabei nicht nur zu einer Übermacht der Bürokratie über sozialpolitische Ziele und Motive geführt, sondern auch zu ihrer Sinnverkehrung" (Baum 1988: 14).

Der kontinuierliche Ausbau und die Ausdifferenzierung von Verwaltung(en) wird zudem unter dem Stichwort „Verselbständigung der Verwaltung" thematisiert und problematisiert (Ortmann 1994: 109). Mit der zunehmenden Neu-Definition von gesellschaftlichen Aufgaben zu Staatsaufgaben im Kontext der wohlfahrtsstaatlichen Entwicklung *braucht* es jedoch de facto einerseits einen Staatsapparat[13] zur Aufgabenerledigung und zugleich ist dieser auch eine

---

13 War der Staatsapparat ursprünglich Teil der fürstlichen Herrschaft und an diese persönlich gebunden, wird mit der Einführung des Berufsbeamtentums die ehrenamtlich-besitzbürgerliche Honoratiorenverwaltung durch ein monokratisch-hierarchisch gegliedertes Berufsbeamtentum abgelöst. Der aus „beruflichen Ethos handelnde Verwalter, nach Aufgabe und Verantwortung exakt fixiert durch Einordnung in eine generelle Weisungs- und Gehorsamshierarchie, erschien in seiner unpersönlichen Funktionalität als optimaler Typus gegenüber neuen Aufgaben" (Vogel

## 2.1 Jugendhilfe im Sozialstaat

(Mit-)Bedingung der weiteren Entwicklung – sowohl als Instanz, die über Professionelle vermittelt Probleme definiert, als auch als Adressat von Erwartungen.

### 2.1.3 ... und die Jugendhilfe

Mit der hier eingenommenen Perspektive auf Jugendhilfe als diskursives Feld und institutionalisierter Bestandteil des wohlfahrtstaatlichen Arrangements wird davon ausgegangen, dass die vorstehend beschriebenen Tendenzen und Organisationsprinzipien sich auch in *Jugendhilfe-Praxen* niederschlagen – wenn auch eigensinnig gebrochen bzw. aktiv interpretiert. Hiernach strukturiert sowohl das Subsidiaritätsprinzip als auch die Ausrichtung am bürokratisch-hierarchischen (Organisations-)Mechanismus der Handlungsabstimmung die Beziehungen der an der Herstellung von Jugendhilfeleistungen beteiligten Akteure und Akteurinnen.[14] Letzteres insbesondere vor dem Hintergrund, dass mit der ersten Nachkriegsnovelle des Reichsjugendwohlfahrtsgesetzes (RJWG) im Jahr 1953 die Einschränkungen der Notverordnung aus dem Jahr 1924 aufgehoben und die Errichtung von Jugendämtern und Landesjugendämtern verpflichtend vorgeschrieben werden (vgl. Merchel/Reismann 2004). Die Ansiedlung der (Jugend-)Fürsorge-Aufgaben bei den Kommunen und die Konstituierung der Jugendämter als zentrale *Fachbehörden* zur Erledigung dieser Aufgaben kann als Indiz für den hohen Stellenwert des bürokratisch-hierarchischen Organisationsprinzips im Feld der Jugendhilfe geltend gemacht werden. Zudem verdeutlicht sie die zentrale Bedeutung der Kommunen bzw. der kommunalen Ebene für die Organisierung der Jugendhilfeinstitutionen. Die (Neu-)Gründung der Jugendämter kann in diesem Zusammenhang als Ausdruck der historisch-spezifischen Gestalt der wohlfahrtsstaatlichen Programmatik im Nachkriegs-(West-)Deutschland gelesen werden.

---

1966: 73 f.). Die Handlungen der Berufsbeamten unterliegen einer strengen Bindung an Gesetz und Weisungen. Es gelten die Prinzipien der Gleichbehandlung, Verhältnismäßigkeit und Aktenmäßigkeit (vgl. Ortmann 2005: 409). Die Grundstruktur von Verwaltung ist demnach geprägt durch die Verbindung von Legalität und (Zweck-)Rationalität. Grenzziehungen verlaufen hierbei zwischen einer konditionalprogrammierten, klassisch bürokratischen (Eingriffs-) Verwaltung und der zweckprogrammierten, teamorientierten (Leistungs-)Verwaltung (vgl. Ortmann 1994). In Webers Unterscheidung zwischen kollegialer und bürokratisch-monokratischer Verwaltung und gemessen am Kriterium der „Herrschaftsausübung", ist die „rein bureaukratische" Verwaltung die „formal rationalste Form der Herrschaftsausübung" – gegründet „auf dem Glauben an die Legalität gesetzter Ordnungen und des Anweisungsrechts der durch sie zur Ausübung der Herrschaft Berufenen" (Weber 1980: 126/128).

14 Als Überblick zu grundlegenden Mechanismen der sozialen Ordnungsbildung vgl. Schimank 2007.

Eine Neuerung der Novelle von 1953 stellt die Vorgabe dar, dass die Jugendämter nunmehr über das *Prinzip der Zweigliedrigkeit* organisiert werden sollen. Demnach setzen sich diese zentralen *kommunalen* Fachbehörden aus Reichsjugendwohlfahrtsausschuss und Verwaltung zusammen: Der Ausschuss ist der Verwaltung übergeordnet und hat die Aufgabe, Grundsatzbeschlüsse zu fassen. Diese Beschlüsse sollen wiederum durch die Verwaltung, im alltäglichen Handeln, umgesetzt werden (vgl. Merchel/Reismann 2004: 46 ff.). Mit der Verabschiedung des Jugendwohlfahrtsgesetzes (JWG) im Jahr 1961 wird die Zusammensetzung der Ausschüsse präzisiert. Infolgedessen setzen sich die Ausschüsse verbindlich aus stimmberechtigten Vertretern/Vertreterinnen der Vertretungskörperschaft sowie aus beratenden Mitgliedern der freien Wohlfahrtspflege zusammen. Überdies erhält der Ausschuss ein (eingeschränktes) Beschlussrecht sowie ein Anhörungs- und Antragsrecht. Diese grundsätzliche Zusammensetzung des Ausschusses, die ihm zuerkannte Funktion (Treffen von Grundsatzentscheidungen) und die hierarchische Überordnung über die Verwaltungsebene wird mit der Einführung des Kinder- und Jugendhilfegesetzes (KJHG) bestätigt und beibehalten. Bemerkenswert ist in diesem Zusammenhang, dass die im Vergleich mit anderen kommunalen Ausschüssen besonderen bundesrechtlichen Vorgaben zur verpflichtenden Einrichtung der Ausschüsse, ihrer Zusammensetzung und (Steuerungs-)Funktion von Beginn an Gegenstand kontroverser Auseinandersetzungen sind, die bis heute andauern (vgl. Kapitel 2.4.2).

## 2.2 Der Sozialstaat in der Krise

Die sozialstaatlichen Entwicklungen wie auch die wohlfahrtsstaatliche Idee bzw. Programmatik insgesamt treffen nicht nur auf Zustimmung, sondern sind immer schon umfassender Kritik ausgesetzt: sowohl von *links* als auch von *rechts* oder uneindeutiger, aus sozialwissenschaftlicher Perspektive (vgl. Kaufmann 2005a: 252).

Schon der absolutistische Wohlfahrtsstaat wird innerhalb der *klassisch* liberalen, politischen Theorie kritisiert. Denn neben der steigenden *Verstaatlichung* vormals privater Aufgaben im absolutistischen Wohlfahrtsstaat unterliegen zunehmend auch öffentliche und private Lebensbereiche der staatlichen Regulation. Mit „Policey-Verordnungen", die heute wahrscheinlich als Politik der Lebensführung diskutiert werden würden, werden beispielsweise die Bereiche Religionsausübung, Kleiderordnung sowie Ehe und Vormundschaft staatlich reguliert (vgl. Bogumil/Jann 2005: 17 f. und 48).[15]

---

15 Vgl. des Weiteren Sachße/Tennstedt 1998 zu Veränderungen in der Prozessierung der Armenfürsorge im Übergang vom Mittelalter zum absolutistischen Staat.

## 2.2 Der Sozialstaat in der Krise

In Absetzung davon forcieren die liberalen Kräfte die Trennung von öffentlicher und privater Sphäre – vermittelt in der Idee des konstitutionellen Rechtsstaats. Wohlfahrt wird mithin zur Privatsache des Individuums erklärt (vgl. Kaufmann 2005a: 219 f). Eine andere Akzentuierung setzt die wirtschaftsliberale Kritik. Ansatzpunkt ist hier das wohlfahrtsstaatliche Konzept der sozialen Gerechtigkeit, welches als Freiheit raubend charakterisiert wird. Unterstellt wird – beispielsweise von F. Hayek –, dass die ausufernde Staatstätigkeit die wirtschaftliche Effizienz einschränke und die strukturelle Arbeitslosigkeit (mit-)bedinge (vgl. Kaufmann 2005a: 251 f.). Neben der liberalen Wohlfahrtsstaatskritik wird die Sozialstaatskritik zunehmend auch zur Angelegenheit marxistisch argumentierender *linker* Kritiker. Im Rahmen dieser Diskurse wird zum Beispiel angeführt, dass mit der wohlfahrtsstaatlichen Programmatik keine Lösung des angenommenen „Grundantagonismus zwischen Arbeit und Kapital" (Kaufmann 2005a: 252) gefördert werde – stattdessen erfolge nur eine Problemverschiebung, die letztlich in der Stabilisierung der herrschenden Wirtschaftsordnung resultiert und die Arbeiterklasse ‚integrieren' soll (vgl. dazu die Diskussion um die sog. ‚Sozialstaatsillusion', exemplarisch etwa Müller/Neusüß 1970).

Als dritten Diskurs der Sozialstaatskritik verweist Kaufmann auf die sozialwissenschaftliche Sozialstaatskritik(en), mit der zum Beispiel auf als negativ bewertete Aspekte von Individualisierung abgehoben wird. Diese werden den wohlfahrtsstaatlichen Entwicklungen zugeschrieben und es wird geschlussfolgert, dass sie die „Selbstdestruktionstendenz(en) spätkapitalistischer Gesellschaften" fördern (Kaufmann 2005a: 265). Stellvertretend sei hier auf die Arbeiten von C. Offe (1972) und J. Habermas (1985) hingewiesen, die – folgt man Kaufmann (2005a: 264) – die marxistische Krisentheorie mit differenzierungstheoretischen Argumentationen verbinden. Ein weiterer prominenter, sozialwissenschaftlicher Kritiker des Wohlfahrtsstaates ist N. Luhmann (1981, 2000), der den Wohlfahrtsstaat als allzuständigen Versorgungsstaat bzw. als politische Inklusionsbewegung (vgl. Lessenich 2008: 67 ff) charakterisiert und diesbezüglich als strukturell überfordert darstellt bzw. zunehmend nurmehr als Bekundung guter Absichten.[16]

Die Sozialstaatskritik kulminiert mit der sogenannten Ölkrise 1973/74 bzw. in Folge damit verbundener Konjunktureinbrüche vor allem im Reden über die *Krise des Sozialstaates*. Mitte der 1970er-Jahre endet das ‚goldene Zeitalter' des bundesdeutschen Sozialstaats der Nachkriegszeit bzw. beginnt das Veralten des sozialstaatlichen Arrangements (vgl. Lessenich 2008, Kaufmann 2005a). Seit-

---

16 Als Überblick zur kritischen Auseinandersetzung mit dem Sozialstaat – unter anderem aus verfassungstheoretischer und dienstleistungstheoretischer Perspektive vgl. Sachße/Engelhardt 1990.

dem begleiten Krisendiagnosen[17] beständig die Reden über den Sozialstaat – wenn er nicht gleich für tot erklärt wird. Festgestellt werden beispielsweise eine Finanzierungskrise, eine demographisch induzierte Krise, eine Steuerungskrise oder auch eine Vertrauenskrise des Sozialstaates (vgl. Kaufmann 2005a: 303 ff.) Die problemlösenden Kapazitäten wohlfahrtsstaatlicher Einrichtungen werden sowohl in sachlicher als auch in finanzieller Hinsicht in Frage gestellt. Kaufmann spricht von der „Säkularisierung" des Wohlfahrtsstaates, mit der die „quasi religiöse(n), problemverdrängene(n) Hoffnungen", die mit dieser „an bestimmte Voraussetzungen gebundene Weise kollektiver Daseinsbewältigung" verbunden waren, durch eine „Krise des ideologischen Bewusstseins" zerstört werden (ebd.: 189 f.).

In politikwissenschaftlichen Diskussionen werden in diesem Kontext zunehmend – sozusagen als Reflexion oder Reaktion auf ein nunmehr diagnostiziertes *Staatsversagen* – verändere Konzepte diskutiert. Anstelle des Staates, der bis dato die erfolgreich geglaubte Lösung des *Marktversagens* darstellte, werden zunehmend die Selbststeuerungsfähigkeiten gesellschaftlicher Teilsysteme beschworen und als Prämisse veränderter (Reform-)Politik favorisiert. Der sozialplanerische Optimismus der wohlfahrtstaatlichen Expansionsphase weicht demzufolge einer skeptischeren Betrachtung der Problemlösungskapazitäten staatlicher Instanzen bzw. (dirigistischer) Politik. Folgt man Kaufmann (2005a: 143), tritt anstelle der bisher praktizierten Sozialpolitik[18] zunehmend eine *neue* Sozialpolitik zweiter Ordnung, mit der die „Interventionsapparaturen" beeinflusst werden sollen. Die Politik der Planung und direkten Intervention scheint durch Konzepte der *Steuerung* abgelöst zu werden. In Anbetracht dessen schlägt Kaufmann vor, nicht von Krisen *des* Wohlfahrtsstaates zu sprechen, sondern über *Steuerungsprobleme im* Wohlfahrtsstaat nachzudenken (ebd.: 191).

Diese Neuausrichtung bleibt nicht ohne Folgen für gesellschaftliche Teilsysteme bzw. kollektive Akteure/Akteurinnen (auch der Wohlfahrtsproduktion), indem auf deren Selbststeuerungsfähigkeiten gesetzt bzw. die Unterstützung von Selbststeuerung als *die noch verbleibende* Möglichkeit zur Gesellschaftssteuerung diskutiert wird. So wird beispielsweise argumentiert, dass sich das Versagen der Koordinationsmechanismen Hierarchie/Staat und Markt aus der funktionalen Differenzierung von Gesellschaft in (z. T. hochkomplexe) selbstreferentielle Teilsysteme, begründet (vgl. Willke 2001). Eine andere Argumentation hebt

---

17 Lessenich (2008: 56 f.) argumentiert in diesem Zusammenhang, dass der moderne Sozialstaat als ein „institutionelles Arrangement gesellschaftlicher Krisenbearbeitung" nicht nur ständig unter Krisenbedingungen „operiert" sondern „er »ist« auch selbständig – gleichsam ex officio – »in der Krise«.".

18 Sozialpolitik erster Ordnung als verhaltensbeeinflussende Interventionen, richtet sich hingegen auf die Beeinflussung sozialer Problemlagen – vgl. Kaufmann 2005a: 129 ff.

## 2.2 Der Sozialstaat in der Krise

darauf ab, dass Staats- und Marktversagen als eine Folge von Veränderungen der Produktionsstrukturen und privater Lebensformen begriffen werden kann und weist dabei auf den Verlust an nationalstaatlicher Steuerungsfähigkeit im Kontext von Globalisierung/Europäisierung hin (Kaufmann 2005a).

In der Zusammenschau erweist sich der (klassische) Interventions-Staat diesen (Steuerungs-)Problemen gegenüber nicht gewachsen. Neue *Lösungen* bieten Staatskonzepte zum „Steuerungsstaat" (Kaufmann 1994) bzw. „Kooperativen Staat" (Ritter 1979), „Verhandlungsstaat" (Heinelt 2005) oder selbstreflektiert-wissensbasiert in Gestalt einer „Supervision des Staates" (Willke 1997). Staatsaufgabe wäre demgemäß die Gewährleistung von Strukturen, die die Selbststeuerungsfähigkeit der gesellschaftlichen Teilsysteme fördern bzw. ihre im Zusammenspiel dysfunktionalen Eigenschaften begrenzen:

„Das Neuartige der Zumutung an die Art der staatlichen Aufgabenerfüllung besteht also darin, daß diese nicht einfach und allein von der ihr durch das traditionelle Selbstverständnis zugesprochenen *hoheitlichen* Position in die ‚gesellschaftlichen' Verhältnisse interveniert, sondern *die spezifischen Eigenarten des jeweiligen Interventionsfeldes und die Interessen der betroffenen Akteure als notwendige Wirkungsbedingungen der eigenen Intervention reflektiert*" (Kaufmann 2005a: 351, Herv. im Text).

Dem Staat werden aufgrund der ungeplanten Nebenfolgen regulativer Politik „‚weichere' Strategien wie Anreizprogramme (...), die Konstituierung von Verhandlungssystemen, Überzeugungsprogramme, prozedurales bzw. reflexives Recht oder Kontextsteuerung (...) empfohlen" (ebd.: 351). Den theoretischen Rahmen hierfür liefern insbesondere systemtheoretische Überlegungen. Ohne der radikalen Steuerungsskepsis Luhmanns zu folgen, wird dabei die prinzipielle Möglichkeit von Gesellschaftssteuerung nicht angezweifelt. Vielmehr wird argumentiert, *dass* Gesellschaft sich selbst steuert und mit der Stärkung der Selbststeuerungsfähigkeit einzelner Teilsysteme folglich auch die Möglichkeit der Gesellschaftssteuerung steigt (vgl. Wiesenthal 2006, Willke 2001). Diese Betonung von Selbststeuerungsfähigkeiten bzw. die Hinwendung zu einem Selbststeuerungspostulat lässt sich in diesem Zusammenhang als *Verschränkung* von systemtheoretischen und akteurstheoretischen Konzepten bzw. Ideen lesen (vgl. ausführlich Lange 2000).

Die aufgezeigten, sich in den 1970er-Jahren verschärfenden Kritiken am etablierten wohlfahrtsstaatlichen Arrangement bzw. am bundesdeutschen Sozialstaat sowie die in diesem Kontext formulierten Richtungswechsel und Vorschläge zu einer veränderten Staatlichkeit oder neuartigen Staatsaufgaben werden hier als Vorboten und Markierungen einer umfassenden Neu-Interpretation des bundesdeutschen (Sozial-)Staates verstanden. Eine Entwicklung, die beispielsweise

Kessl/Otto (2009) als Entstehung eines *post-wohlfahrtsstaatlichen* Kontexts bezeichnen und die nach Lessenich (2008) in einer *Neuerfindung des Sozialen* mündet. Zu voller Blüte gelangen die Umformungsprozesse aber erst Ende der 1990er-Jahre in Folge der durch die rot-grüne Bundesregierung forcierten Staatsmodernisierung unter dem Leitbild des aktivierenden Staates (vgl. Kapitel 2.4.3). Über sozialwissenschaftliche Diskurse hinausgehend, die aber zum Teil Giddens Überlegungen zum „dritten Weg" (ders. 1999) aufnehmen, werden dann Transformationsprozesse zur politischen Programmatik und Praxis eingeleitet.

## 2.3 Spezialisierung, Professionalisierung und Verrechtlichung der Jugendhilfe

Auch in der Entwicklungsgeschichte der Jugendhilfe markieren die 1970er-Jahre einen, obgleich anderen Wendepunkt. In dieser Zeit werden Entwicklungen im Feld in Gang gesetzt, die umfassende und weitreichende Konsequenzen zeitigen und mit den Trias Differenzierung, Professionalisierung/Akademisierung und Verrechtlichung umschrieben werden können.

Während sich das Angebot im heute als Hilfen zur Erziehung bezeichneten Teilsystem der Jugendhilfe in den 1950er- und 1960er-Jahren vor allem auf Heimerziehung bzw. „Anstaltserziehung" (Heckes/Schrapper 1991: 24) beschränkt und die diagnostizierten Defizite und Störungen der Kinder und Jugendlichen den Ansatzpunkt des pädagogischen Handelns bilden, beginnt mit den 1970er-Jahren eine Phase des Umdenkens und Neudenkens. Den Ausgangspunkt bildet ein in fachinternen Diskussionen ausgewiesener „Entwicklungs- und Modernisierungsrückstand" der Jugendhilfe, der mit vielfältigen Reformvorschlägen überwunden werden soll (Trapper 2002: 43). Diese stoßen jedoch im Rahmen der gegebenen organisatorischen Voraussetzungen sowie dem stark eingriffsorientierten JWG an ihre Grenzen. Reformfreudige Jugendhilfevertreter/-vertreterinnen setzen daher große Erwartungen in eine Verbesserung der gesetzlichen Grundlagen sowie in eine personelle und finanzielle Aufstockung der Jugendhilfe. Letztlich sind es aber insbesondere Einflüsse von *außen*, die mit drastischen und öffentlichkeitswirksamen Mitteln eine weitgreifende Jugendhilfereform bewirken (vgl. Trapper 2002: 45, Wolf 1992: 163, Hansbauer 1999: 96 ff.).

Mit der so genannten *Heimkampagne* (1969/1970) skandalisieren Teile der Studentenbewegung die Heimerziehungspraxis „als Stätten der Repression für unterschichtangehörige Menschen" (Trapper 2002:48). Radikale Vertreter und Vertreterinnen sprechen sich für eine grundsätzliche Veränderung der Jugendhilfestruktur aus, die auf Heimerziehung, wie sie (bisher) praktiziert wird, vollkommen verzichtet. Folgt man Trapper, rüttelt die „politisch motivierte Kritik

## 2.3 Spezialisierung, Professionalisierung und Verrechtlichung der Jugendhilfe 31

(...) in der nicht mehr die einzelnen Defizite und Missstände im Vordergrund standen (...) [an den] liebgewonnenen Überzeugungen von personenzentrierten Störungsbildern und „Macken" der jungen Menschen" (2002: 47). Mit Slogans wie ‚*Holt die Kinder aus den Heimen*' kämpft die Außerparlamentarische Opposition (APO) gegen den Heimterror und prangert Rahmenbedingungen wie ungleiche Bildungschancen, Isolation durch abgelegene Heime, schlecht ausgebildetes und entlohntes Personal sowie autoritäre und repressive Erziehungspraktiken medienwirksam in der Öffentlichkeit an. Hinter der radikalen Kritik an der Heimerziehung verbirgt sich *auch* die Hoffnung der Studenten und Studentinnen, das revolutionäre Potential der Heimzöglinge für den Kampf gegen das vorherrschende, kapitalistische System (Establishment) im Sinne der Randgruppenstrategie von Marcuse zu mobilisieren. Diese Hoffnung wird enttäuscht, die ‚Klientel' der Heimerziehung lässt sich nicht umfassend aktivieren. Die APO zieht sich daraufhin aus der öffentlichkeitswirksamen Heimkampagne zurück und diese fällt in sich zusammen.[19]

Obwohl die hochgesteckten Ziele wie z. B. die Abschaffung der stationären Unterbringung nicht verwirklicht werden, bleibt die Heimkampagne nicht folgenlos. Neben Veränderungen auf der praktischen Ebene – z. B. die Einrichtung der ersten Jugendwohnkollektive (1969) – wirken die Reformimpulse innerhalb der Fachöffentlichkeit weiter und stoßen umfängliche Debatten über Alternativen zur Heimerziehung bzw. ein Neudenken der Struktur und gesellschaftlichen Funktion von Jugendhilfe (mit) an. Beispielsweise fordert die Sozialistische Aktionsgruppe in einer Resolution auf dem vierten Jugendhilfetag[20] in Nürnberg (1970) die Fortbildung und sozialpädagogische Qualifizierung des Fachpersonals sowie den Aufbau regionaler, ambulanter sozialpädagogischer Hilfen zur Reduktion der Heimerziehung[21] und knüpft damit an die Jugendhilfekritik der Heimkampagne an (Trapper 2002: 105).

Der 5. Jugendbericht bilanziert hierzu, dass mit der Kritik am tradierten System Jugendhilfe bzw. Erziehungshilfe aufgefordert wurde, „die normabweichenden Verhaltensweisen in einen Verursachungszusammenhang mit gesellschaftlichen Deklassierungsprozessen zu stellen" sowie die „Definition von normabweichendem Verhalten in ihrer Abhängigkeit von gesellschaftlichen Herrschaftsstrukturen" offenzulegen (BMJFFG 1980: 177). Damit wird ein

---

19 Vgl. ausführlich zur Heimkampagne bspw. Almstedt/Munkwitz 1982, Ahlheim et al. 1971, Schrapper 1990.
20 Das Motto des Kinder- und Jugendhilfetages lautet: Kindheit und Jugend in der Gesellschaft.
21 Eine andere Forderung galt der gezielten Öffentlichkeitsarbeit über den Kreis der Jugendhilfe hinaus sowie der wissenschaftlichen Begleitung der Heimerziehung und dem Einbezug der Ergebnisse in die Praxis.

Selbstverständnis notwendig, welches einen Wandel von der „Kontrollinstanz" zum „Bündnispartner" impliziert:

> „[Ein] Bündnispartner, der solidarisches Handeln und Selbstorganisation von Menschen in problematischen Lebens- und Sozialisationsprozessen mitträgt und initiiert, der sich parteilich einsetzt im Kampf gegen Probleme und für deren Überwindung, der insbesondere soziales Lernen und die positive Beeinflussung des Sozialisationsprozesses von Kindern und Jugendlichen dort ansiedelt, wo diese sich selbst als Handlungssubjekte und nicht als behandelte Objekte erfahren können und der deshalb solche Lernorte bereitzustellen und abzusichern hat" (ebd.: 177).

Als weiterer Meilenstein in der (Weiter-)Entwicklung der Jugendhilfe gilt der Zwischenbericht „Heimerziehung und Alternativen" der Kommission Heimerziehung, der Obersten Landesjugendbehörden und der Bundesarbeitsgemeinschaft Freie Wohlfahrtspflege, in dem nachfolgende Grundsätze für die Jugendhilfe postuliert werden:

1. Der willkürliche Abbruch sozialer Bezüge ist in der Jugendhilfe zu vermeiden.
2. Alle Kinder und Jugendlichen sind an jenen Entscheidungen zu beteiligen, die sie selbst betreffen; hierzu ist die Transparenz der Institutionen und Prozesse für die Betroffenen Voraussetzung.
3. Die Administration hat sich an die Erfordernisse einer flexiblen sozialpädagogischen Arbeit anzupassen und nicht umgekehrt, die Pädagogik an die Administration, gleich welcher Art. (IGfH 1977: 6).

Hamberger (1998: 41) stellt heraus, dass die primäre Forderung des Zwischenberichtes auf den Ausbau ambulanter und unterstützender Hilfen im Vorfeld von Heimerziehung abhebt und daher „den Ausgangspunkt und Orientierungsrahmen für eine fortschreitende Differenzierung der Hilfeangebote im Bereich der erzieherischen Hilfen" der nächsten Jahre bildet. Peters (2005: 266) bilanziert hierzu kritisch, dass mit dem ‚Zwischenbericht' zwar einerseits „ein Plädoyer für eine alltagsorientierte Pädagogik mit den organisatorisch relevanten Komponenten Milieunähe, Regionalisierung, Dezentralisierung, Umwelt-Integration und kleinere Einrichtungen" ausgesprochen wird, das Votum „gegen totale Institutionen, Aussonderung und Spezialistentum" (Blandow 1987: 212 f.) hingegen weniger deutlich ausfällt. In diesem Sinne verbinden sich im ‚Zwischenbericht' Elemente, die sich eigentlich konträr gegenüberstehen – eine alltags- bzw. lebensweltorientierte Pädagogik mit einem „ingenieuralen Konzept von Professionalität" und prägt damit einerseits „eine – im Prinzip – technologisch-instrumentalistische Auffassung und andererseits und *zugleich* ein Verständnis von Erziehung, in der

## 2.3 Spezialisierung, Professionalisierung und Verrechtlichung der Jugendhilfe

es primär um personale Kompetenzen und Einstellungen geht und alles vom ‚guten Willen' abhängt, bis heute" (ebd.: 266, Herv. im Text).

Neben dem ‚Zwischenbericht' gelten in diesem Kontext zwei weitere Reformberichte als zentrale Markierungen einer sich ausdifferenzierenden und politisierenden Jugendhilfe: der 3. Jugendbericht zum Thema „Aufgabe und Wirksamkeit der Jugendämter in der Bundesrepublik Deutschland" (BMJFG 1972) und das Konzept des Bundesjugendkuratoriums zu „Inhalt und Begriff einer offensiven Jugendhilfe" (BMJFG 1974). Gemeinsame Schnittmengen der hier angeführten Berichte bilden die Ablehnung der traditionellen Heimerziehung, die Forderung ambulante Hilfen auszubauen sowie auf gesellschaftspolitische Kausalitäten bei der Entstehung von sozialen Benachteiligungen hinzuweisen (vgl. Schrapper 1989: 62). Damit wird die Notwendigkeit einer praktischen Einmischung der Jugendhilfe in die allgemeinen Lebensbedingungen ihrer Adressaten und Adressatinnen begründet und die primäre Einzelfallorientierung (zumindest theoretisch) über eine ganzheitliche fachliche Haltung aufzulösen versucht, mit der Verursachungszusammenhänge individueller Notlagen einbezogen und deren Bearbeitung forciert wird (siehe dazu beispielsweise die Vorschläge in Peters 1983).

Die Realisierung der angestrebten Veränderungen in qualitativ und quantitativ bedeutsamem Umfang erfolgt ab der zweiten Hälfte bzw. Ende der 1970er- bzw. zeitlich verzögert in den 1980er-Jahren in Gestalt umfangreicher Modernisierungen sowie Professionalisierung der pädagogischen Praxen bzw. ihrer Organisationen und Institutionen. Damit ist zuvorderst eine Ausdifferenzierung der Angebote in stationäre, teilstationäre und ambulante Angebote gemeint sowie die Erschließung neuer Praxisfelder für die Jugendhilfe (vgl. dazu ausführlich Blandow 1989, 1991, Trapper 2002). Aus *der* Heimerziehung werden *Heimerziehungen*: Kleinstheime, Außenwohngruppen, Verbundheime, Heime mit heilpädagogischen Konzeptionen etc. (vgl. Freigang/Wolf 2001). Diese Entwicklungen setzen sich in den 1980er-Jahren verstärkt fort. Als besonders anspruchsvolles Reformprojekt in diesem Kontext gilt die *Hamburger Heimreform* mit den Leitideen Alltagsorientierung, Integration und Normalisierung (vgl. ausführlich Peters 1993, Wolf 1993). Des Weiteren erfolgt eine verstärkte Weiterentwicklung und der Ausbau von Individualhilfen wie betreutes Jugendwohnen, Mobile Betreuung (MOB), intensive sozialpädagogische Einzelbetreuung bzw. flexible Betreuung (vgl. Hekele 1989: 333 ff.). Blandow skizziert die Modernisierungs- und Rationalisierungsstrategien mit folgenden Schlagwörtern: Ambulantisierung sozialer Dienste, Dezentralisierung, Selbsthilfe, Milieunähe, Alltagsorientierung sowie Entdeckung und Skandalisierung neuer sozialer Probleme (beispielsweise stoffungebundener Süchte) und generell einer Sozialpolitisierung der Jugendhilfe (vgl. ders. 1989: 17).

Die Ausdifferenzierung und Spezialisierung der Angebotstruktur ist dabei ausdrücklich in Zusammenhang mit einer stetig fortschreitenden *Professionalisierung* und *Qualifizierung* der in der Jugendhilfe tätigen Akteure und Akteurinnen zu stellen. Die Professionalisierung und Qualifizierung des Personals wird maßgeblich durch die Umwandlung von höheren Fachschulen in Fachhochschulen (1968) und die Einführung von erziehungswissenschaftlichen Diplomstudiengängen an Universitäten (1971) befördert.[22] Über den Status einer akademischen Ausbildung *normalisiert* sich Soziale Arbeit im Kanon der Sozialwissenschaften – wenn auch nicht ohne „Praxiseinwände" bzw. Abgrenzungsproblematiken zu anderen Sozialwissenschaften (Böhnisch et al. 2005: 110). Mit den sich profilierenden Studiengängen geht die Zahl der unausgebildeten Mitarbeiter und Mitarbeiterinnen in der Sozialen Arbeit kontinuierlich zurück. Insgesamt verdreifachten sich die Beschäftigungszahlen im sozialen Sektor nahezu: von ca. 150.000 Beschäftigten im Jahr 1970 auf 410.000 im Jahr 1987 (vgl. Hansbauer 1999: 104). Mit der Absolventenzahl steigt aber nicht nur die Zahl der erwerbstätigen, sondern auch die Zahl der arbeitslosen Sozialarbeiter/Sozialarbeiterinnen, Sozialpädagogen/Sozialpädagoginnen, Psychologen/Psychologinnen und Sozialwissenschaftler/Sozialwissenschaftlerinnen auf ca. 50.000 Mitte der 1980er-Jahre.

Diese ambivalente Situation – ausgebaute Ausbildungskapazitäten und zugleich ein „Überangebot an Arbeitskräften" – begünstigt nach Hansbauer (1999: 104) einerseits die Professionalisierungs- und Akademisierungstendenzen in sozialberuflichen Arbeitsfeldern, da die betroffenen Berufsgruppen nach *Marktlücken* bzw. *selbstbestimmten Arbeitsmöglichkeiten* suchen und in diesem Zusammenhang neue Konzepte erarbeiten. Andererseits lassen sich die Mitarbeiter und Mitarbeiterinnen aber infolge des enormen Drucks auch zunehmend auf prekäre und ungesicherte Beschäftigungsbedingungen ein. Zudem setzen die neuen, selbst entworfenen Arbeitsplätze oftmals hohe Flexibilität voraus, ohne jedoch sichere Beschäftigungsbedingungen bieten zu können.[23]

Bilanzieren lässt sich an dieser Stelle ein deutlicher Qualifizierungsschub für die Jugendhilfe dieser Zeit. Dieser beginnt bereits in den 1970er-Jahren, tritt aber erst in den 1980er-Jahren in aller Deutlichkeit zu Tage:[24]

„Das Reformkonzept der 80er Jahre hieß »aktive Professionalisierung« und bezog sich auf die Frage, wie die soziale Arbeit ihr eigenes Handlungsinstrumentarium weiterentwickeln und konkretisieren kann" (Wohlfahrt 2002:84).

---

22  Vgl. dazu auch Lüders 1987.
23  Hansbauer weist dieses exemplarisch am Beispiel der ambulanten Betreuung nach
24  Vgl. dazu insbesondere den 8. Jugendbericht BMJFFG 1990.

Ausgehend von der Heimkampagne bzw. den Heimrevolten der APO setzt eine Entwicklung der *Ausdifferenzierung bzw. Spezialisierung* der Jugendhilfeangebote ein, mit der traditionelle Heimerziehung als bis dato dominierende Hilfe-Form umfangreichen Modernisierungsbestrebungen unterworfen und in ihrer Bedeutung durch ein ausdifferenziertes Spektrum verschiedener Jugendhilfeangebote begrenzt wird. Darüber hinaus erfolgt ab den 1970er-Jahren eine stetige *Verrechtlichung* der Jugendhilfe; sichtbar beispielsweise in der Verabschiedung von Kindergarten- und Hortgesetzen sowie Jugendbildungsgesetzten und Förderrichtlinien für verschiedene Bereiche. Zugleich wird an einer umfassenden Reformierung des Jugendhilferechts gearbeitet, das aber erst nach zwanzig Jahren Reformdiskussion[25] durch Erfolg gekrönt wird: Im Jahr 1990 wird das neue Kinder- und Jugendhilfegesetz (KJHG) verabschiedet. In den neuen Bundesländern tritt es ab dem 3. Oktober 1990 in Kraft, in den alten Bundesländern ab 1. Januar 1991 und löst dort das JWG als rechtliche Grundlage der Jugendhilfe ab. Der damit erwartete programmatische Wandel wird unter dem Stichwort vom „Eingriffs- zum Leistungsgesetz" diskutiert. Mit der Auflistung der ambulanten, teilstationären und stationären Hilfen (§§ 27–35 SGB VIII) werden alle Angebote der Erziehungshilfen in einen gleichberechtigten Kontext gestellt und das vorherrschende Übergewicht der verschiedenen Formen der Fremdunterbringung relativiert (Struck 2002: 531). Dieser *Katalog* von Leistungsangeboten entspricht einerseits der Konsolidierung des damaligen Differenzierungsgrades, folgt also gleichsam Entwicklungen der Praxis, und schließt mit der *Überführung* der seit den 1970er-Jahren in den alten Bundesländern praktizierten Formen von Erziehungshilfen in Rechtsnormen die Lücke zwischen der Praxis der Jugendhilfe und ihrer gesetzlichen Basis. Zugleich wird damit aber auch ein neuer Differenzierungsschub ausgelöst (vgl. Koch u. a. 2002: 26). Die ungeplanten und *unerwünschten* Folgen der enormen Differenzierung und Spezialisierung werden innerhalb des Diskurses zu flexiblen und/oder integrierten und/oder sozialräumlich orientierten Erziehungshilfen aufgegriffen (vgl. Kapitel 2.5).

## 2.4 Neu gesteuerte Jugendhilfe im Aktivierenden (Sozial-)Staat

Der Reformdiskurs zur Neuen Steuerung, der sich den fachlichen Reformen gleichsam Anfang der 1990er-Jahre aufsattelt, zeigt exemplarisch, wie die Rahmenbedingungen der Wohlfahrtsproduktion innerhalb der Jugendhilfe politisch

---

25 Im Juli 1970 beruft Bundesministerin Käthe Ströbel eine Sachverständigenkommission für die Reform des Jugendhilferechts ein. Der erste Diskussionsentwurf wird im März 1973 veröffentlicht – vgl. Struck 2002: 532. Diesem folgen mehrere Referenten- bzw. Regierungsentwürfe – ausführlich dazu Trapper 2002, Merchel 2003a.

neu strukturiert werden. Obwohl die Neue Steuerung zunächst (nur) als Modernisierungsprojekt des *kommunalen Staates* konzipiert war, geht sie *im Verlauf* über Management- und Organisationsfragen zur öffentlichen Verwaltung hinaus, trifft sich dabei mit Diskursen zur Modernisierung des (Wohlfahrts-)Staates insgesamt und wird mit dem Governance-Konzept (korrigiert) fortgeführt.

### 2.4.1 Neue Steuerung als Reformprojekt des kommunalen Staates

Die Neue Steuerung startet zu Beginn der 1990er-Jahre als Reformprojekt, mit dem, ausgehend von der *kommunalen Ebene,* ein weitreichender Umbau der Kommunalverwaltungen bzw. ihrer Organisierung angestrebt wird. Die Neue Steuerung ist zwar nicht die erste Verwaltungs- und Organisationsreform, mit der die Aufbauorganisation bzw. Aufgabenerledigung der öffentlichen Verwaltung reformiert werden soll: Exemplarisch sei hier verwiesen auf die kommunale Gebietsreform, die Funktionalreform und die Neuorganisation der Sozialen Dienste (vgl. Bönker/Wollmann 1998; Flösser 1996a), innerhalb der vor allem auf bürokratiekritische und/oder organisationstheoretische bzw. im engeren Kontext der Sozialen Arbeit zunehmend auch auf professionssoziologische Konzepte rekurriert wird.

Von anderen Reformwellen unterscheidet sich diese Verwaltungsreform jedoch dadurch, dass in seinem *Verlauf* der Reform-Diskurs über Management- und Organisationsfragen der öffentlichen Verwaltung hinausgeht und an die Modernisierungsdiskussion des (Wohlfahrts-)Staates insgesamt anschließt und dass damit ein folgenreicher Paradigmenwechsel hinsichtlich bis dato geltender Prämissen vollzogen wird (vgl. Dahme/Wohlfahrt 2003: 42 f.). Zum anderen übertrifft die quantitative Verbreitung von Aktivitäten im Kontext der Neuen Steuerung, zumindest auf der Verlautbarungsebene, die von vorgängigen Reformkampagnen deutlich (vgl. Jann 2005: 80). Hieraus leiten sich gesteigerte Veränderungserwartungen ab.

Als Reformagentur der Neuen Steuerung etabliert sich insbesondere die Kommunale Gemeinschaftsstelle für Verwaltungsvereinfachung (KGSt).[26] Ihre Berichte und Gutachten prägen den Umbau maßgeblich und unterfüttern ihn konzeptionell. In den ersten Veröffentlichungen wird vor allem auf das so genannte *Tilburger Modell*[27] rekurriert und eine Wandlung der Kommunen zu Dienstleistungsunternehmen mittels Binnenmodernisierung der Verwaltung, der Einführung von Kontraktmanagement, dezentraler Ressourcenverantwortung und Kostenrechnung propagiert (vgl. Reismann 1998: 57). Mit einer Aufgaben-

---

26  Heute: Kommunale Gemeinschaftsstelle für Verwaltungsmanagement.
27  Vgl. zum Beispiel die KGSt-Berichte 1991 und 1992.

## 2.4 Neu gesteuerte Jugendhilfe im Aktivierenden (Sozial-)Staat

kritik – „Tun wir die richtigen Dinge?" und „Tun wir die Dinge richtig?" (Steger 1994: 11)[28] – und der damit einhergehenden Ausrichtung an den Rationalitätskriterien Effektivität, Effizienz[29] und Transparenz gilt es, vorgeblich unflexible und leistungsschwache *Behörden* zu modernen *Dienstleistungsunternehmen* umzubauen (vgl. Liebig 2001: 10 f.).

In den darauf folgenden Veröffentlichungen und Vorschlägen werden zunehmend *explizit*[30] Ideen des New Public Management (NPM) aufgegriffen und Anschlüsse an internationale Entwicklungen gesucht. Die Reformpolitik und Reformkonzepte des NPM sind Teil angelsächsischer Diskurse und Praxen zum Staatsumbau. Die damit in Verbindung stehende Politik kann – den Einsatz ihrer prominentesten Akteure ‚würdigend' – als *Thatcherismus* bzw. *Reagonomics* bezeichnet werden. Palumbo (2006: 127) umschreibt die entsprechende Reformpolitik wie folgt:

> „(...) one of the most ambitious social and political experiment carried out in the western world this century. The ultimate goal of the experiment was to "roll back the frontiers of the state"; that is, to reduce the power of the state in society by reforming the welfare state and above all, the public sector and public administration. Promoting this social experiment was a blend of philosophical, political, and economic theories supplied by a composite movement identified as the New Right".

Die Befürworter und Befürworterinnen forcieren, der angelsächsischen liberalen (Staats-)Tradition folgend[31], eine „konsequente Privatisierung staatlicher Aufgaben" und den „Rückzug des Staates aus der Verantwortung für gesellschaftliche Entwicklungen" (von Bandemer/Hilbert 2005: 26). Diese Modernisierungsstrategie wird abgesichert und fundiert durch Analysen der sogenannten Neuen Politischen Ökonomie, die sich aus der neoklassischen Ökonomie und der Rational-Choice-Theory speist. Die bis dato erfolgte Arbeit der Regierungen und öffentlicher Bürokratien wird in diesem Zusammenhang als ineffizient und uneffektiv abqualifiziert. Anstelle dem Allgemeinwohl zu dienen, hätte sie nur den ungerechtfertigten Ausbau des eigenen Machtapparates gefördert (vgl. Palumbo 2006: 127).

---

28 Vgl. ausführlicher zur Aufgabenkritik der KGSt Röber 2005.
29 Zur kritischen Auseinandersetzung mit dem Kriterium der Effizienz als Wertmaßstab für öffentliche (Leistungs-)Verwaltungen und den Schwierigkeiten der Effizienzmessung vgl. Ortmann 1994: 117 ff.
30 Auch das Tilburger Modell basiert bereits auf den Ideen des NPM – vgl. Hendriks/Schalken 1998.
31 Zur Unterscheidung von und zu den Unterschieden zwischen einer demokratischen kontinentaleuropäischen und einer liberalen angelsächsischen Wohlfahrtspolitik bzw. dem entsprechenden Staatsverständnis, insbesondere im Hinblick auf Allzuständigkeit (Kontinentaleuropa) vs. eingeschränkte Staatstätigkeit vgl. Kaufmann 2005b.

Schröter/Wollmann (2005: 63 ff.) unterscheiden zwei *Reformdimensionen* des NPM, die sich wiederum unterschiedlicher „politisch-ideologische[r] und theoretische[r] Rechtfertigungen" bedienen:

- *eine ordnungspolitische (Makro-)Dimension:* Begrenzung staatlicher und/oder Verwaltungsaktivitäten auf Kernaufgaben und die Neureglungen der Innen- und Außenbeziehungen von Verwaltungen und deren relevanter Akteursumwelt – basierend auf der *Ökonomischen Theorie der Politik und Bürokratie:* Public Choice bzw. Neue Politische Ökonomie
- *eine binnenstrukturelle (Mikro-)Dimension:* gezielte Reformvorschläge zur internen Verwaltungsführung – basierend auf dem *Managerialismus und institutionenökonomische Ansätzen:* Theorie der Verfügungsrechte (Property-Rights-Analysis), Agenturtheorie (Prinzipal-Agent-Theory) und Transaktionskostenanalyse.

Als Hauptfelder[32] der Verwaltungsmodernisierung im Rahmen des NPM geben Schröter/Wollmann die Neubestimmung des Aufgabenverständnisses, Deregulierung und Re-Regulierung, die Implementation einer neuen Steuerungslogik und Führungsorganisation für die Verwaltung sowie die Reform des Personalmanagements an. Dahme/Wohlfahrt (2002: 10) identifizieren in diesem Zusammenhang zwei Strömungen in der *internationalen* Debatte: eine eher neoliberal motivierte Kritik und eine konservativ geprägte Kritik traditioneller Sozialpolitik. Beide Strömungen gehen in der partei- und sozialpolitischen Praxis oftmals ineinander über. Einen gemeinsamen Bezugspunkt bildet die Diskreditierung des Keynesianischen Wohlfahrtsstaats und seiner makroökonomischen Steuerungsinstrumente. Die neoliberalen Denker und Denkerinnen problematisieren ausdrücklich dessen Größe und Leistungstiefe und die Konservativen insbesondere die zunehmende Verrechtlichung von Ansprüchen, ohne dafür Gegenleistungen zu fordern. Entsprechende Gegenentwürfe zum Keynesianischen Wohlfahrtsstaat setzen auf einen schlanken, sich auf seine Kernaufgaben beschränkenden, residualen Minimal-Staat oder Nachtwächter-Staat sowie auf eine Wohlfahrtsproduktion, die einem neuen *welfare-mix* entsprechen soll. Mit dem Konzept welfare-mix sollen sowohl dem informellen als auch dem sogenannten Dritten Sektor bzw. der Zivilgesellschaft prominentere Rollen in der Wohlfahrtsproduktion eingeräumt werden. Anstelle des radikalen Abbaus sozialstaatlicher Leistungen wird „durch die Überwindung von Innovationsblockaden in herkömmlichen wohlfahrtsstaatlichen Arrangements und durch die Herstellung neuer Kombinationsformen von Institutionen und Sektoren der Wohlfahrtsproduktion [ver-

---

32 Mit unterschiedlichen Schwerpunktsetzungen im internationalen Vergleich.

## 2.4 Neu gesteuerte Jugendhilfe im Aktivierenden (Sozial-)Staat

sucht], das erreichte Niveau der Wohlfahrt unter veränderten Bedingungen zu erhalten bzw. Wohlfahrtssteigerungen durchzusetzen" (Evers/Olk 1996: 10). Von zentraler Bedeutung innerhalb der Reformpolitik zum NPM ist die proklamierte bzw. unterstellte, größere Leistungsfähigkeit von Markt und Wettbewerb[33] gegenüber Hierarchie/Staat. Die (prozessualen) Eigenheiten des Koordinationsmechanismus Markt und die entsprechenden Akteurskonstellationen von Anbietern und Nachfragern beschreibt Wiesenthal folgendermaßen:

> „Nüchtern betrachtet heißt Marktkoordination zunächst nicht mehr und nicht weniger als *die Ermöglichung einer wechselseitig vorteilhaften Beziehung,* welche die Akteure *freiwillig* im Lichte *anderer* Alternativen eingehen. (…) Was den Tausch unter *Markt*beziehungen auszeichnet, ist zweierlei: (1) das Vorhandensein *von gleichen und ungleichen Interessen* auf jeder Seite der Beziehung und (2) die Beteiligung *relevanter Dritter*, d. h. eine Beziehungsstruktur mit mindestens drei Beteiligten. Da die Tauschpartner nur dann miteinander ‚ins Geschäft' kommen, wenn beide erwarten nach dem Tausch besser als vor dem Tausch zu stehen, agieren sie in einem Nichtnullsummenspiel (*variable sum game*), von dem sich jeder Beteiligte einen (subjektiven) Nutzengewinn ausrechnet" (2006: 97, Herv. im Text).

Im Gegensatz zur einfachen Tauschinteraktion, in der sich die Akteure und Akteurinnen *nur* für oder gegen die Interaktion entscheiden müssen, ergibt sich aus der mindestens triadischen Interaktionsstruktur der Wettbewerbssituation die Anforderung, zu entscheiden, mit welchem Partner zu welchen Konditionen getauscht werden soll. In diesem Zusammenhang definiert Wiesenthal (ebd.: 99) Markthandeln als Wettbewerb um Tauschgelegenheiten.[34] Hinsichtlich der Leistungsfähigkeit dieses Koordinationsmechanismus rekurriert er auf die Transaktionskostenökonomik und führt an, dass Marktkoordination nicht in jedem Fall den effizientesten Koordinationsmechanismus darstellt, aber mit ihr die stärksten Innovationsstimuli gesetzt werden (können). Diese Fähigkeit zur Innovationsförderung bzw. zur (maximalen) Innovationseffizienz ist demnach das spezifische Leistungsmaximum von Marktkoordination. Aus dieser Perspektive kommt dem

---

33   In den angelsächsischen Diskussionen werden in Bezug auf die Koordinierung kollektiver Handlungen mittels Marktkoordination vor allem die Ideen Schumpeters rezipiert und somit auf Vorstellungen zu innovatorischen Schüben schöpferischer Zerstörung und dynamischer Effizienz dieses Mechanismus. Wettbewerb wird dabei als „normativ reguliertes und zugleich dynamisches Ungleichgewichtsgeschehen" begriffen (Nullmeier 2005: 110). Diesen Paradigmenwechsel diskutiert z. B. Jessop 2005 dann auch unter „Schumpeterian Competition State" und „Schumpeterian Workfare Postnational Regimes".

34   Dabei bezieht er sich auf Weber 1972 und Swedberg 1994.

Wettbewerb um Innovationen[35] (bzw. Qualität) vergleichsweise mehr Bedeutung in Hinsicht auf ein erfolgreiches Bestehen am Markt zu als dem Wettbewerb um Preise. Allerdings sind die Bedingungen und Gefährdungen – Wiesenthal verweist beispielsweise auf die exogenen und endogene Gefährdungen[36] der Marktkoordination (ebd.: 101 f.) – in Betracht zu ziehen, unter denen dieses spezifische Leistungskriterium der Marktkoordination zu Geltung kommen kann und Wettbewerb um Innovationen oder Qualität nicht in einen preisgesteuerten Wettbewerb umschlägt (s.w.u.).

Für die Ausrichtung staatlichen Handelns erweisen sich die dargelegten Ideen insofern als wirkmächtig, als dass sie die Überzeugung fundieren, dass Wettbewerb und Marktkoordination Verwaltungen bzw. Verwaltungshandeln neu und besser strukturieren. Nullmeier sieht darin ein Indiz dafür, dass sich die starre Gegenüberstellung von Markt und Staat auflöst (vgl. ders. 2005: 108) – aus der hier vertretenen Perspektive jedoch einseitig und zu Gunsten einer Überhöhung der Marktkoordination. Mit der Neuausrichtung der Verwaltung nach dem Vorbild einer marktförmigen Koordination werden deren *positiven* Effekte zu Zielvorgaben für Verwaltungen: erwartet werden Leistungssteigerung, gesteigerte Innovationskraft und Effizienzsteigerung.

Diese Vorstellungen finden im *Prozessverlauf* der Neuen Steuerung auch zunehmend Eingang in die deutsche Debatte zur Verwaltungsmodernisierung:

„Für bisher ausschließlich durch öffentliche Bürokratien bereitgestellte Leistungen kann die Einführung von Wettbewerb vor allem Pluralisierung des Dienstleistungsangebots und damit die Einführung von Wahlfreiheit für die Bürger bedeuten" (Nullmeier 2005: 108).

Die nunmehr forcierte Markt- und Wettbewerbsorientierung wird aus dem NPM-Diskurs aufgenommen, jedoch ohne (bzw. nur in geringem Maße) die entsprechenden theoretischen Begründungen mit zu importieren (vgl. ebd.: 111). Mit der Neuen Steuerung verbindet sich die Zielvorgabe, vormals (überwiegend) bürokratisch-hierarchische Strukturen[37] über die Neuausrichtung am Steuerungsmechanismus Markt/Wettbewerb zu modernisieren und leistungsfähiger zu

---

35 Innovationswettbewerb entspricht dabei einer Konfliktvermeidung und zeitigt sich in „Produktdifferenzierung, Kreation von Marktnischen, Begründung technischer Standards sowie Organisationstechniken der Integration und Diversifikation" (Wiesenthal 2006: 101).
36 Unter exogenen Gefährdungen fasst er „soziale Erwartungen und mehr oder weniger willkürliche Zuschreibungen mit denen sich Akteure gegenseitig bedenken bzw. von staatlichen Regulatoren bedacht werden" und unter endogene Gefährdungen den dysfunktionalen Einsatz von Egoismus (moral hazard) und die Opportunismusfalle (Wiesenthal 2006: 101 f.).
37 Siehe dazu eine polemische Argumentation gegen ‚bürokratischen Super-Perfektionismus' und die Verwaltung bei Koetz 1994:123 f.

## 2.4 Neu gesteuerte Jugendhilfe im Aktivierenden (Sozial-)Staat 41

gestalten. Als zentrales Reform-Instrument gilt das so genannte Kontraktmanagement. Kontraktualismus als *Regierungs- und Managementform* (vgl. Alford 2004) wird im Rahmen des NPM in den 1990er-Jahren vor allem im Vereinigten Königreich, Neuseeland und Australien sowie partiell auch in den USA und Kanada praktiziert. Kontraktualismus richtet sich ausdrücklich auf „die Trennung von politischer Gestaltung und Ausschreibung der Dienstleistung einerseits und die Erbringung der Dienstleistung andererseits, sowie das Outsourcing bzw. die Kontraktierung von Dienstleistungen unter Wettbewerbsbedingungen und die Unterwerfung öffentlicher Einrichtungen unter die Bedingungen des Marktes oder Quasi-Marktes, etwa durch Leistungsversprechen" (Alford 2004: 67). Diese grundsätzliche Charakterisierung sowie die verfolgte Stoßrichtung, eine Markt- und Wettbewerbslogik einzuführen bzw. zu befördern, zeigt sich auch für die deutsche Version des Kontraktualismus als zutreffend.

### 2.4.2 Neue Steuerung und die Jugendhilfe

Wie bereits angedeutet, führt der Reformdiskurs zur Neuen Steuerung auch zu Veränderungen der (Handlungs-)Bedingungen, die die Wohlfahrtsproduktion in der Jugendhilfe strukturieren. Obgleich bestimmte Thematiken der Neuen Steuerung durchaus anschlussfähig an *professionseigene* Theorieansätze sind, wie beispielsweise an die soziale Dienstleistungstheorie und auch in deren Rahmen bereits diskutiert wurden (vgl. Schmidt 1996: 34 ff.), inkorporiert die Jugendhilfe mit diesem Reformdiskurs und seiner *ausdrücklichen* Markt- und Wettbewerbsorientierung eine (weitere) Reformdebatte, die weder von der Profession initiiert noch durch eine eigene, *professionelle Logik* strukturiert wird.[38]

Die jugendhilfespezifische Rezeption der Neuen Steuerung findet vor dem Hintergrund einschneidender Entwicklungen und Veränderungen statt: der *Beitritt* der sogenannten Neuen Bundesländer im Rahmen der deutschen Vereinigung[39], das Inkrafttreten des KJHG (s. o.), gesteigerter (Legitimations-)Druck als Ergebnis der kommunalen Finanzkrise. Von Anfang an werden die Reformideen der Neuen Steuerung durch heftige Kontroversen begleitet.

Kritische Stimmen stellen die Neue Steuerung mit einer Ökonomisierung der Sozialen Arbeit in Zusammenhang und weisen auf Deprofessionalisierungstendenzen und verstärkten Leistungsabbau hin (vgl. Otto/Schnurr 2000, Jordan/Reismann 1998: 77 ff.). Ökonomisierung meint hier die zunehmende Durchdringung von gesellschaftlichen Teilbereichen mit (mikro-)ökonomischem Gedankengut und Rationalitätsvorstellungen, wie sie in der Um- bzw. Neustruktu-

---
38 Siehe Merchel 2004 zur Qualitätsdebatte.
39 Vgl. dazu insb. den 9. Jugendbericht BMFSFJ 1994.

rierung von Institutionen nach betriebswirtschaftlichen Prinzipien sichtbar wird. Für die Jugendhilfe geht es dabei vor allem um eine Reduzierung der aufgewendeten Mittel (Effektivität und Effizienz) sowie um eine zunehmende Privatisierung des Feldes (vgl. Kessl 2002). Die Folgen der Ökonomisierung für Soziale Arbeit werden in den letzten Jahren verstärkt unter dem analytischen Konzept der *Managerialisierung* diskutiert (vgl. Ziegler 2003, Otto/Ziegler 2006), welches vor allem im angelsächsischen Diskurs zur Beschreibung der Transformationsprozesse wohlfahrtsstaatlicher Arrangements dient (vgl. z. B. Clarke/Newman 1997, Harris 1998, Clarke et al. 2000, White 2000, Clark 2005 und Webb 2006).

Die Befürworter und Befürworterinnen der Neuen Steuerung versprechen sich hingegen, den von ihnen im Zusammenhang mit der kommunalen Finanzkrise befürchteten Leistungsabbau verhindern zu können. Anstelle eines Abbaus soll ein *Umbau* der Strukturen Legitimationslücken schließen und das Arbeitsfeld mittelfristig stärken (vgl. Stolterfoht 1994: 145). Die Erwartungen richten sich demgemäß darauf, eine Verbesserung der Leistungen zu erzielen und (endlich auch) einen Nachweis hinsichtlich ihrer Wirksamkeit erbringen zu können (vgl. Liebig 2001: 59). Bürokratieabbau, Flexibilisierung und verstärkte Kundenorientierung stellen aus dieser Sicht das Allheilmittel gegen die konstatierte Unwirtschaftlichkeit, den unverhältnismäßigen Bürokratismus und die sinkende Attraktivität des öffentlichen Dienstes dar. Im Gegensatz zu Vorgängerreformen steht nicht die Implementation vereinzelter Organisationsentwicklungsstrategien auf der Agenda, sondern die Implementation eines umfassenden Neuen Steuerungsmodells (vgl. Flösser 1996b: 55 ff.). In Zeiten vorgeblich knapper Kassen erhoffen sich nicht wenige Jugendhilfeakteure und -akteurinnen mit einer offensiven Implementierung der Neuen Steuerung sowie der bereitwilligen Übernahme einer Pilotfunktion, erweiterte Handlungsoptionen zu erhalten.[40]

Die konkreten, jugendhilfebezogenen Reformvorschläge der KGSt konzentrieren sich dabei im Kern auf die Produktionsweise, die Organisation und die Ergebnisse (Produkte/Wirkungen) jugendhilfespezifischen Handelns. Aufgrund der Vielzahl entsprechender Veröffentlichungen zu den KGSt-Vorschlägen zur

---

40 Als jemand, der erst ein gutes Jahr in der öffentlichen Verwaltung ist, sage ich ganz unbefangen: Ich will unbedingt diese neue Steuerung, sonst halte ich das in der öffentlichen Verwaltung nicht lange aus. Sie funktioniert nicht, weil sie so organisiert ist, sie funktioniert, obwohl sie so organisiert ist. Wenn wir da nicht dringend etwas tun, machen wir die ganze öffentliche Verwaltung weiter kaputt, entfernen uns von den Bürgern und schmeißen das Geld zum Fenster hinaus. Insofern ist Verwaltungsmodernisierung ein grundsätzliches Anliegen für öffentliche Verwaltung, das ich aber auch für unser Feld der Jugendhilfe nutzen möchte" (Verein für Kommunalwissenschaften e.V. 1997: 94 f.).

## 2.4 Neu gesteuerte Jugendhilfe im Aktivierenden (Sozial-)Staat

Neuen Steuerung[41], folgt hier nur eine knappe Zusammenschau der für die Jugendhilfe relevanten Elemente. Die herausragende Zielstellung stellt die Umgestaltung der *Organisation* der (öffentlichen) Jugendhilfe vermittels mikroökonomischer Instrumente dar, um sie effizienter, effektiver und transparenter zu gestalten. Die bisherigen *Finanzierungsstrukturen* sollen durch ein kontraktuelles Finanzierungssystem ersetzt werden. Zentrale Elemente sind dabei Produktorientierung, Kontraktmanagement und Controlling. Diese gelten als Grundpfeiler einer outputorientierten Leistungssteuerung, welche die als einseitig und intransparent klassifizierten, zentralistischen Steuerungsinstrumente ablösen soll. Der outputorientierten Leistungssteuerung inhärent ist wiederum die Orientierung am Markt, am Wettbewerb sowie am Kunden (vgl. Banner 1994, Merchel 2003b: 48 ff., Jann 2005).

Des Weiteren lässt sich eine Konjunktur der Themen Qualität und Wirkungen nachzeichnen. Der Einsatz von Qualitäts*management*systemen verspricht hierbei, sozialpädagogische Praxis – immerhin von *öffentlicher Hand* finanzierte Dienstleistungen – zu qualifizieren und deren Erfolge nachzuweisen oder mindestens hinsichtlich ihrer Wirkung messbar zu machen. Merchel stellt dazu fest, dass die Qualitätsdebatte, so wie sie im Kontext der Neuen Steuerung geführt wird, Ausdruck veränderter, (möglicherweise auch entpolitisierter) Steuerungsstrategien ist (vgl. ders.: 147 f.). Statt auf eine Qualitätssteigerung über sozialpolitische Reformen zu setzen, die sich als umfassende Strategie auf möglichst alle Organisationen richtet, erfolgt eine verstärkte Ausrichtung auf die *einzelne* Organisation. Indem Organisations- und Personalentwicklung zuvorderst an den jeweiligen Merkmalen der einzelnen Organisation ansetzen und sich darauf auch beschränken, wird deren „Potential einer Politisierung der Debatte (...) als Diskurs darüber (...) was also die Gesellschaft für ein bestimmtes Maß an Qualität aufzuwenden bereit ist", verschenkt (ebd.: 148). Mit der Fokussierung auf die Organisationsebene geraten die strukturierenden Rahmenbedingungen aus dem Blick und Qualitätsverantwortung wird zur eigenverantworteten Angelegenheit der Organisation erklärt. Eine Fortsetzung findet die Qualitätsdebatte in der zunehmend intensiveren Beschäftigung mit *Wirkungen* sozialpädagogischer Dienstleistungen. Diese *Verschiebung* äußert sich in einem wieder erstarkten Interesse an bzw. der Hinwendung zu (Diagnostik-)Technologien und lenkt den Blick von der Prozessebene (Erbringungsweise) auf die Ergebnisebene (outcome) (vgl. Peters 2004a). Nicht zuletzt zeigt sich diese Verschiebung in der diszi-

---

41 Neben den KGSt-Berichten (z. B. 12/1991, 19/1992, 5/1993) – z. B. Flösser/Otto 1996, Kühn 1999, Reis/Schulze-Böing 1998.

plinären Beschäftigung mit Wirkungsforschung und den vielfältigen Konzeptionen und Modellprojekten einer wirkungsorientierten Jugendhilfe.[42]

Für eine Betrachtung der Reformebenen der Neuen Steuerung bietet sich folgende Systematisierung (in Anlehnung an Merchel 2004: 133) an:

- *innerorganisatorischer Umbau* der Verwaltung (Jugendamt): Erstellen von Produktbeschreibungen, Schaffung dezentralisierter Verwaltungseinheiten ›business-units‹ mit Betriebsplänen als operative Basis, Zusammenführung von Fach- und Ressourcenverantwortung etc.
- *Neuordnung* der Beziehungen zwischen *Politik und Verwaltung* als Schnittstelle von innenorganisatorsicher Ebene und Außenbeziehung: Abschluss klarer Zielvereinbarungen zwischen Politik (als Auftraggeber) und Verwaltung; Rechenschaftspflicht der Verwaltung gegenüber der Politik
- *Neuordnung* der Beziehungen zwischen *Verwaltung, Freien Trägern* und *Leistungsempfängern* als Neuordnung der organisatorischen Außenbeziehungen: Abschluss von Leistungsvereinbarungen (Leistungs-, Entgelt- und Qualitätsentwicklungsvereinbarungen) zwischen öffentlichen Träger und freien Trägern; Kundenorientierung[43] als Handlungsmaxime in der Beziehung zwischen Verwaltung und Leistungsempfängern (vgl. Flösser 1996b: 58; Peters 2004b: 116).

Das Kontraktmanagement stellt in den Vorschlägen der KGSt das für jede Ebene zutreffende und angemessene Reform-Instrumentarium dar. Zunächst wird mit der Einführung des Kontraktmanagements hauptsächlich eine Neuordnung der Beziehungen von Politik und Verwaltung[44] anvisiert, um so mehr Autonomie und Verantwortung für die Verwaltung zu schaffen. In dieser Logik fungiert Politik als Auftraggeber und Kontrolleur und bleibt zuständig für Politikformulierung und Evaluation. Die Verwaltung hingegen wird mit Entscheidungskompetenzen über das *Wie* der Leistungserbringung – die (Politik-)Implementation – ausgestattet (vgl. Flösser 1996b: 58, Reismann 1998: 60).

„Dabei lösen [idealiter] die Modelle das unterstellte ›Koordinations-lack‹ zwischen politischer und Verwaltungsebene zugunsten der Politikakteure auf, indem sie die

---

42 Vgl. dazu insb. die Veröffentlichungen im Rahmen des Bundesmodellprojektes „Wirkungsorientierte Jugendhilfe" sowie Frey 2008, IGfH 2006.
43 Siehe Flösser 1996a zur Kundenorientierung, welche auf ein verbessertes Verhältnis zwischen Verwaltung und Bürger/Bürgerinnen bzw. Kunden/Kundinnen abzielt, sowie zu entsprechenden Schnittstellen von marktinspirierten und dienstleistungstheoretischen, partizipatorischen Ideen.
44 Außerdem soll das Kontraktmanagement auch innerhalb der Verwaltung, zwischen den einzelnen Hierarchieebenen, und im Zusammenhang mit städtischen Beteiligungen praktiziert werden – vgl. Merchel 2003b: 53, Bogumil/Kuhlmann 2004: 51.

## 2.4 Neu gesteuerte Jugendhilfe im Aktivierenden (Sozial-)Staat

administrativen Handlungskomplexe dem politischen System als ›unpolitische‹ Ausführungsverwaltungen unterordnen. Ob jedoch mikroökonomische Techniken tatsächlich eine Steigerung bzw. Wiederherstellung politischer Handlungsfähigkeit erzielen können, bleibt fraglich" (Schmidt 1996: 42).[45]

In dem Zusammenhang werden (alte) Vorwürfe zur unzureichenden Leistungsfähigkeit des Jugendhilfeausschusses (JHA) neu aufgelegt.[46] Diese beziehen sich vor allem auf die ‚unzureichend ausgeübte' Steuerungsfunktion des JHA. Kritisiert wird, dass der JHA vielfach nur als Verteiler der Finanzausstattung für freie Träger und andere Akteure bzw. Akteurinnen der Jugendhilfe fungiert und dabei auch noch – quasi als ‚Neben- oder Spätfolge' korporatistischer Traditionen – tendenziell starke und etablierte Träger gegenüber schwachen und neuen Trägern bevorzugt (vgl. Merchel/Reismann 2004: 56 ff., Merchel 2003b: 33 f.).

In diesem Kontext sind die systemimmanenten Rollenproblematiken der Ausschussmitglieder, die sich aus ihren jeweiligen Doppelfunktionen ergeben können, in den Blick zu nehmen: Die *politischen Akteure* und *Akteurinnen* sind sowohl den politischen Interessen ihrer Partei/Fraktion verpflichtet als auch der Orientierung an möglicherweise diesen Interessen entgegenstehenden, fachpolitischen Kriterien bzw. Gemeinwohlzielen. Die möglichen Dilemmata der *Jugendhilfeakteure/-akteurinnen* wiederum entstammen ihrer Doppelfunktion als Organisationsmitglied und Mitglied eines politischen Steuerungsgremiums. Sie sind einerseits Träger von Einrichtungen, Diensten und Leistungen (also Leistungsanbieter), andererseits aber auch gewährleistungs-, planungs- und infrastrukturverantwortlich. Möglicherweise entstehen aus dieser Doppelfunktion Rollenbzw. Loyalitätskonflikte, beispielsweise zwischen dem Einbringen von Trägerinteressen und sachbezogenen Problemlösungen (vgl. Merchel/Reismann 2004: 218 ff.).

Im Anschluss an Rucht (1988) charakterisieren Merchel/Reismann den JHA daher *als parlamentarische Arena,* in der Kooperationen, Konflikte und Aushandlungen stattfinden, die in unterschiedlicher Intensität durch die Interessen der Beteiligten geprägt werden. Dabei mischen sich durch Gruppen organisierte Interessen bzw. spezifische Organisationsinteressen mit persönlichen Werten oder Anschauungen. Zu berücksichtigen ist des Weiteren, dass die Arbeitsprozesse des *politischen* Gremiums JHA der Logik von Politik oder politischen Prozessen unterworfen sind und folglich als Teil eines umfassenden „Policy-

---

45  Die Logik erinnert an die von W. Wilson bereits 1887 formulierte Doktrin von der notwendigen Trennung von ‚Politics' und ‚Administration' (politics-administration-dichotomy) – vgl. Bogumil/Jann 2005: 29.

46  Vgl. Kapitel 2.4.2. und den 3. Jugendbericht BMJFG 1972 zu „bemerkenswerte[n] Diskrepanzen" von Programmatik und realen Aktivitäten der Jugendwohlfahrtsausschüsse (Peters 2004b: 114).

Cicles"[47] zu begreifen sind und insoweit möglicherweise Spannungen zur *Organisationslogik* eines Jugendamtes auftreten (vgl. ebd.: 109).

Ferner identifizieren kritische Stimmen das Verhältnis zwischen JHA und Jugendamtsverwaltung als weiteren Problembereich. Obgleich der JHA der Jugendamtsverwaltung strukturell übergeordnet ist, zeigen sich in der Praxis oftmals gegenteilige Machtstrukturen in den Kommunen. Dabei übernimmt die Verwaltung den strukturell dominanteren Part. Diese *Umkehrung* führen Merchel/Reismann auf einen generellen Informationsvorsprung[48] der Verwaltungsmitglieder zurück, die insofern über weitreichende Möglichkeiten der Auswahl und Aufbereitung von Informationen verfügen und so wesentliche (steuernde) Funktionen übernehmen können, die auch durch eigene Organisationsinteressen bestimmt sein dürften. Sie schlussfolgern in diesem Zusammenhang, dass die Verwaltung des Jugendamtes maßgeblich mitbestimmt, wie ein Ausschuss agiert (vgl. ebd.: 98 ff).

Die angeführten, zuvorderst fachpolitisch motivierten Kritiken am JHA werden ergänzt durch ordnungspolitisch argumentierende Skeptiker und Skeptikerinnen bzw. Gegner und Gegnerinnen des JHA. Hierbei zielt die entsprechende Kritik nicht auf die Arbeitsweise, vielmehr wird die Struktur des JHA insgesamt in Frage gestellt: In den Mittelpunkt der Kritik rücken sowohl die besondere Konstruktion als auch die im Vergleich zu anderen kommunalen Ausschüssen besonderen Rechte der JHA-Mitglieder. Im Zusammenhang mit „generelle[n] Überlegungen zur Umsetzung der neuen Steuerungsmodelle sowie zur Deregulierung im Sinne der Lösung von Vorschriften, die die kommunale Organisationshoheit einschränken" unternehmen – bislang allerdings erfolglos (vgl. Mamier 2002: 272) – kommunale Spitzenverbände sowie mehrere Länderministerien den Versuch, über ein sogenanntes „Zuständigkeitslockerungsgesetz" die entsprechenden bundesrechtlichen Vorgaben zu lockern (Bußmann et al. 2003: 63 ff.).[49]

Vor diesem Hintergrund verspricht die Einführung kontraktueller Steuerungselemente die Beziehungen zwischen Politik und Verwaltung sowie auch die Beziehungen innerhalb des Jugendamts zu entwirren und zu optimieren. Zudem sollen kontraktuelle Steuerungselemente auch die Beziehungen zwischen öffent-

---

47 Innerhalb dieses Policy-Cicles folgen verschiedene Steuerungsphasen aufeinander, die bei jeder Problemfeststellung erneut zyklisch durchlaufen werden: (1) Diskussion und Beschlussfassung von Themen als Formulierung von Politiken in Form des ‚Agenda-Setting' (2) Implementation von Politiken (3) Evaluierung von Politiken – vgl. Merchel/Reismann 2004: 113 ff.

48 Im Gegensatz zu den ehrenamtlich tätigen Ausschussmitgliedern stehen sie als primäre Informationsempfänger in ständigem Kontakt mit den Einrichtungen, Diensten und/oder angrenzenden Ämtern.

49 Den ersten Vorstoß unternahm das Land Hessen (1997). Es folgen Anträge aus Nordrhein-Westfalen und Schleswig-Holstein – vgl. Mamier 2002: 272 f., Liebig 2001: 33 ff.

## 2.4 Neu gesteuerte Jugendhilfe im Aktivierenden (Sozial-)Staat 47

lichen und freien Trägern restrukturieren. Hierzu wird ein neues, kontraktuelles System der Leistungsfinanzierung für die Jugendhilfe implementiert: Die seit 1. Januar 1999 geltenden gesetzlichen Neuregelungen gemäß §§ 78 a-g SGB VIII beziehen sich zunächst nur auf (teil-)stationäre Hilfen zur Erziehung, erhalten aber zunehmend auch Bedeutung für andere Leistungsbereiche. Der Gesetzgeber strebt mit dieser Einführung von Leistungsverträgen einen effektiven – d. h. auch sparsamen – und bedarfsgerechten Ressourceneinsatz an (vgl. Messmer 2003: 26 f., Peters 2004a: 155 ff.). In Folge des neuen Finanzierungsmodells steht jedoch zu befürchten, dass die bis dato ‚geltende' eher partnerschaftliche Interpretation des Subsidiaritätsprinzip aufgeweicht und das etablierte Verhältnis zwischen öffentlichen und freien Trägern in Frage gestellt wird:

„Die Basis, auf der die Wohlfahrtsverbände agieren, wandelt sich vom Status zum Kontrakt" (Heinze 2003: 35).

Über die Vertragsfinanzierung und den damit eingeführten purchaser/providersplit fungiert der öffentliche Träger nunmehr als Kostenträger mit Gewährleistungsfunktion und die freien – sowie die nunmehr gleichberechtigten privatgewerblichen – Träger als Leistungserbringer, denen die praktische Umsetzung überlassen bleibt (vgl. Messmer 2003: 26 f.). Diese Rollen- und Aufgabenteilung folgt grundsätzlich der *betriebswirtschaftlich* basierten Vorstellung, dass die beteiligten (Jugendhilfe-)Akteure und Akteurinnen „autonome und klar identifizierbare Vertragspartner (...) [darstellen], die ihre jeweiligen Interessen im Rahmen einer Leistungsvereinbarung regulieren" (ebd.: 27).

Auch das Verhältnis der Freien Träger zueinander wird dadurch nachhaltig verändert:

„Kontraktpartner werden der *Konkurrenz* ausgesetzt, damit sie gezwungen sind, günstigere bzw. bessere Dienste anzubieten als die ihrer Konkurrenten" (Alford 2004: 71, Herv. im Text).

Träger agieren unter preislichen und qualitativen Wettbewerbsbedingungen – dabei wird „gute Leistungserbringung belohnt und schlechte Leistungserbringung sanktioniert" bzw. führt eventuell zur „Ablösung durch einen Konkurrenten" (ebd.: 72). Im 11. Kinder- und Jugendbericht (2002) stellt die Sachverständigenkommission dazu fest, dass sich in der Praxis vor allem ein preisgesteuerter Kostenwettbewerb auf kommunaler Ebene entwickelt hat. Wettbewerbssieger ist demnach der billigste Träger:

„Der Billigste ist dann der Beste, Entscheidungsgrundlage ist nicht die Qualität einer Leistung sondern nur deren Preis" (Böllert 2004: 125).

Als Gegenmodell schlägt die Kommission einen *fachlich regulierten Qualitätswettbewerb* vor, der an die Stelle des preisgesteuerten Wettbewerbes treten soll. Dazu bedarf es einer *kooperativen Jugendhilfeplanung*[50], auf deren Basis politische Entscheidungen zur jeweils bedarfsgerechten Angebotsstruktur bzw. sozialen Infrastruktur getroffen werden sollen. Dementsprechend bilden die Ergebnisse der Jugendhilfeplanung die Entscheidungsgrundlage für den Beitrag der Kommune zum ‚Aufwachsen in öffentlicher Verantwortung'. Um die Qualitätsdimension des so formulierten Bedarfes sicherzustellen, müssten mit Hilfe eines kontinuierlichen Qualitätsmanagements Qualitätsstandards beschrieben werden. Der so konkretisierte Bedarf wird dann durch den JHA ausgeschrieben. Den *Zuschlag* erhält der Träger, der die Einhaltung der Qualitätsstandards nachweisen kann. Zu beachten ist in diesem Zusammenhang, dass die Ausschreibung und Auswahl der Träger einer pluralen Angebotsstruktur nicht entgegenstehen und die Gewährung des Wunsch- und Wahlrechtes der Adressaten sicherstellen (vgl. Böllert 2004).

Mit diesem *Modell* wird die Wettbewerbsorientierung in der Jugendhilfe also nicht grundsätzlich in Frage gestellt, vielmehr wird eine Wettbewerbsdimension – die vermeintlich *bessere* – der anderen gegenüber gestärkt. Damit wird allerdings die Neuverteilung der Funktionsrollen von öffentlichen und freien Trägern grundsätzlich bestätigt.[51] Die Stärkung der Steuerungskompetenz des Jugendamtes wird überdies mit dem zum 1. Oktober 2005 in Kraft getretenen Kinder- und Jugendhilfeweiterentwicklungsgesetz (KICK) bekräftigt (vgl. AGJ 2005).

Es stellt sich aber die Frage, welche der *konzeptionellen* Elemente einer Neuen Steuerung sich überhaupt als praxisrelevant erweisen. Die hohen Erwartungen, die vielerorts in die Neue Steuerung gesetzt wurden, scheinen überwiegend der Ernüchterung gewichen. Für die Jugendhilfe als „Testfall" (Flösser 1996b: 72) sind schnelle Erfolge ausgeblieben bzw. zeitigten die konzeptionellen Diskussionen nicht die erhofften Veränderungen in der Praxis.[52]

Die Ursachen für die *unzulängliche* Umsetzung der Neuen Steuerung werden vielfältig diskutiert. Kühn (2002: 21 ff.) argumentiert, dass das neue Steue-

---

50 Daran sollen auch kleine freier Träger und die Adressaten bzw. Adressatinnen beteiligt sowie jugendhilfeexterne Aspekte im Sinne einer umfassenden Lebenslagenanalyse einbezogen werden – vgl. Böllert 2004: 126 f.
51 Für eine Übersicht zu kritischen Einwänden gegen das Modell siehe Böllert 2004: 129 ff. und Peters 2004a.
52 Einen Überblick zur Umsetzung bietet der 11. Kinder- und Jugendbericht BMFSFJ 2002 und die entsprechenden Materialien der Sachverständigenkommission – insb. Pitschas 2002: 237 ff., Mamier 2002 sowie Otto/Peter 2002, bezüglich stattgehabter Modernisierungsstrategien bzw. Reformtypen in Jugendämtern siehe Liebig 2001 und Bußmann et. al 2003 sowie Pothmann 2003 zur Bedeutung von Kennzahlen für die Jugendhilfe. Mit der (desillusionierten) Bilanzierung der Neuen Steuerung insgesamt, beschäftigen sich Bogumil/Kuhlmann 2004, Jann 2005 und Bogumil 2005.

## 2.4 Neu gesteuerte Jugendhilfe im Aktivierenden (Sozial-)Staat

rungsmodell zu „unterkomplex für hochkomplexe Dienstleistungen" sei, grundsätzliche Veränderungen eine „Zeitspanne von 10 Jahren und mehr" benötigen und die Umsetzungswiderstände unterschätzt wurden. Merchel hebt hervor, dass die Qualitätsthematik nur einseitig und die pluralen Trägerstrukturen nur mangelhaft berücksichtigt wurden (ders. 2003b: 56 ff). Zudem wurden die konzeptionellen Elemente bzw. inhaltlichen Herausforderungen nicht ausreichend verstanden. Viele Kommunen haben die Neue Steuerung demnach nur stark verkürzt rezipiert und den geforderten effizienten Ressourceneinsatz hauptsächlich mit *sozial verträglichen* Einsparungen gleichgesetzt, um ihre Haushalte zu konsolidieren. Mit der Konzentration auf die Aspekte einer veränderten Finanzierung (durch Zuwendungs- und Leistungsverträge) und der Beschränkung auf Qualitätsmanagementsysteme, die schwerpunktmäßig nur Ergebnisqualität und Wirksamkeit fokussieren, mutierte die Gesamtkonzeption zu einer stetig „inhaltsleerer werdenden Chiffre" (ebd.: 50).

Die nur teilweise erfolgte Umsetzung der Neuen Steuerung ist in Anbetracht der Erkenntnisse der Verwendungsforschung nicht überraschend, werden doch Modellprojekte bzw. Reformen nie eins zu eins realisiert, sondern immer nur einzelne Elemente herausgegriffen und umgesetzt (vgl. Beck/Bonß 1989). Reformen sind demnach keine linearen Prozesse, die geradlinig auf das vorgegebene Ziel hin verlaufen – vielmehr kommt es bereits bei Bekanntgabe der Reformabsicht zu Stellungnahmen, die entweder dafür oder dagegen sind, sowie zu Festlegungen und zu Kritiken der verschiedensten Art. Im Reformprozess treten Verzögerungen auf und es kommt zum Abwägen zwischen alten und neuen Vorstellungen. Die Reformabsicht wird in Anpassung an die sich ändernden Situationen immer wieder „neu beschrieben und dabei oft unter der Hand modifiziert" (Wolff/Scheffer 2003: 343).

Trotz der eigensinnigen Bearbeitung und Aneignung des Reformprojektes hat die Neue Steuerung das Feld der Jugendhilfe stark geprägt. Grundlegende Elemente – wie Kontraktualismus und Qualitätsmanagementsysteme – haben durchaus Eingang in die Praxen der Akteure und Akteurinnen gefunden. Mit der Neuen Steuerung wurde, wie auch in anderen (Reform-)Diskursen, Organisations- und Steuerungsfragen forciert und problematisiert. Das Spezifische der Neuen Steuerung ist jedoch, dass die vorgeschlagenen Lösungen in hervorstechender Weise aus (mikro-)ökonomischen Kontexten und Theoriekonzepten stammen.

## 2.4.3 Aktivierender Staat – Neue Steuerung und Governance

Das Reformprojekt Neue Steuerung zur „Modernisierung des lokalen Staates" (Wohlfahrt 1996: 100) verschmilzt im Prozessverlauf mit einem umfassenden Diskurs zur Modernisierung des Staates bzw. bildet zunehmend eine Diskursgemeinschaft[53] mit dem Diskurs über den aktivierenden Staat.

Zu betonen ist in dem Zusammenhang, dass die Neue Steuerung zunächst nur als Umbau der Kommunalverwaltung konzipiert wurde und auf die kommunale Ebene beschränkt war. Und obgleich im Rahmen der Neuen Steuerung immer auch auf Krisendiagnosen bzw. Modernisierungslücken des (Sozial-)Staats rekurriert wird – z. B. eine „Demokratie- und Effizienzlücke" (Frey 1994: 26 f.), „Steuerungslücken" in Form von Effizienz-, Management-, Attraktivitäts-, und Legitimitätslücken (KGSt 5/1993) oder auch „Finanz-, Struktur-, Kompetenzkrisen" (Hill 1994: 49 ff.) – starten die Reformaktivitäten nicht mit der proklamierten Intention, eine umfassende Staatsmodernisierung zu ‚veranstalten'. Verbindungen zur umfänglichen Staatsmodernisierung ergeben sich erst verstärkt zu einem Zeitpunkt, an dem eine erste Phase der Neuen Steuerung bereits beendet war und sich eine zweite Phase abzeichnete. Im Gegensatz zur ersten Phase, innerhalb der ausdrücklich die Binnenmodernisierung der Verwaltungen im Zentrum stand, wird in der zweiten Phase bzw. in einem erweiterten Modell ein „deutlicher (…) Schwerpunkt auf das *Außenverhältnis* und das *Personal* als zentrale Ressource der Verwaltungsreform gelegt" (Bogumil/Kuhlmann S. 2004: 52, Herv. im Text). Dabei wird vor allem die Implementation von Wettbewerbselementen forciert. In der Jugendhilfe vermittelt sich diese thematische Verschiebung insbesondere über die Qualitäts- und/oder Wirkungsdebatte und die Einführung der gesetzlichen Neuregelungen gemäß §§ 78 a-g SGB VIII zum 1. Januar 1999 (s. o.).

Als relevantes Datum für die Inkorporierung des NPM bzw. der Neuen Steuerung in einen umfangreichen Reformdiskurs zur Staatsmodernisierung wird hier der rot-grüne Regierungswechsel im Jahr 1998 gesetzt. Im Kabinettsbeschluss vom 1. Dezember 1999[54] wird unter der Überschrift „Moderner Staat – Moderne Verwaltung" das Leitbild und Programm der Bundesregierung fixiert. Damit wird eine Abkehr vom Konzept des Schlanken Staates postuliert und eine Hinwendung zum Leitbild des Aktivierenden Staates:

---

53 Diskursgemeinschaften bzw. discourse communities sind durch je spezifische Sichtweisen auf Probleme und deren Lösungen gekennzeichnet, die wiederum auf je spezifischen Kausalannahmen und „belief systems" bzw. „cognitive maps" basieren (Heinelt 2008: 112).
54 Das Konzept wird bereits im rot-grünen Koalitionsvertrag 1998 vorgestellt. Auch das im Juni 1999 veröffentlichte, sogenannte Schröder-Blair-Papier beschreibt bereits die Grundlinien der neuen, modernisierten sozialdemokratischen Politik – vgl. Pilz 2004: 72.

## 2.4 Neu gesteuerte Jugendhilfe im Aktivierenden (Sozial-)Staat

„Die Bundesregierung dagegen will über die bisherigen singulären Ansätze der Binnenmodernisierung hinausgehen. Das Leitbild des aktivierenden Staates eröffnet eine zukunftsweisende Perspektive für das gewandelte Verständnis der Aufgaben von Staat und Verwaltung. Gemeinsam mit einer aktiven Gesellschaft kann auf diese Weise der Weg zwischen bloßer Verschlankung einerseits und zuviel staatlicher Intervention und Überregulierung andererseits erfolgreich beschritten werden" (Bundesregierung 1999: 1).

Unter der Überschrift „Effiziente Verwaltung" werden Richtungsangaben bzw. Leitlinien für die Verwaltung wie folgt präzisiert:

„Staatliches Handeln muss dem Erfordernis der Effizienz und Effektivität genügen. Verwaltungsabläufe sind daraufhin zu überprüfen, ob sie nicht unnötige Bürokratien schaffen. Dies ist durch Wettbewerb und Leistungsvergleiche möglich. Konkurrierende Ansätze und die Orientierung an „besten Lösungen" bewirken, dass die Beteiligten eine Optimierung der Verwaltungsabläufe erzielen und zukunftsfähige Strukturen schaffen" (ebd.: 4).

Bislang isolierte Reformstränge werden demgemäß in einen umfassenden Modernisierungsdiskurs gebündelt und scheinen somit – im Vergleich zu vorgängigen Reformprojekten – ein größeres Veränderungspotential aufzuweisen.

„Das »Alte« wird hier zum offensichtlich Unhaltbaren, ja geradezu verderblichen und Verwerflichen stilisiert, um das »Neue« – einen anderen Sozialstaat, eine veränderte Politik des bzw. mit dem Sozialen – als umso naheliegender und zwangsläufiger erscheinen, »zum Endpunkt einer langen Verkettung von »Notwendigkeiten« (…) werden zu lassen" (Lessenich 2008: 75).

Dabei kommt (scheinbar) zusammen, was zusammen gehört:

„Ohne die staatstheoretische Ausrichtung blieben die Instrumente orientierungslos, ohne die entsprechenden Instrumente bleibe der aktivierende Staat handlungsunfähig" (von Bandemer/Hilbert 2005: 33).

Mit dem Leitbild des aktivierenden Staates schließt der bundesdeutsche Diskurs einerseits an die überwiegend neoliberal geprägten, internationalen Diskurse und Reformpraxen zur Staatsmodernisierung an, wie zum Beispiel an das sozialpolitische Programm des „enabling state" (vgl. Gilbert/Gilbert 1989) der Clinton-Ära sowie an das britische Reformprogramm des „Dritten Wegs" und den „social investment state" (vgl. Jordan/Jordan 2000). In anderer Hinsicht setzt es sich aber auch als *Kompromiss* zu neoliberalen und konservativen Vorschlägen von diesen ab (vgl. Dahme 2002: 10 f.). Dieses Leitbild folgt insofern einem traditionellen Staatsverständnis, als dass die Allzuständigkeit des Staates nicht vollständig zu Gunsten einer radikalen Begrenzung der Staatsaufgaben aufgegeben wird. Vielmehr gilt:

> „Staat und Verwaltung müssen ihre Aufgaben und ihre Verantwortung unter veränderten gesellschaftlichen Bedingungen neu definieren. Der aktivierende Staat wird die Übernahme gesellschaftlicher Verantwortung dort fördern, wo dies möglich ist. So wird sich die Erfüllung öffentlicher Aufgaben nach einer neuen Stufung der Verantwortung zwischen Staat und Gesellschaft richten" (Bundesregierung 1999: 2).

Der aktivierende Staat übernimmt demnach die Aufgabe, die Gesellschaft zu aktivieren und zu mobilisieren und gibt damit weder Definitionsmacht auf noch zieht er sich – wie es neoliberalen Vorstellungen entsprechen würde – zurück. Vermittelt über Aktivierung und Initiierung bleibt der aktivierende Staat Steuermann, der zur konkreten Erbringung und Umsetzung seiner verbleibenden Aufgaben ‚die Anderen' heranzieht (vgl. von Bandemer/Hilbert 2005: 27).

Jüngere Studien und Analysen zur Jugendhilfe bzw. Sozialen Arbeit und/oder Sozialpolitik insgesamt diskutieren und problematisieren die aufgezeigten, paradigmatischen Veränderungen im Feld dann auch unter den Überschriften Aktivierende Jugendhilfe bzw. Soziale Arbeit, Aktivierungspolitik und Aktivierungspädagogik (vgl. Kessl/Otto 2002, Dahme et al. 2003, Dahme/Wohlfahrt 2005, Dollinger/Raithel 2006). Insbesondere werden die Implikationen des Aktivierungsparadigmas ‚Fördern und Fordern' in seinen Konsequenzen für Jugendhilfe resp. Soziale Arbeit problematisiert. Aus machtanalytischer Perspektive[55] argumentiert Kessl (2005: 11), dass die aktuellen Transformationen des wohlfahrtsstaatlichen Arrangements als „neo-soziale Regierungsprogramme zur Aktivierung subjektiver Lebensverantwortung" verstanden werden können, mit denen das Soziale radikal neu arrangiert wird. „Jugendhilfe als Regierung" strukturiert sich als „Dispositiv Aktivierende Jugendhilfe (…), das (…) viele Beteiligte in den Feldern der Kinder- und Jugendhilfe – und darüber hinaus – glauben macht, mit diesen Strategien sei ein höherer Grad an Lebensgestaltungsmöglichkeiten für alle Beteiligten erreichbar" (ebd.: 124, vgl. auch Kessl/Otto 2009 und Weber/Maurer 2006).

Die programmatischen Zielrichtungen des aktivierenden Staates lassen sich wie folgt zusammenfassen: Stärkung der gesellschaftlichen Selbstregulierungskräfte; Förderung von Ehrenamt, Bürgerengagement und Gemeinwohlorientierung; Stärkung der Eigenverantwortung; Förderung der Bürgerbeteiligung an politischen und administrativen Entscheidungen; Förderung von effizientem Verwaltungshandeln bzw. effizienter Verwaltungsorganisation über die Imple-

---

55 Vor allem gestützt auf die Gouvernementalitätsstudien M. Focaults.

## 2.4 Neu gesteuerte Jugendhilfe im Aktivierenden (Sozial-)Staat 53

mentation von Wettbewerb und Leistungsvergleichen; Etablierung eines neuen Prinzips der Verantwortungsteilung zwischen staatlichen, halb-staatlichen und privaten Akteuren und Akteurinnen (vgl. Dahme 2002: 11). Mit der Neuordnung der Verantwortungsstufen im Verhältnis von Staat und Gesellschaft verschiebt sich die staatliche Verantwortung von der Erfüllungsverantwortung zur Gewährleistungsverantwortung (vgl. Röber 2005). Insbesondere vor dem Hintergrund dieser Verschiebung der staatlichen Verantwortung, werden die Modernisierungspolitiken der letzten Jahre nicht mehr unter dem Konzept der Neuen Steuerung eingeordnet, sondern im Rahmen des Reformkonzepts *Governance* diskutiert.

Mit Governance verbindet sich eine „veränderte Sichtweise des Regierens, der Strukturen und Prozesse des „Politikmachens" (policy making), der Politikformulierung und -umsetzung" (Jann/Wegrich 2004:194). Der Begriff von (local) governance wird in den Politik- und Sozialwissenschaften teils normativ, teils analytisch und tendenziell als „catch-all" Wort (Lange/Schimank 2004: 18) genutzt:

- *als deskriptiver Begriff*, der auf veränderte gesellschaftliche Regelungsmechanismen und Strukturveränderungen verweist,
- *als politisch-strategisches Konzept*, das bestimmte Handlungsnotwendigkeiten begründet,
- *als analytisches Instrumentarium*, das gesellschaftliche Integrations- und Interaktionsformen systematisch erfasst (vgl. Brunnengräber et al. 2004: 13).

In den entsprechenden Debatten wird Governance vor allem von dem Begriff Gouvernement abgegrenzt: Während *Gouvernement* für den hierarchischen, zentralistischen und dirigistischen Charakter traditioneller staatlicher Steuerungsformen steht, bezieht sich *Governance* demgegenüber auf die „Transformation von Staatlichkeit" die neue, kooperative Mechanismen der Interdependenzbewältigung forciert und traditionelle Grenzziehungen zwischen Staat und Gesellschaft, Ökonomie und Politik aufhebt (Brand 2004: 111 f.). In der Definition der UNO-Commission on Global Governance (CGG) meint „Ordnungspolitik bzw. Governance (...) die Gesamtheit der zahlreichen Wege, auf denen Individuen sowie öffentliche und private Institutionen ihre gemeinsamen Angelegenheiten regeln" (CGG 1995: 4 zit. nach Brand 2004: 112): Mit der Übersetzung von Governance als Ordnungspolitik in der deutschsprachigen Version des Berichts, wird die Richtung angezeigt:

"Es geht darum, auf verschiedenen Handlungsebenen und in unterschiedlichen Praxisfeldern geregelte Verfahren und Aushandlungsmechanismen bereitzustellen, um den Bedeutungsverlust staatlicher Administrationen und souveräner Entscheidungsprozesse für das Management ökonomischer und sozialer Prozesse auszugleichen" (Brand 2004: 111 f.).

In diesem Sinne erweist sich Governance als „Teil einer historisch-politischen Konjunktur, in der die Kritik am Neoliberalismus zum Vehikel seiner Restrukturierung geworden ist" – einhergehend mit einer Revitalisierung des „Planungs- und Optimierungsglauben" der 1960er- und 1970er-Jahre sowie der ‚Einsicht', dass der „Marktfundamentalismus um einen *efficient state* auf lokaler, nationaler und internationaler Ebene" ergänzt werden muss (ebd.: 114 f.).

Auf *nationaler* und *lokaler* Ebene basiert die Governance-Diskussion zu neuen Formen des Regierens im Kern auf der These, dass Problemzusammenhänge oftmals die Zuständigkeitsbereiche nationaler Regierungen sowie deren Verwaltungseinheiten überschreiten und daher nichtstaatliche Akteure und Akteurinnen in die (politische) Steuerung oder Regelung einbezogen werden *sollten*. Regieren und Verwalten im Sinne von Governance findet demgemäß überwiegend in horizontalen, *netzwerkartigen* Konstellationen von öffentlichen und privaten bzw. zivilgesellschaftlichen Akteuren und Akteurinnen statt, die aber wiederum im Schatten der Hierarchie des Staates agieren (vgl. Benz 2004, Risse 2007).

In der politischen und/oder verwaltungspolitischen Praxis werden mit dem Begriff *(Good) Governance* vor allem *normative* Inhalte transportiert: einerseits sind damit Programme zur Verbesserung des Regierens gemeint, zum anderen wird der Abbau staatlicher Leistungen und Steuerung zugunsten privater oder zivilgesellschaftlicher Tätigkeiten forciert (vgl. Benz 2004: 18). Die (traditionelle) Trennung von Staat und Gesellschaft tritt damit in den Hintergrund – vielmehr verbindet sich mit dem Begriff Governance eine Ausweitung der „Sphäre des Politischen" in die Gesellschaft ‚hinein' und *policy-making* beschränkt sich demnach nicht mehr nur auf den Staat oder seine institutionellen Strukturen (Heinelt 2008: 11). Diese Entwicklung kann als funktionale, gleichsam entpolitisierte Politisierung der Gesellschaft verstanden werden, mit der sich der „Bereich des Politischen" – die „Herbeiführung und Durchsetzung verbindlicher Entscheidungen" – in die Gesellschaft ausgedehnt hat (ebd.: 22).

Mit Governance als Reformkonzept für öffentliche Verwaltungen bzw. Verwaltungspolitik[56] findet also die mit der Neuen Steuerung begonnene Verschlankung des Staatsapparates bzw. bürokratischer Verfahren und Abläufe ihre

---

56 Verwaltungspolitik meint hier die Steuerung der Inhalte, Verfahren und Stile von Verwaltung sowie deren Organisations- und Personalstrukturen – vgl. Jann /Wegrich 2004: 194.

## 2.4 Neu gesteuerte Jugendhilfe im Aktivierenden (Sozial-)Staat

Fortsetzung, aber sowohl die Problemsichten als auch die Lösungsstrategien werden nunmehr anders akzentuiert. Die zentralen Elemente der Reformkonzepte im Kontext der Neuen Steuerung und der Governance-Diskussion können in Anlehnung an Jann/Wegrich (2004: 200) wie folgt zusammengefasst werden:

|  | **Neues Steuerungsmodell 1990er Jahre** | **Governance 2000er Jahre** |
|---|---|---|
| Schlagworte | • Managementperspektive<br>• Unternehmen Verwaltung<br>• Bürokratiekritik<br>• Dienstleistungskommune<br>• Schlanker Staat | • Bürger-/Zivilgesellschaft<br>• Sozialkapital<br>• Gewährleistungsstaat<br>• Bürgerkommune<br>• Aktivierender Staat |
| Problematisierungen | • Staat/Bürokratie (-versagen)<br>• Steuerungslücken<br>• Organisierte Unverantwortlichkeit | • Gesellschaft (-sversagen)<br>• Fragmentierung<br>• Externe Effekte<br>• Exklusion |
| Zielstellungen | • Effizienz, value for money<br>• Dienstleistung<br>• Kundenorientierung<br>• Qualität | • soziale, politische u. administrative Kohäsion<br>• Beteiligung<br>• bürgerschaftliches Engagement |
| Analysefokus | • einzelne Organisation<br>• Binnensteuerung<br>• Ergebnisorientiertes Management (z. B. einzelner Ämter)<br>• Privatisierung, Outsourcing | • Koordination öffentlicher u. gesellschaftlicher Akteure und Akteurinnen<br>• Kombination verschiedener Steuerungsformen<br>• Netzwerkmanagement<br>• Steuerbarkeit |

*Abbildung 1:* Gegenüberstellung der Reformkonzepte Neue Steuerung und Governance

Sichtbar wird daran, dass anstelle einer Problematisierung von Staats- oder Bürokratieversagen, die Gesellschaft sowie die gesellschaftlichen Voraussetzungen und Einschränkungen staatlicher Steuerung in den Blickpunkt rücken. Mit dieser Sichtweise verbindet sich die Vorstellung, gesellschaftliche Akteure und Akteurinnen in die je konkreten Problembewältigungen einzubeziehen: sowohl in die Politikformulierung als auch in die Politikumsetzung.[57] Die damit in Zusammen-

---

57 Vgl. Bogumil 2004 zum Beispiel das Modell der Bürgerkommunen.

hang stehenden übergeordneten Zielstellungen umfassen eine Steigerung der Effizienz und Dienstleistungsorientierung sowie eine Stärkung der Kohäsion (s.w.u.), der Beteiligung und die Beförderung bürgerschaftlichen Engagements (vgl. Jann/Wegrich 2004).

Bilanziert werden kann an dieser Stelle, dass die Anschlüsse und Abgrenzungen zur Neuen Steuerung eher ambivalent und uneindeutig sind. Mit der Governance-Debatte wird kein Gegenmodell zu Neuen Steuerung skizziert. Vielmehr werden aus der kritischen Analyse dieses Reformdiskurses und seiner theoretischen Grundlagen (NPM) eher korrigierende und ergänzende Vorschläge getätigt, mit denen Verwaltungsabläufe und Verwaltungspolitik in den folgenden Dimensionen neu akzentuiert werden sollen:

- Betonung der interorganisatorischen statt der intra-organisatorischen Perspektiven; Betonung von netzwerkartigen Steuerungsformen anstelle von Markt und Hierarchie
- Fokus auf (positive) Wechselwirkungen unterschiedlicher Steuerungsformen (mix of modes)
- veränderte Evaluationskriterien für Verwaltungspolitik (vgl. ebd. 2004: 203 ff.).

In Bezug auf die Wohlfahrtsproduktion der Jugendhilfe/Sozialen Arbeit ist zu konstatieren, dass die (normative) Governance-Debatte, wie sie oben kurz skizziert wurde, *nicht explizit* geführt wird – sich aber in Debatten zur Aktivierung von (lokalem) Sozialkapital oder der Stärkung bürgerschaftlichen bzw. zivilgesellschaftlichen Engagements vermittelt. Es bleibt abzuwarten, ob im Rahmen von Governance ähnliche fundmentale Transformationsprozesse (wie z. B. die Einführung des Kontraktmanagements) ausgelöst werden wie im Gefolge der Neuen Steuerung.

## 2.5 Flexible, integrierte, sozialraumorientierte Hilfen und ihre kooperative Steuerung

Mit der Reformprogrammatik einer flexiblen und/oder integrierten und/oder sozialraumorientierten Jugendhilfe wird im Folgenden ein weiterer Diskurs beschrieben, der – ebenso wie die Neue Steuerung – seit Ende der 1980er-/Beginn der 1990er-Jahre im Feld der Jugendhilfe zirkuliert. Mit der Darstellung, dieser *alternativen* Reformprogrammatik bzw. Modernisierungsstrategie (vgl. Peters 1998, 2004b) und der damit in Verbindung stehenden, favorisierten *kooperativen Steuerung*, wird zugleich der Ausgangspunkt der vorliegenden Studie markiert.

## 2.5 Flexible, integrierte, sozialraumorientierte Hilfen

Die neuralgischen Punkte bzw. ‚utopischen Potentiale' (vgl. Peters 1997: 32), die diesen Diskurs strukturieren und zugleich kritische Einwände evozieren, werden nachfolgend skizziert. In die Darstellung fließen vor allem die programmatischen Zielbesetzungen des Bundesmodellprojektes INTEGRA (1998–2003) ein, da hier davon ausgegangen wird, dass die Konzeption des Bundesmodellprojektes die charakteristischen Aspekte des Reformdiskurses einschließt. Die Relevanz des Modells INTEGRA gründet zudem auf dessen Bedeutung als (Reform-)*Kontext* der sogenannten Sozialraumteams, die die empirische Basis der Studie bilden, da diese während der Projektlaufzeit initiiert wurden. Ferner werden anhand von INTEGRA Abgrenzungen und Überschneidungen zum Diskurs der Neuen Steuerung angerissen.

Der Reformdiskurs über Konzepte, die im Kern auf eine flexible und/oder integrierte und/oder sozialraumorientierte Organisierung der Erziehungshilfen abzielen, startet im Unterschied zum Diskurs zur Neuen Steuerung als genuiner Fachdiskurs. Damit ist gemeint, dass die kritische Infragestellung der eigenen Institutionen und Organisationen vor der Folie professionsgenerierter (sozial-)pädagogischer Diskurse stattfindet: Mit diesem Reformdiskurs wird an die im Gefolge der Heimkampagne begonnene Institutionen- bzw. Organisationskritik angeknüpft und als Fortführung der „kritische[n] Thematisierung der Organisation" werden die „kontraproduktive[n] Einflüsse der institutionell-organisationellen Rahmenbedingungen auf Interaktionsprozesse mit Blick auf die Adressat/innen als auch auf die Profession konstatiert" (Rosenbauer 2008:31).

Im Mittelpunkt der Kritik stehen aber nicht mehr ausschließlich die Praxen der Heimerziehung(en), sondern ausdrücklich die ungeplanten Nebenfolgen der seit den 1970er-Jahren stattgehabten Modernisierungen in den Erziehungshilfen. Denn neben den fachlich initiierten, weitreichenden Veränderungen der Heimerziehung(en) und dem Auf- und Ausbau ambulanter und teilstationäre Angebote, die durchaus als Erfolge einer ersten Phase der Institutionen- bzw. Organisationskritik bewertet werden können, lassen sich die ungeplanten und aus einer bestimmten fachlichen Perspektive heraus auch unerwünschten Nebenfolgen dieser Entwicklungen nicht negieren. Diese manifestieren sich in einer versäulten Hilfe-Struktur, die auf einer Kultur der Trennung, Selektivität und Abschottung beruht und Maßnahmekarrieren und Verschiebungspraxen (strukturell) evoziert (vgl. Freigang 1986, Klatetzki 1993, Koch/Peters 2004). Befördert wird diese ‚Kultur der Trennungen' vor allem auch durch die „schubladenmäßige Institutionalisierung" (Peters 1997: 313) der Hilfen zur Erziehung in den §§ 28 ff. des SGB VIII, die so verstanden, eine versäulte Hilfe-Infrastruktur rahmen. Kurz: die Schattenseiten der Ausdifferenzierung und Spezialisierung der Erziehungshilfen – oder in Beckscher Terminologie: die Folgeprobleme funktionaler Differenzierung einfacher Modernisierung, die wiederum nicht über funktionale Differenzierung gelöst werden können (vgl. Beck 1986) – sind primär Gegenstand der Reformprogrammatik im Kontext flexibler und/oder integrierter und/oder sozialraumorientierter Hilfen.

Entsprechende Vorschläge zur produktiven Bearbeitung der unerwünschten Nebenfolgen werden zu Beginn der 1990er-Jahre mit den Konzepten und Modellprojekten der *flexiblen Erziehungshilfen* (vgl. Klatetzki 1993, 1995a) und der *mobilen Betreuung* (Hekele 1989, 1993) in den Fachdiskurs eingebracht. Mit diesen Konzepten oder Modellen werden fundamentale Perspektivänderungen eingefordert. Diese zielen einerseits auf das Verhältnis von Organisation und Profession und formulieren zudem Anforderungen an die professionellen Akteure und Akteurinnen im Kontext eines (hermeneutischen) Fallverstehens, welches sich von einer Einpassung der Fälle in expertokratische Kategorien absetzt. Den Faktor Organisation thematisiert vor allem T. Klatetzki mit seinen Arbeiten zur flexiblen Erziehungshilfe, während in der Diskussion zu *integrierten* Hilfen insbesondere das professionelle, methodische Handeln als wichtiger Bezugspunkt für eine andere Organisation der Hilfen fokussiert wird – siehe dazu beispielsweise die von K. Hekele entwickelten Konzepte „*sich am Jugendlichen orientieren*" und „*Kollegiale Beratung*". Das heißt natürlich nicht, dass professionelles Handeln in den Arbeiten zur flexiblen Erziehungshilfe nicht beachtet oder als unmaßgeblich für eine veränderte Organisierung der Erziehungshilfen eingeschätzt wird. In den Ausführungen zu flexiblen Erziehungshilfen lässt sich jedoch eine stark organisationszentrierte Perspektive erkennen, von der ausgehend professionelles Handeln erschlossen wird, während die Konzepte der integrierten Hilfen eher auf interaktionstheoretischen und kommunikationstheoretischen, pädagogischen Perspektiven basieren.

*2.5.1 Flexible, integrierte und/oder sozialraumorientierte Organisierung von Hilfen*

Mit der vorgeschlagenen flexiblen Organisierung von Erziehungshilfen wird eine im Kern organisationszentrierte *Verweisungs-* bzw. *Zuordnungspraxis* kritisiert, in der ‚Fälle' in bestehende Angebote eingepasst werden, ohne die Adressatenperspektiven angemessen einzubeziehen und die zudem eine Proklamation von Nicht-Zuständigkeit als funktionale Lösung erlaubt. Anstelle *bestimmte*, immer schon organisatorisch auf Dauer gestellte (Erziehungs-)Hilfen mit je spezifischem Problembezug vorzuhalten, tritt die Idee, *bedarfsgerechte* Erziehungshilfen *ad hoc* – ausgehend von den lebensweltlichen Schwierigkeiten der Adressaten/Adressatinnen – zu organisieren. Voraussetzung dafür ist, Erziehungshilfe-

## 2.5 Flexible, integrierte, sozialraumorientierte Hilfen

einrichtungen so zu organisieren, dass ihre Lern- und Wandlungsfähigkeit unterstützt und somit ein *fortwährendes Organisieren* strukturell befördert wird (vgl. Klatetzki 1995b). Mit diesen Ideen einer veränderten Organisierung verbinden sich zwei brisante Herausforderungen: die Einlösung einer radikalen Adressaten- und Adressatinnenzentrierung/-orientierung und die Anforderung, Organisation(en) in einer radikaleren Weise als bisher als Ressource für professionelles Handeln zu begreifen. Mit einer Konzeptionalisierung von jeglichem pädagogischen Handeln als organisiertem Handeln, „mit dem Ziel, die damit gegebenen Begrenzungen und Möglichkeiten reflexiv sichtbar zu machen", untermauert Klatetzki (1998: 324) – unter Rückgriff auf organisationssoziologische Theoriebestände und Giddens Strukturationstheorie – seine Perspektive auf das Verhältnis von Einrichtungen (Organisation) und Handeln (Profession): Organisation wird hier nicht als Hemmschuh professionellen Handelns sondern als bedeutende Ressource für die Generierung (flexibler) Erziehungshilfen begriffen. Damit wird einer bis dato im erziehungswissenschaftlichen Mainstream dominierenden Sicht auf Organisation widersprochen, die die Unvereinbarkeit[58] bzw. den Gegensatz von Profession und Organisation betont, indem sie die bürokratische Überformung professionellen Handelns als Einschränkung thematisiert.

Der Vorschlag einer *flexiblen Organisierung* der Erziehungshilfen bricht insoweit mit dieser etablierten Sichtweise, indem Organisationen als Ressourcen begriffen werden und die Gegenüberstellung von Organisation und Profession in einer Verschränkung beider aufgelöst wird. Kritische Stimmen weisen darauf hin, dass mit dem Konzept der *flexiblen* Hilfen an gesellschaftstheoretische Diskurse zur Flexibilität und/oder Flexibilisierung angeschlossen wird, mit denen Flexibilität im Rahmen einer *neosozialen Programmierung* als erzwungene und zwingende Verhaltensanforderung für individualisierte Akteure/Akteurinnen im flexiblen Kapitalismus gelesen werden kann. Dabei besteht die Gefahr, dass negative Aspekte von Individualisierungsprozessen verstärkt werden (vgl. Sennett 2000, Lessenich 2008). Winkler befürchtet in diesem Zusammenhang – eingebettet in ein (modernisierungs-)pessimistisches Szenario zur Zukunft der Erziehungshilfe insgesamt und der flexibilisierten Hilfen im Besonderen –, dass die Jugendhilfe mit einer flexiblen Organisierung nicht nur gesellschaftliche Entwicklungen aufnimmt, sondern sie „selbst noch zu Leitmustern

---

58 Die Unvereinbarkeitsthese ist vor allem auch in Zusammenhang mit professionspolitischen Beweggründen zu stellen. In diesem Kontext wird dem Professionalisierungsmodell sogenannter klassischer Professionen und tradierten professionssoziologischen Ideen folgend, professionelles Handeln als von (bürokratischer) organisatorischer Überformung möglichst unabhängiges Handeln charakterisiert und mithin die professionellen Akteure und Akteurinnen den (bürokratisch-hierarchischen) Organisationen gegenübergestellt – vgl. Pfadenhauer 2003 zu ‚klassischen' Professionsverständnissen sowie Flösser 1994, Wolff 2000 zum Gegensatz von Organisation und Profession für die Soziale Arbeit.

ihres Handelns macht" und damit „in einer Strategie defensiver Politisierung (...) ihre Fachlichkeit preis [gibt], ohne jedoch an inhaltlicher Substanz zu gewinnen" (Winkler 1998: 282 f.). Diese These stützt sich auf die Beobachtung, dass Sozialpädagogik und Jugendhilfe „einen fachlichen Kern nicht mehr aussprechen kann", sich „unter der Überschrift Jugendhilfe (...) nämlich längst alles Mögliche" verbirgt, aber ein „hinreichendes pädagogisches Selbstverständnis" fehle (ebd.: 284 f.). Nach Winklers Diagnose evoziert das Modell der flexiblen Erziehungshilfen ein Modell von Fachlichkeit, in dem Auflösung die treibende Kraft ist und die letztlich in einer Auflösung jeglicher Fachlichkeit resultiert. Als Alternative dazu schlägt er die Entwicklung einer *pädagogischen Fachlichkeit* vor, die auf einer konstatierten „Differenz des Pädagogischen" zu Modellen der Flexibilisierung basiert (vgl. ebd.: 289 ff.).

Galuske (2002) unterscheidet hingegen eine subjektorientierte Flexibilisierung von einer systemischen Flexibilisierung: Die systemische Flexibilisierung zeigt sich dabei vor allem in einem veränderten Anforderungsprofil an Soziale Arbeit, mit dem Wettbewerbsorientierung und Effektivität zu relevanten Erfolgskriterien für eine *gute Praxis* werden und Privatisierung bzw. Ökonomisierung die entsprechenden Modernisierungsstrategien darstellen (vgl. ebd.: 315 ff.) Die subjektorientierte Flexibilisierung zeigt sich dagegen in der Öffnung von Organisationsstrukturen sowie von Denk- und Handlungsmustern der Sozialen Arbeit. Dabei wird der biographische Eigensinn der Subjekte und ihre lebensweltliche Eingebundenheit einbezogen und damit (die Bedingungen von) gesellschaftliche(n) Entwicklungen wie Individualisierung und Pluralisierung reflektiert. Ein Beispiel für eine so verstandene, subjektive Flexibilisierung stellt das Konzept der Lebensweltorientierung dar, aber auch die Vorschläge zu flexiblen und/oder integrierten und/oder sozialraumorientierten Hilfen, die auf eine passgenaue und lebensweltsensible Hilfeerbringung abzielen (vgl. ebd.: 298 ff.). Gemäß dieser Differenzierung argumentiert Galuske, dass die entsprechenden Folgen oder Verheißungen einer je differenzierten Betrachtung bedürfen. Anstelle einer totalen Ablehnung der Flexibilisierung und Individualisierung von Hilfen fordert er eine „erhöhte Wachsamkeit gegenüber eine[r] Ideologie der Flexibilität, die auch rhetorisch in großer Nähe zum ökonomischen Flexibilisierungsdiskurs sonst in der Gefahr steht, den ideologischen Überbau einer Deregulierung der sozialpädagogischen Infrastruktur zu liefern" (ebd.: 314).

Andere Herausforderungen, insbesondere in Bezug auf die praktische Realisierung von flexiblen Hilfen, hebt J. Merchel (1998) hervor: Einerseits muss die Einzelorganisation einen anstrengenden Spagat zwischen Struktur und Flexibilität bewältigen, wobei es zu Spannungen auf der intra-organisationalen Ebene kommen kann. Und zum anderen können sich im Zusammenhang mit gewachsenen, pluralen Trägerstrukturen Probleme auf der inter-organisationalen Ebene

## 2.5 Flexible, integrierte, sozialraumorientierte Hilfen

ergeben, die beispielsweise zu einer Aushöhlung des Subsidiaritätsprinzip beitragen oder zu Rollenkonflikten mit dem öffentlicher Träger – bzw. konkreter dem Allgemeinen Sozialen Dienst (ASD) – führen. Zudem müssen auch die Spannungen zur Neuen Steuerung, dem anderen zentralen, im Feld aktiven Reformprojekt, berücksichtigt werden.

Wie einführend angedeutet, werden die Ideen zur flexiblen Organisierung von (Erziehungs-)Hilfen flankiert von Konzeptionen zur integrierten bzw. sozialraumorientierten Ausrichtung der Erziehungshilfen.[59] Mit der Maxime der Integration verbindet sich unter anderem ein *ganzheitliches* Verständnis von Hilfeleistungen sowie die Zielsetzung, Erziehungshilfeangebote in sogenannte Regelangebote – wie Schulen oder offene Jugendarbeit – zu integrieren (vgl. Krause/Peters 2002: 156). Mit der sozialraumorientierten Ausrichtung der Hilfen hingegen werden ausdrücklich (auch) die Bedeutung(en) des Sozial- und/oder Lebensraums für Adressaten und Adressatinnen betont und in die Organisierung der Hilfeerbringung einbezogen. Peters (1997: 315 f.) resümiert in diesem Kontext, „dass »integrierte Hilfen« immer auch integrierende, gemeinwesenbezogene und sozialräumlich orientierte Hilfen sind, welche die wohlfahrtsstaatliche Inklusionsoption gegen die derzeit vorherrschende Politik der Reprivatisierung von Lebensrisiken (…) aufrechtzuerhalten sucht".

Konstatiert werden kann an dieser Stelle, dass mit jedem der Konzepte unterschiedliche Aspekte bzw. Zielrichtungen[60] in Bezug auf die Organisierung von Hilfen betont werden. Der gemeinsame Bezugspunkt scheint aber darin zu liegen, getrennt agierende Akteure und Akteurinnen organisatorisch und konzeptionell zusammenzuführen und darüber unerwünschte Nebenfolgen gewachsener und versäulter Strukturen zu überwinden. Krause/Peters (2002:156) sprechen daher vom „Sammelbegriff" integrierte, sozialräumlich orientierte Hilfen. Sie meinen damit Organisationen, die Hilfen nach §§ 27 ff. SGBV III anbieten, diese dabei möglichst flexibel am Bedarf ausrichten und im Lebensfeld der Adressaten und Adressatinnen erbringen und darüber hinaus auf eine Integration der Erziehungshilfen in Regelangebote hinarbeiten sowie sozialraumbezogene Infrastrukturarbeit leisten. In dem Zusammenhang können im Anschluss an Merchel (1998: 300 f.) zwei *Grundformen* der Organisierung unterschieden werden: (a) Hilfen aus einer Hand und (b) Hilfen unter einem Dach. Entsprechende Organisationseinheiten werden zumeist als Jugendhilfestationen, Jugendhilfeeinheiten

---

59 In diesem Zusammenhang lassen sich unterschiedliche thematische Fokussierungen im Diskursverlauf rekonstruieren: während in den ersten Veröffentlichungen vor allem die flexiblen Erziehungshilfen im Mittelpunkt stehen, verlaufen die Debatten im INTEGRA bzw. IGfH-Umfeld eher unter der Überschrift „integrierte Hilfen". Andere (Reform-)Kontexte werden wiederum vor allem von Debatten zur Sozialraumorientierung dominiert.

60 Vgl. dazu den Vorschlag von Rosenbauer 2008: 45 ff.

oder Jugendhilfezentren bezeichnet, wobei die Bezeichnung kaum Rückschlüsse auf die verfolgte Programmatik bzw. konkrete Organisationsform zulässt. Die beiden Formen differieren bezüglich der angestrebten Flexibilisierungs- bzw. Entspezialisierungsdimension. Das Konzept *Hilfen unter einem Dach* bezieht sich zuvorderst auf eine institutionelle Flexibilität, mit der ausdrücklich eine Vernetzung verschiedener Hilfen anvisiert wird. Das heißt, die vorgehaltenen Erziehungshilfen bleiben in ihrer spezialisierten Form erhalten, sollen jedoch enger verkoppelt und kombiniert sowie in ihrer Durchlässigkeit verbessert werden. Der Ansatz *Hilfen aus einer Hand* hingegen stellt primär das (multiprofessionelle) entspezialisierte Team, welches die Hilfeverläufe organisiert und steuert, in den Mittelpunkt.

### 2.5.2 Ansatzpunkt: professionelles Handeln

Neben den dargelegten Vorschlägen, die die Organisierung der Hilfen fokussieren, wird im Rahmen des Reformdiskurses zur flexiblen und/oder integrierten und/oder sozialraumorientierten Jugendhilfe vor allem auch die Dimension des (angemessenen) *professionellen Handelns* sowie das dafür notwendige professionelle *Selbstverständnis* angesprochen. Von den Akteuren und Akteurinnen wird eine spezifische Professionalität eingefordert, die grundsätzlich über das Konzept der Lebensweltorientierung[61] fundiert ist und eine Adressaten- und Adressatinnenorientierung bzw. Subjektorientierung forciert:

„Kernelemente einer lebensweltorientierten Professionalität sind dabei u. a. Respekt vor der Autonomie der Lebenspraxis, eine strukturelle Orientierung an Sozialbiographien und sozialen Lebenslagen, eine Orientierung an den Interessen der Lebenswelt anstatt an Systeminteressen sowie eine erhöhte Selbstreflexivität in Bezug auf pädagogischen Handeln" (Peters 1997: 321).

Die bekannten, dilemmatischen Herausforderungen sozialpädagogischen Handelns, die sich aus dem Spannungsverhältnis von Hilfe und Kontrolle ergeben, können auch in flexiblen und/oder integrierten und/oder sozialraumorientierten Hilfen nicht aufgelöst werden – sondern bedürfen in Folge des (in vielfältiger Hinsicht) *Näherrückens* der Professionellen an ihre Adressaten und Adressatinnen ausdrücklich ihrer Reflexion (vgl. Peters 1997, Rosenbauer 2008).

---

61 Vgl. für eine zusammenfassende Darstellung der Elemente lebensweltorientierter Professionalität Wolff 2000: 40 ff. – vor allem auch zur Bedeutung selbstverwalteter und selbstorganisierter Organisationsformen/-strukturen in diesem Zusammenhang.

## 2.5 Flexible, integrierte, sozialraumorientierte Hilfen

Lebensweltorientierte Professionalität setzt sich zudem von einer einseitigen Betonung der Wissensdimension und einer Vorstellung von Professionellen als Experten und Expertinnen oder Spezialisten/Spezialistinnen ab. Im Zentrum steht stattdessen das Fall*verstehen*. In diesem Zusammenhang wird – neben der sozialwissenschaftlichen Wissensbasis – entschieden auch das *Können* der Praktiker und Praktikerinnen beachtet und dabei insbesondere ihre Beiträge zu Fallkonstituierungsprozessen (kritisch) thematisiert. Dem (multiprofessionellen) *Team* (Kollegium) wird enorme Bedeutung zugemessen und Verfahren wie kollegiale Beratung werden als (ein, wenn nicht *der* entscheidende) Ausgangspunkt zur Generierung bedarfsgerechter Hilfen angesehen. Ein weiterer konstitutiver Bestandteil einer lebensweltorientierten Professionalität ist die konsequente Betonung des (sozial-)*politischen Mandats* sowie des Arbeitsprinzips *Gemeinwesenorientierung* und daraus abgeleiteter Gestaltungsaufgaben bzw. -verantwortung im – allerdings unterschiedlich verstandenen und mit unterschiedlicher Bedeutung innerhalb des generellen Konzepts versehen – Gemeinwesen.

### 2.5.3 Konkretisierungen: Modellprojekte

Die Implementierung *flexibler Betreuung* des Rauhen Hauses in Hamburg sowie die Installierung der *mobilen Betreuung* des VSE[62] in Celle können als erste Realisierungsversuche der oben beschrieben konzeptionellen Ideen verstanden werden (vgl. Rose 1995, Koch 1999). Eine Erprobung in der ‚Fläche' sowie konzeptionelle Weiterentwicklungen verbinden sich vor allem mit dem Aufbau neuer bzw. anderer Jugendhilfestrukturen in den neuen Bundesländern. So entstehen beispielsweise vier Jugendhilfestationen in Mecklenburg-Vorpommern im Rahmen eines Modellprojektes unter Leitung des Instituts des Rauhen Hauses (ISP). In den alten Bundesländern gestaltet sich die Umsetzung aufgrund bestehender ‚abgesteckter' Claims und stattgehabter Modernisierungsprozesse qua Spezialisierung/Differenzierung der 1970er- und 1980er-Jahre zunächst weitaus schwieriger, aber auch hier sind zunehmend Bemühungen zu beobachten, die Organisierung der Jugendhilfe in Richtung Flexibilität und/oder Integration und/oder Sozialraumorientierung zu verändern (vgl. Peters et al. 1998). Ende der 1990er-Jahre starteten mit dem Bundesmodellprojekt *INTEGRA* sowie dem Stuttgarter Reformprojekt *Umbau der Erziehungshilfe*[63] weitere Versuche, die Reformprogrammatik in die Praxis zu überführen.

Mit INTEGRA – maßgeblich initiiert von der Internationalen Gesellschaft für erzieherische Hilfen (IGfH) – beginnt im Oktober 1998 ein Praxisprojekt,

---

62 Verbund sozialtherapeutischer Einrichtungen e.V.
63 Vgl. dazu ausführlich Früchtel et al. 2001.

welches die zentrale Zielstellung der „Implementierung und Qualitätsentwicklung von integrierten und regionalisierten sozialpädagogischen Hilfen" (IGfH 1998: 3) in fünf Regionen[64] verfolgt. Das Bundesmodellprojekt gliedert sich in zwei Phasen: in der ersten Phase (1998–2001) liegt der Schwerpunkt auf der Implementierung des integrierten Hilfeansatzes und der Umsetzung der regionalen Schwerpunktsetzungen; in einer Verlängerungsphase (2001–2003) steht die Evaluierung des Modellprojektes im Vordergrund. Fokussiert werden dabei hauptsächlich das Veränderungsmanagement sowie die Sicht der Adressaten und Adressatinnen auf die Auswirkungen der regionalen Veränderungen (vgl. Koch/Peters 2004: 11).

Insgesamt zielt INTEGRA auf eine neue *Strukturqualität* der Jugendhilfe in den Modellregionen im Sinne einer bedarfsgerechten, flexiblen und regionalisierten Ausgestaltung. Die Projektstrukturen sollen den Prozess des Umsteuerns in den Modellregionen „praktisch unterstützen, überregional relevante Qualitätskriterien entwickeln und zu einer bundesweiten Verbreitung dieses Ansatzes beitragen" (IGfH 1998: 3). Die anvisierte Umsteuerung der Jugendhilfeangebote – insbesondere der Hilfen zur Erziehung – bezieht sich explizit auf die Konzepte der integrierten, flexiblen und sozialraumorientierten Hilfen, wobei zu spezifischen Zeitpunkten die Dimension der Sozialraumorientierung sowohl die Diskursebene als auch die Praxis-Ebene weitestgehend dominiert (vgl. Koch/Lenz 2000, Düring 2003, Wolff 2004). Als theoretische Bezugspunkte werden Konzepte der alltags- und lebensweltorientierten Jugendhilfe, das Modell der flexiblen Erziehungshilfe, das Arbeitsprinzip Gemeinwesenarbeit sowie dienstleistungstheoretische Überlegungen zur Sozialen Arbeit zusammengeführt (vgl. Koch u. a. 2002: 31).

INTEGRA schließt also an den kritischen Diskurs zur institutionalisierten Struktur erzieherischer Hilfen an und inkludiert dessen programmatischen Forderungen, die im Kern auf ein fachliches Umsteuern von einer differenzierten und angebotsorientierten hin zu einer integrierten und nachfrageorientierten Jugendhilfeinfrastruktur zielen. Die übergeordneten fachlichen Ziele sind: Adressaten und Adressatinnenorientierung, Sozialraumorientierung, Durchlässigkeit der Hilfeformen, wandlungsfähige Organisationen, Stärkung und Förderung des Fachpersonals, Kooperation zwischen freien und öffentlichen Trägern, Trägerentwicklung und Abstimmung zwischen freien Trägern. Damit wird eine Konkretisierung des lebensweltorientierten Ansatzes verfolgt (Koch/Peters 2004:

---

64 Die fünf Modellregionen sind: Stadt Celle, Stadt Erfurt, Stadt Dresden, Stadt Frankfurt (Oder), Landkreis Tübingen. Celle scheidet 2001 mit Ende der ersten Phase aus dem Projektverbund aus.

## 2.5 Flexible, integrierte, sozialraumorientierte Hilfen 65

12 ff).[65] Die Zielbestimmungen werden durch regionale Schwerpunktsetzungen bzw. Ziele ergänzt und präzisiert.[66] Die jeweiligen Reformstrategien konzentrierten sich dabei auf die Spannungsverhältnisse: (1) Adressaten/Adressatinnen, Sozialraum und Profession, (2) Organisation und Profession (3) Sozialraum und Infrastruktur(politik) für die Jugendhilfe (vgl. Peters/Hamberger 2004: 45). Diese *Konstellationen* entsprechen den von Flösser (1994) herausgearbeiteten externen und internen Strukturelementen bzw. Handlungsebenen der Jugendhilfe, die in diesem Kontext um das interne Element Sozialraumorientierung sowie die externen Strukturelemente Recht und bestehende Trägerstrukturen erweitert wurden. Die nachstehende Darstellung verdeutlicht dies.

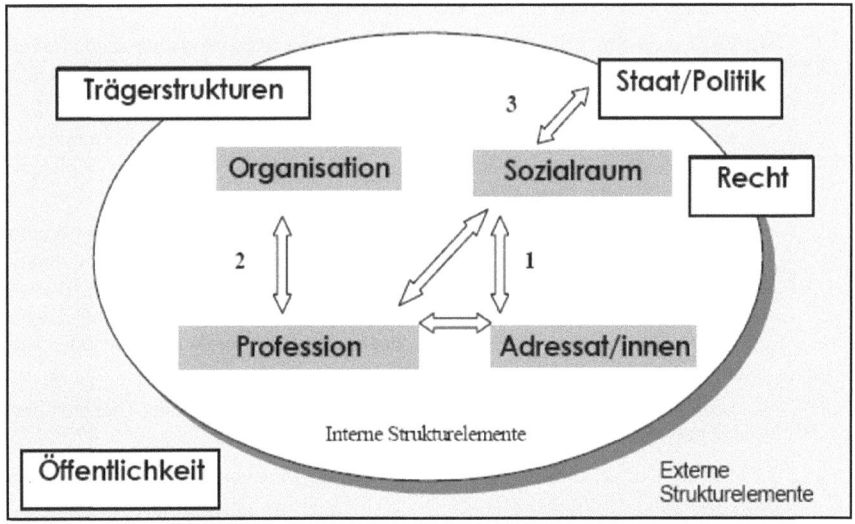

*Abbildung 2:* Interne und externe Strukturelemente der Jugendhilfe (IGfH 2003: 6)

Anstelle einer ausführlichen Darstellung der Ergebnisse des Bundesmodellprojektes – siehe dazu Peters/Koch (2004) und Deutschendorf et al. (2006) – wird nachfolgend nur, was aber für den Zweck der Rahmung ausreicht, die „(Arbeits-)Definition" integrierter und flexibler Hilfen vorgestellt, welche jedoch die

---

65 Diese Zielrichtungen werden auch im 8. und 9. Kinder- und Jugendbericht für relevant und bedenkenswert bewertet erachtet: vgl. BMJFFG 1990, BMFSFJ 1994.
66 Vgl. dazu im Einzelnen Koch u. a. 2002.

relevanten Diskursstränge bzw. Reformelemente im Rahmen von INTEGRA widerspiegelt:

„Integrierte, flexible Hilfen...

- ... sind Hilfearrangements, die am individuellen Bedarf orientiert und flexibel für jeden Einzelfall ausgerichtet werden („Maßanzüge anstatt Hilfen von der Stange").
- ... setzen eine Grundhaltung des Sich-Zuständig-Erklärens voraus, so dass Probleme nicht mit Verweis auf institutionelle Zuständigkeiten abgewiesen werden.
- ... sind grundsätzlich sozialräumlich ausgerichtete Hilfen. Die Nutzung der Ressourcen des Sozialraums, wie auch fallunspezifische und fallübergreifende Arbeit im Gemeinwesen, sind grundlegende Handlungsansätze.
- ... beinhalten eine grundsätzliche Inklusionsoption (dies beinhaltet auch „Regeleinrichtung vor besonderen Hilfen") und das Festhalten an der sozialpolitischen Idee sozialer Gerechtigkeit.
- ... basieren auf einer verbindlichen Arbeit im Team, dass um die Kommunikation und Flexibilität zu befördern eine angemessene Größe haben muss. Kollegiale Beratung bildet ein grundlegendes Prinzip.
- ... setzen eine (sozialräumlich organisierte verbindliche) Kooperationskultur zwischen öffentlichem und Freien Trägern voraus, die das Prinzip der Regionalisierung erzieherischer Hilfen durchsetzt und verfahrensmäßig (kontraktuell) absichert. Regionalisierung meint dabei, dass Einrichtungen, Dienste und Träger räumlich an Orten angesiedelt sind, an denen ihre Angebote wirksam werden sollen.
- ... bedürfen einer flexiblen Organisation der Einrichtung und/oder Dienste („lernende Organisation").
- ... basieren auf einer flachen Hierarchie der Organisation, Entscheidungen werden weitgehend dezentral gefällt.
- ... bedeuten selbstverantwortliche Arbeit sozialräumlich verantwortlicher Teams von Mitarbeitern des öffentlichen Trägers (in der Regel des ASD) und Freier Träger. Ein abgegrenztes und transparentes Rollenverständnis der beiden Partner ist dafür unerlässlich (auf der einen Seite Recherche, Koordination, Kontrolle, auf der anderen Seite konkrete und flexible Durchführung der Hilfe).
- ... benötigen entsprechend flexible und bezogen auf die fachlichen Zielstellungen kompatible Finanzierungs-, Controlling und auch Dokumentationsformen" (Peters/Hamberger 2004: 49).

Einen wesentlichen Beitrag zur Realisierung der Programmatik und der damit angestrebten neuen (Dienstleistungs-)Qualität in Richtung der dargelegten Zielvorgaben leistet die „zumindest teilweise" in den Modellregionen erfolgte Etablierung „neue[r] Formen einer kooperativen, netzwerkorientierten Steuerung jenseits von Markt und Hierarchie" (Peters 2004b: 113). Von besonderer Bedeutung sind in diesem Zusammenhang die in der Projektlaufzeit entstandenen bzw. weiterentwickelten Kooperationsformen zwischen öffentlichen und freien Trägern. Mit der Zielsetzung, lokale Kooperationskulturen auf verschiedenen Ebenen zu fördern, entstanden beispielsweise (mehr) Kooperationen zwischen Erziehungshilfen und Regeleinrichtungen sowie Arbeitsgremien zur Entwicklung einer sozialen Infrastruktur in den jeweiligen Regionen (vgl. IGfH 2003).

### 2.5.4 Kooperative Steuerung als alternative Modernisierungsstrategie (?)

Neben diesen Kooperationen entstanden des Weiteren gemeinsame Teams – hier *Sozialraumteams* genannt–, in denen Vertreter und Vertreterinnen des öffentlichen und der freien Träger mit verschiedenen Zielsetzungen zusammenwirken: Kreieren von pass-genauen Hilfen, Befördern von Kooperationen zwischen Angeboten der Erziehungshilfe und sogenannten Regelangeboten, Arbeiten an einer kleinräumigen Jugendhilfeplanung etc. Grundsätzlich verpflichteten sich diese Teams zu interorganisationellen Kooperationen, die mit schriftlichen Kooperationsvereinbarungen bzw. -verträgen nachhaltig abgesichert werden sollten. Peters weist darauf hin, dass derartige Teams als Verhandlungssysteme beschrieben werden können, mit denen in Abgrenzung zu Markt und Bürokratie „ein neues Muster der Problembearbeitung oder funktionalen Orientierung etabliert wird, das durch Flexibilität, Integration, Sozialraumbezug und *Selbstbeschränkung* sowie erhöhter Selbstreflexivität charakterisiert ist" und als „kooperatives sozialpolitisches Steuerungsmodell" bezeichnet werden kann (ders. 2004b: 127, Herv. im Text).

Damit wird an steuerungstheoretische Überlegungen angeschlossen, wie sie in politikwissenschaftlichen Ansätzen zu den (Un-)Möglichkeiten der Gesellschaftssteuerung formuliert werden (vgl. Kapitel 2.2). Im INTEGRA-Kontext wird hierbei vor allem auf den von H. Willke (2001) entwickelten Ansatz der Netzwerksteuerung bzw. kooperativen Steuerung rekurriert. Willke setzt hierbei die funktionale Differenzierung in Form selbstständiger Teilsysteme als Ausgangspunkt, mit dem eine direktive *Fremdsteuerung* unwahrscheinlich wird, weshalb eine Stärkung der Selbststeuerungsfähigkeiten der Subsysteme und darüber eine erhöhte Rationalität des Gesamtsystems (hier der örtlichen Jugendhilfe) anzustreben ist. Hierfür scheinen horizontale Netzwerke bzw. Verhandlungssysteme[67] als „dritte Form" eine „prägnant moderne, gerade für hohe orga-

---

67 Willke bezieht sich dabei vor allem auf die Arbeiten von Scharpf und Mayntz zu Policy-Netzwerken und positiver bzw. negativer Koordination – vgl. ders. 2001: 116 ff.

nisierte Komplexität besonders geeignete" Alternative zu Markt und Bürokratie/Hierarchie darzustellen (ebd.: 116). Die Implementation von Netzwerken bzw. Verhandlungssystemen zielt demgemäß auf eine Verbesserung der Selbststeuerungsfähigkeit einzelner Teile sowie auf eine verbesserte Integration von Teilsystemen.

Mit dieser Steuerungsform werde – so Willke (ebd.: 112) – das Problem aktiver Koordination in hochdifferenzierten Gesellschaften, „die Herstellung der erforderlichen und unabdingbaren Einheit unter der Bedingung, dass die Autonomie, Vielfalt, Varietät und Innovativität der Teilsysteme des Ganzen möglichst schonend erhalten bleiben", bearbeitet. Diese (alternative) Steuerungsform orientiert sich an der „ Unterstützung und Absicherung flexibler Spezialisierung, einer Orientierung auf die Optimierung des Gesamtprozesses für ein bestimmtes Produkt oder eine Dienstleistung und der institutionelle(n) und operative(n) Verankerung von Kontextsteuerung". Kontextsteuerung meint hier die „Kombination der Selbstorganisation der autonomen oder Teilbereiche (...) mit einer Aufgaben-Orientierung – „Mission" des Ganzen, d. h. der Gesamtheit des Netzwerkes" (ebd.: 130).

Im Vergleich mit marktförmiger bzw. hierarchischer Koordination, führte diese alternative Steuerungsform letztlich zu qualitativ anderen, besseren Steuerungsleistungen: Im Gegensatz zur marktförmigen Koordination zeichnet sich der Netzwerk-Modus durch eine stärkere Langfristorientierung und Kohärenz aus, gegenüber hierarchischer Koordination durch stärkere Flexibilität und Responsivität. Voraussetzung dafür ist, „die Transaktionskosten der Koordination und die Sichtbarkeit von Verteilungsproblemen möglichst gering zu halten" (ebd.: 124).[68]

Kooperative Steuerung in der Jugendhilfe bzw. den Erziehungshilfen würde demgemäß auf einer gemeinsamen Philosophie von öffentlichen und freien Trägern basieren, wie sie z. B. innerhalb von INTEGRA im überregionalen Leitbild formuliert ist. Diese gemeinsame Überzeugung wäre dann die *Mission*, für die die Einzelinteressen in den Hintergrund rücken (sollen). Die Sozialraumteams, der Gegenstand der folgenden Untersuchung, erweisen sich in diesem Kontext deshalb von zentraler Bedeutung, da sie als gemeinsame Teams öffentlicher und freier Träger die Orte darstellen, in denen eine so verstandene kooperative Steuerung ‚praktisch' werden könnte.

Hervorzuheben ist, dass sich INTEGRA mit der Programmatik einer kooperativen Steuerung zu anderen, in der Jugendhilfe aktiven (Modernisierungs-)Diskursen, vom Selbstverständnis her professionell positioniert: Mit INTEGRA wird eine Vorstellung von Jugendhilfe und ihrer Organisierung einge-

---

68 Zu den Voraussetzungen und Widersprüchen der ‚Koordinationsform Netzwerk' Willke 2001: 130 ff.

## 2.5 Flexible, integrierte, sozialraumorientierte Hilfen

bracht, die einerseits *eindeutig* an stattgehabte Jugendhilfediskurse (z. B. Lebensweltorientierung, Kommunale Sozialpolitik) anschließt und sich anderseits von der Neuen Steuerung (Ökonomisierung und Wettbewerb) zu distanzieren sucht. Dennoch gibt es gemeinsame Schnittstellen zur Neuen Steuerung, die nicht außer Acht gelassen werden können (vgl. Peters/Hamberger 2004: 35 ff). So zeigt sich im Vergleich der konzeptionellen Elemente beider Reform-Diskurse eine Vielzahl von Überschneidungen. In beiden Diskursen werden beispielsweise die Elemente Zielvereinbarungen (Kontraktmanagement) und Dezentralisierung zentral gesetzt, wenn auch unter anderen *strategischen* Rahmungen.[69] Darüber hinaus zeigen sich insbesondere mit der Betonung einer sozialraumorientierten Ausrichtung der Jugendhilfe im Kontext von INTEGRA irritierende Schnittflächen zur im Rahmen des aktivierenden Staates verfolgten Strategie der Territorialisierung sozialer Probleme. Territorialisierung meint nach Kessl/Reutlinger (2007: 10) den Versuch in „identifizierten und markierten Einheiten der Familie, der Nachbarschaft oder des Vereins (...) neue kleinformatige Gemeinschaften *(Räume der Inklusion)* entstehen [zu lassen, die ] (...) damit zugleich zum Bezugspunkt politischer und pädagogischer Programme werden".

Zu bilanzieren ist an dieser Stelle, dass die Befürworter und Befürworterinnen einer flexiblen und/oder integrierten und/oder sozialraumorientierten Jugendhilfe versuchen, diese spezifische Reformprogrammatik als Alternative in zweifacher Hinsicht zu etablieren und somit (auch) Deutungsmacht über die Vorstellungen der *richtigen* Organisierung und Koordinierung erzieherischer Hilfen zu erlangen: *Erstens* als Alternative gegenüber der etablierten Organisierung erzieherischer Hilfen. In diesem Zusammenhang wird insbesondere auf die problematischen Aspekte der Versäulung und Spezialisierung abgehoben. Diese unerwünschten Dynamiken funktionaler Differenzierung des eigenen Systems sollen, vermittelt über den Fachdiskurs, reflexiv bearbeitet werden.

*Zweitens* als Alternative gegenüber anderen Modernisierungsdiskursen bzw. deren inhärenten Modernisierungsphilosophien – vor allem als Alternative zu der mit der Neuen Steuerung verfolgten Ausrichtung der Jugendhilfe bzw. ihrer Organisierung/Koordinierung mittels Markt und Wettbewerb, Effektivität und Effizienz. Die Anschlussfähigkeit an die Reformprogrammatik der Neuen Steuerung ist jedoch an nicht unerheblichen Stellen gegeben. Die Folgen dieser gemeinsamen Schnittflächen sind allerdings nur empirisch zu beschreiben.

---

[69] Zur Gegenüberstellung insb. die Schaubilder in Peters/Hamberger 2004.

## 2.5.5 Zusammenfassung und Übergang

Als besonderer Fixpunkt oder generatives Thema zeigt sich in den hier dargestellten, miteinander um Gültigkeit konkurrierenden (Modernisierungs-) Diskursen die Frage nach der *richtigen* bzw. *angemessenen* Organisierung und Steuerung/Koordinierung der Wohlfahrtsproduktion innerhalb der Jugendhilfe. Hinsichtlich der Organisationsprinzipien, die die Wohlfahrtsproduktion der Jugendhilfeakteure und -akteurinnen strukturieren, sind mindestens auf der Diskursebene Verschiebungen in der Thematisierung dessen rekonstruierbar, was als richtige Organisationsweise gilt.

Hierbei finden sich *erstens* die drei Grundformen zur Koordinierung und Organisierung kollektiver Handlungen wieder, die sowohl innerhalb der sozial- bzw. politikwissenschaftlichen Steuerungstheorie als auch innerhalb der Organisationstheorie voneinander abgegrenzt werden: So unterscheidet bspw. Willke (2001) zwischen Bürokratie/Hierarchie, Markt und Netzwerken und Wiesenthal (2005) zwischen Markt, Organisation/Hierarchie und Gemeinschaft/Netzwerken. In diesem Zusammenhang ist es sinnvoll zwischen *Koordinationsmechanismen* als Prinzipien (Ideen) der Handlungssteuerung und der *empirischen Koordinationsweise* als Set praktischer Handlungsorientierungen zu differenzieren (vgl. Wiesenthal 2005: 232). Koordinationsmechanismen[70] sind gemäß dem der Studie grundgelegten, interaktionistischen Theorierahmen nicht als Handlungsdeterminanten zu verstehen, vielmehr können sie als Rahmungen gefasst werden, die im Handeln der Akteure und Akteurinnen eigensinnig bearbeitet und aktualisiert bzw. rationalisiert werden. Zu zeigen, wie und in welchen *(Mischungs-)Verhältnissen* sich derartige Koordinationsmechanismen in (Handlungs-)Praxen aktualisieren, ist Aufgabe empirischer Forschung und das zentrale Forschungsinteresse, welches der Studie zugrunde liegt.

*Zweitens* können die Verschiebungen als Reflexionen wohlfahrtsstaatlicher Transformationsprozesse gelesen werden, mit denen sich wiederum veränderte Sichtweisen auf Steuerungsoptionen von Gesellschaft bzw. gesellschaftlicher Teilsysteme verbinden. Die deutliche Forcierung kooperativer Steuerung als *leistungsfähigere Alternative* (wenn auch auf Überschneidungen zu Elementen der Neuen Steuerung hingewiesen wird, vgl. Peters/Hamberger 2004: 35 ff.) entspricht einer typischen Thematisierungsweise von Diskursen zu institutionellem Wandel bzw. Reformpolitiken. Unter Rückgriff auf veränderte gesellschaftliche Rahmenbedingungen wird ein Modernisierungsbedarf konstatiert, dem mit neuen Lösungen begegnet werden muss. Wandel wird dabei überwiegend als chronologische Abfolge von Veränderungen und als Vorwärtsbewegung konzi-

---

70 Diese Sicht auf Koordinationsmechanismen grenzt sich von der durch Hollingsworth/Boyer 1997 vertretenen, stärker deterministisch konnotierten, Sichtweise ab.

## 2.5 Flexible, integrierte, sozialraumorientierte Hilfen

piert, mit oder innerhalb derer sich etwas *von – zu* transformiert – zumeist als Reaktion auf *Krisen-Tatsachen* (vgl. Newman 2001).[71] Damit geraten die Mischungsverhältnisse, die Gleichzeitigkeiten von Altem und Neuem aus dem Blick. Newman hat hingegen mit ihrer Analyse der Labour-Modernisierungspolitik aufgezeigt, dass und wie *Altes* nicht einfach verschwindet, sondern *in Neuem weiterlebt* und diskursiv verfasste Transformationen nebeneinander, miteinander, gegeneinander und ineinander laufen (vgl. ebd.). Die Frage danach, welche Diskurse zu welchen Zeitpunkten in welchen Kontexten hegemonial werden und nach deren gemeinsamen Schnittstellen, kann wiederum nur über konkrete empirische Rekonstruktionen beantwortet werden.

In Bezug auf das hier beschriebene Problem der Koordinierung bzw. Organisierung der Wohlfahrtsproduktion liegt zudem der Diskurs-Fokus vor allem auf der *Leistungsfähigkeit* des jeweiligen Steuerungsmodells – Macht- und Herrschaftsbeziehungen bleiben demgegenüber weitestgehend ausgeblendet (vgl. Mayntz 2004, Raithelhuber 2006). Obwohl die aktuelle Diskussion zu Governance als Reformkonzept und/oder analytische Perspektive vor allem die Verschränkungen und dynamischen Verflechtungen der unterschiedlichen Formen sozialer Handlungskoordinierung fokussiert, bleiben die entsprechenden Analysen dennoch größtenteils einer funktionalen Sichtweise verhaftet. Diese *blinden Flecken* werfen genuin empirische Fragen auf, denen über die Erschließung der Bedeutungen spezifischer Organisierungs- und Koordinierungsweisen für Akteure und Akteurinnen nachgespürt werden kann.

---

71 Vgl. zur Darstellung und Kritik insbesondere Newman 2001.

# 3 Zur Akteursperspektive auf Steuerungshandeln im Forschungsprozess

## 3.1 Erkenntnisinteresse und Erkenntnisperspektive

Im nachstehenden Kapitel wird die zentrale Forschungsfrage aufgezeigt und begründet. Des Weiteren wird die der Arbeit grundgelegte interaktionistische Erkenntnisperspektive innerhalb des interpretativen Paradigmas verortet. In diesem Kontext werden entsprechende Theorieprämissen umrissen und dabei insbesondere auf das Verhältnis von Struktur und Handeln befragt. Abschließend wird die Studie in Bezug zu Konzeptionalisierungen sozialpädagogischer Forschung gesetzt und als sozialpädagogische Jugendhilfeforschung gekennzeichnet.

### 3.1.1 Erkenntnisinteresse: Akteursperspektive auf das Phänomen kooperative Steuerung

Wie in der Einleitung beschrieben, bildet die Beobachtung, dass den bis dato etablierten Steuerungsmodellen in der Jugendhilfe im Kontext des Reformdiskurses zu flexiblen und/oder integrierten und/oder sozialraumorientierten Hilfen zur Erziehung das Modell einer kooperativen Steuerung gegenübergestellt wird, den Ausgangspunkt dieser Studie. In diesem Zusammenhang werden die Sozialraumteams, eine gemeinsame Kooperationsform öffentlicher und freier Träger, als *zentrale* (Modernisierungs-)Instanzen bzw. Orte angesehen, an denen der veränderte Steuerungsmodus praktisch wird. Ausgehend von dieser eher *programmatischen Setzung* der Sozialraumteams als Orte kooperativer Steuerung stellt sich nunmehr die Frage, mit welchen Bedeutungen die Mitglieder der Sozialraumteams ihre Arbeit versehen und wie sie diese realisieren. Mit anderen Worten: Wie interpretieren die Mitglieder der Sozialraumteams kooperative Steuerung in/mit ihren Handlungsvollzügen?

Es geht damit um eine Annäherung an das Phänomen kooperativer Steuerung, welche die Handlungen und Sinngebungen der Akteure und Akteurinnen als relevante empirische Daten setzt. Bisherige, überwiegend theoretische Konzeptionalisierungen kooperativer Steuerung verbleiben eher auf der Systemebene und beschäftigen sich hierbei insbesondere mit der Leistungsfähigkeit dieses Steuerungsmodus (vgl. Willke 2001, Peters 2004, Wiesenthal 2006, Benz et al. 2007). Die Perspektive der Akteure und Akteurinnen hingegen wird dabei weitestgehend ausgeblendet. Zu einer systematischen Annäherung an Kooperation bzw. Netzwerksteuerung als Strategie zur Koordination kollektiver *Handlungen* ist es jedoch unverzichtbar, die Ebene der Handlungsvollzüge analytisch zu erschließen. Die konkrete forschungsleitende Fragestellung, die der Studie zugrunde liegt, lautet daher:

*Wie aktualisiert sich der programmatische Kern eines veränderten Steuerungsverständnisses in den Sinngebungen und Handlungsorientierungen der Akteure und Akteurinnen?*

Dieser übergeordneten Fragestellung kann nur über eine qualitative Forschungsstrategie nachgegangen werden, mit Hilfe derer eine *Annäherung* an die Perspektiven der Akteure bzw. Akteurinnen und ihrer Deutungen verfolgt wird (vgl. Flick et al. 2005). Die methodische und methodologische Fokussierung der Akteursperspektive auf das Phänomen kooperative Steuerung leitet sich hierbei aus Vorstellungen zu Gesellschaft, sozialer Ordnungsbildung und Handeln ab, wie sie innerhalb des sogenannten interpretativen Paradigmas formuliert werden. Das interpretative Paradigma wurde von den Vertretern und Vertreterinnen der „Chicago School of Sociology"[72] als Basis rekonstruktiver bzw. interpretativer Methodologie entwickelt (vgl. Bohnsack et al. 2006: 93). Ansätze, die sich aus dem interpretativen Paradigma ableiten – wie der (Symbolische) Interaktionismus oder auch die Ethnomethodologie – postulieren, dass jegliche soziale Ordnungen auf den Interpretationsleistungen der Akteure und Akteurinnen beruhen und soziale Normen nur vermittelt über ihre Interpretationsleistungen zu Bestandteilen sozialer Wirklichkeiten werden. Soziale Wirklichkeiten werden demnach grundsätzlich als Produkte kontinuierlicher, alltäglicher Herstellungsleistungen der Akteure und Akteurinnen verstanden, die durch das wechselseitig aneinander orientierte und interpretierte Handeln von Individuen entstehen (vgl. Jäger/Meyer 2003: 50). Die fortgesetzte, alltägliche Herstellung sozialer Wirklichkeit bedingt ihren Prozesscharakter, ihre Reflexivität und Rekursivität. Der Ansatzpunkt einer rekonstruktiven Erschließung dieser Konstruktionen ergibt sich hierbei über deren kommunikative Verfasstheit (Flick et al. 2005). In dieser Logik ist es die Aufgabe (qualitativer) empirischer Forschung, die Interpretationen der Handelnden zu rekonstruieren, um soziale Wirklichkeiten zu analytisch zu erschließen.

---

72 Zur Theorie, Methode und Empirie der Chicago School vgl. Schubert 2008.

## 3.1 Erkenntnisinteresse und Erkenntnisperspektive

Im Mittelpunkt des empirischen Teils dieser Studie stehen demnach die Bedeutungen, mit denen die Mitglieder der Sozialraumteams ihre Arbeit versehen. Es wird aufgezeigt, wie sich spezifische Rahmungen, die als organisatorisch-institutionelle Entsprechungen bestimmter (Reform-) Ideen gelesen werden können, in den beruflichen Praxen professioneller Akteure und Akteurinnen aktualisieren. Damit verbindet sich die Zielstellung, die blinden Flecken auszuleuchten, die mit überwiegend systemorientierten Erkenntnisperspektiven einhergehen und so das Wissens zu kooperativen Steuerungsformen in der Jugendhilfe resp. Sozialen Arbeit über eine explizit empirisch gegründete Theoriebildung zu *erweitern*.

### 3.1.2 Interaktionismus als Erkenntnisperspektive

Entsprechend einer *Forschungshaltung*, die sich von einer Dichotomisierung theoretischer und empirischer Arbeit abgrenzt und von deren Verschränkungen und wechselseitigem Informieren ausgeht, lässt sich das, was mit (qualitativer) Forschung sichtbar gemacht bzw. analysiert wird, von den grundgelegten sozialtheoretischen Bezügen und den damit einhergehenden Entscheidungen für ein Verständnis von Welt nicht trennen (vgl. Kalthoff 2008: 10 ff.). Dieses gilt sowohl für die zu untersuchenden Akteure und Akteurinnen wie für die Forscher und Forscherinnen:

„Beobachtungssprachen (...) [enthalten] *unvermeidlich* bereits Theorie, die unsere Aufmerksamkeit auf bestimmte Phänomene lenken und die Art, wie wir Phänomene wahrnehmen, mitbestimmen" (Joas/Knöbel 2004: 24).

Die interaktionistische Theorietradition, welche die Basis dieser Studie darstellt, wird vielfach mit der maßgeblich von H. Blumer geprägten Variante des Symbolischen Interaktionismus gleichgesetzt (vgl. Strübing 2005: 12). Im Anschluss an die philosophische Strömung des amerikanischen Pragmatismus, die vor allem mit C. Peirce, J. Dewey, W. James und G. H. Mead verbunden wird, fragt Blumer danach, wie es Menschen gelingt, ihre Handlungen aneinander auszurichten.[73] Mit einer solchen Erkenntnisperspektive werden folglich Interaktionen zum Ausgangspunkt systematischer Überlegungen – nicht isolierte Akteure und Akteurinnen oder individuelle Handlungsakte. Handeln wird insgesamt als sym-

---

73 Seine Kernannahme besteht darin, dass Individuen handeln, indem sie sich und anderen die symbolische Bedeutung ihres Handelns anzeigen. Der Sinn von Interaktionen wird demnach über wechselseitige Interpretationen fortwährend ausgehandelt und darüber (interaktiv) eine gemeinsame Definition der Situation geschaffen.

bolvermittelte Interaktion begriffen – „also als ein Handeln, das auf Symbolsysteme wie Sprache oder Gebärden angewiesen ist" (Joas/Knöbl 2004: 193). Die „Handlungen anderer sind [dabei] immer schon Bestandteil des je individuellen Handelns und nicht bloß dessen Umfeld" (ebd: 198). Ausgehend von den Grundgedanken Blumers existieren heute unterschiedliche Ausprägungen des Symbolischen Interaktionismus, die sich sowohl über ihre theoretischen Orientierungen als auch über ihre methodologischen Ansätze unterscheiden lassen (vgl. Denzin 2005: 144 ff.).

Ungeachtet dieser Differenzierungen verweist D. Maines (2001) auf vier gemeinsame Ausgangspunkte:

1. People can think, and they possess self-awareness.
2. Communication is central to all human social activity.
3. All forms of human activity occur in situations.
4. Human relationships and collectivities are forms of activity.

und drei Theorieprämissen, auf denen interaktionistisch fundierte Forschung und Theoriebildung beruht:

5. Human activity involves transactions of meaning.
6. Variation, change and uncertainty are intrinsic to human group life.
7. "Society" and "the individual" are never separable but are merely different phases of social processes (ebd.: 3 f.).

In Abgrenzung zum sogenannten *normativen Paradigma* und der darin verorteten strukturdeterministischen Konzeption von Handeln konzipieren Interaktionisten und Interaktionistinnen Handeln als aktive Auseinandersetzung der Akteure und Akteurinnen mit Dingen auf der Grundlage von Bedeutungen, die diese Dinge für sie haben. Diese Interpretationsleistungen bilden demgemäß den Dreh- und Angelpunkt interaktionistischer Theoriebildung.

Eine entscheidende Weiterentwicklung des interaktionistischen Theorieprogramms leistet A. Strauss. In seinen Arbeiten greift er kritische Einwände zum Symbolischen Interaktionismus – wie z. B. Blumers enggeführte Mead-Rezeption und den damit verbundenen *Strukturzweifel* bzw. das Fehlen eines Begriffs von Struktur überhaupt – auf (vgl. Strübing 2005, 2007). Kritisiert wurde, dass mit der vorgängig dargelegten Perspektive auf Handeln Handlungsverläufe als in hohem Maße unbestimmt und kontingent charakterisiert und die Vorstellung von festen sozialen Beziehungen oder stabilen Handlungsverflechtungen eher problematisiert würden (vgl. Joas/Knöbl 2004: 200 f.). Zugespitzt: Im Symbolischen Interaktionismus werde nur die mikrosoziologische Seite der

## 3.1 Erkenntnisinteresse und Erkenntnisperspektive

Chicago School fortgeführt und damit „interpersonelle Phänomene" überbetont – ökonomische Aspekte bzw. Macht- und Herrschaftsbeziehungen würden hingegen ausgeblendet und so die „Verselbstständigung gesellschaftlicher Verhältnisse gegenüber den Handlungen und Orientierungen der Akteure" ignoriert (Joas 1988: 419 zit. nach Strübing 2005: 12). Eingedenk dieser Kritik sucht Strauss die ihn interessierenden Phänomene aus der Perspektive der involvierten Akteure und Akteurinnen zu fassen, ohne dabei die je relevanten strukturellen Bedingungen auszublenden. Das Handeln bleibt zentraler Ausgangspunkt, mitgedacht wird aber immer auch die unterschiedliche Beschaffenheit ihrer Handlungsmöglichkeiten (vgl. Strübing 2007: 12).

> „Structure is not ›out there‹; it should not be reified. When we talk about *structure* we are, or should be, referring to structural *conditions* that pertain to the phenomena under study" (Strauss 1988: 257, Herv. im Text).

Diese Überlegungen kondensieren vor allem in den Konzepten der *negotiated order* bzw. dem *processual ordering*, mit denen Strauss seine Vorstellungen zum Verhältnis von Struktur und Handeln pointiert. Soziale Ordnungen oder Strukturen werden demnach als Resultat von Aushandlungsprozessen verstanden. Mit dem Konzept der Aushandlungsordnung bzw. dessen Weiterentwicklung in Gestalt des *processual ordering* als prozessuale Erzeugung und Aufrechterhaltung ordnender Strukturen (vgl. Strübing 2005: 292), werden die Prozesse resp. das situative Handeln fokussiert, die den Fortbestand und die Veränderung von Regeln beeinflussen. Zentrale Theorieelemente sind hier der strukturelle Kontext (structural context) und der Aushandlungskontext (negotiation context):

> „By ‚context', we mean it is a structural unit of an encompassing order larger than the other unit under focus: interaction" (Strauss 1988: 99).

Der strukturelle Kontext steht demnach für den Kontext im weitesten Sinne – den Rahmen, innerhalb dem Aushandlungen stattfinden. Der Aushandlungskontext bezieht sich hingegen auf die konkreten strukturellen Bedingungen, die die je konkreten Aushandlungen beeinflussen, z. B.

- die Anzahl der Akteure/Akteurinnen
- ihre Machtverhältnisse und Positionen
- die Anzahl und Komplexität der Themen, die verhandelt werden (vgl. Strauss 1988: 99 f.).

Allgemeine Strukturen stehen insofern in Bezug zum Aushandlungskontext, indem sie in konkreten Ausdrucksformen praktisch handlungsrelevant werden.

Sie werden als Bedingungen in Situationen eingebunden[74]. Demnach erzeugen Menschen die Charakteristika von Situationen nicht allein durch ihre Deutungen und völlig unabhängig von der sie umgebenden sozialen Umwelt:

> „Die Situationsdefinitionen werden weder (...) als vor-soziale ›Einzelleistungen‹ der Handelnden gedacht, sondern sind immer schon als ›sozial‹ gebundene, in Kulturen, Diskurs- und Praxisgemeinschaften gerahmte und partiell standardisierte gefasst" (Strübing 2005: 127).

Dieses spezifische Verständnis der Verflechtungen von Strukturen und Handeln prägen nicht nur die Strausssche Handlungstheorie sondern fließen auch in seine forschungsmethodisch-methodologischen Arbeiten zur Grounded Theory ein.

Insgesamt wurde die vorliegende Studie in den unterschiedlichen Arbeitsphasen auf je unterschiedliche Art und Weise von interaktionistischen Ideen und (Theorie-)Konzepten gelenkt und begleitet: Aus der Wahrnehmung der empirischen Welt, der Beobachtung von Diskursen über die Organisierung und Steuerung der Wohlfahrtsproduktion in der Sozialen Arbeit sowie der Auseinandersetzung mit Konzepten zur flexiblen und/oder integrierten und/oder sozialräumlich ausgerichteten Jugendhilfe wurde deutlich, dass hierbei systemorientierte Betrachtungen überwiegen und die Handlungsperspektive weitgehend ausgeblendet wird. Die Entscheidung für eine interaktionistische Erkenntnisperspektive gründet sich demnach auf die Bestrebung, diese *Erkenntnislücke* zu bearbeiten. Daraus bestimmt sich sowohl der Forschungsgegenstand, die Entwicklung der zentralen Fragestellung sowie die Methodenwahl – also die Festlegung, wie empirische Daten erzeugt werden sollen. Interaktionistische Theorie(n) fungieren in diesem Zusammenhang als beobachtungsleitende Annahmen (vgl. Kalthoff 2008). Über die Konzipierung des Forschungsvorhabens hinaus liefern interaktionistische Ideen Heuristiken bzw. sensibilisierende Konzepte, mit denen das Datenmaterial gelesen wird (s.w.u.). Und nicht zuletzt über die Orientierung am Forschungsstil der Grounded Theory in der Strausssschen Variante[75] vermittelt, erhält interaktionistisches Gedankengut eine herausragende Stellung im vorliegenden Forschungsprozess.

---

74 Strübing liest daher den Aushandlungskontext als Vermittlungskontext, in dem Aspekte des strukturellen Kontextes repräsentiert werden und somit in die jeweilige Situationsdefinition in den Aushandlungsprozessen eingehen – vgl. ders. 2007: 63.
75 Mit Wurzeln in der Philosophie des amerikanischen Pragmatismus und des Symbolischen Interaktionismus.

## 3.1.3 Sozialpädagogische Jugendhilfeforschung

Mit der dargelegten interaktionistischen Erkenntnisperspektive können darüber hinaus Anforderungen eingelöst werden, wie sie W. Thole für sozialpädagogische Forschung formuliert hat: Sozialpädagogische Forschung basiert danach „auf einem inneren Zusammenhang von Forschungsfrage und Forschungsgegenstand, von sozialpädagogischem Diskurs, einem daraus resultierenden „sozialpädagogischen Blick" und dem Beobachtungsgegenstand innerhalb des sozialpädagogischen Koordinatensystems" (Thole 2005: 38). Demnach werden allgemeine Fragestellungen über die Zusammenführung unterschiedlicher Aspekte „um einen der Sozialpädagogik eigenen, typischen „sozialpädagogischen Blick" an[ge]reichert, einen Blick der zwischen „Feld- u. Bildungsbezug", zwischen Subjekt- und Strukturperspektive, zwischen institutionellen und personellen Aspekten seinen Horizont entwickelt"(ebd: 38 f.). Sozialpädagogische Forschung zentriert sich um das „vielschichtige Spannungsverhältnis zwischen Adressatinnen und Adressaten, Institutionen und dem in ihnen tätigen Personal" und schließt mithin an sozialpädagogische Diskurse an (Lüders/Rauschenbach 2005: 566).

Die vorliegende Studie versteht sich als Beitrag zur sozialpädagogischen Jugendhilfeforschung.[76] Sozialpädagogische Jugendhilfeforschung strukturiert sich – einen Vorschlag von N. Rosenbauer und U. Seelmeyer aufgreifend – über drei Dimensionen: (1) organisatorisch-institutioneller Kontext, (2) Profession und (3) Adressaten und Adressatinnen, wobei diese Dimensionen nicht isoliert betrachtet oder bearbeitet, sondern über eine „multiperspektivische Fragestellung" zusammengeführt werden müssen (Rosenbauer/Seelmeyer 2005: 256). Der zentrale Fokus von sozialpädagogischer Jugendhilfeforschung liegt dabei auf institutionalisierten Praxen. Dieses postulierte Erkenntnisinteresse wird hier um die systematische Betrachtung von *Institutionalisierungsprozessen* erweitert, um so vor allem auch die vielfältigen und oftmals gegenläufigen und ambivalenten Prozesse in den Blick zu bekommen, die im Kontext von kontinuierlich veranstalteten Optimierungs- und oder Innovationsbestrebungen im Feld der Jugendhilfe nachgezeichnet werden können.

---

76 Vgl. grundlegend zur Jugendhilfeforschung Flösser et al. 1998.

## 3.2 Forschen mit der Grounded Theory

Im Folgenden wird der Entstehungsprozess der vorliegenden Studie dargestellt bzw. reflektiert und Grounded Theory als praktizierter *Forschungsstil* in den Mittelpunkt gerückt. Dabei wird auf die Konzeptionalisierung von Forschung als Arbeit und den Prozess der Theoriebildung eingegangen. Des Weiteren werden die im engeren Sinne methodischen Aspekte des Forschungsprozesses beschrieben: Sample-Bildung, Methoden der *Datengewinnung*,[77] Datenanalyse und Darstellung der Ergebnisse. In diesem Kontext erfolgt eine kritische Auseinandersetzung mit den methodisch-methodologischen Prämissen der Grounded Theory. Hierfür wird insbesondere auf die von A. Clarke (2005) konzipierte „Situational Analysis" – als Erweiterung des theoretischen Kodierens – rekurriert.

### 3.2.1 Grounded Theory als Forschungsstil

Die Organisation des gesamten Forschungsprozesses orientiert sich am *Forschungsstil* der Grounded Theory. Zunächst gemeinsam von B. Glaser und A. Strauss entwickelt, steht Grounded Theory von Beginn an für einen Forschungsstil, mit der Forschungsarbeit als permanenter Wechsel zwischen Datengewinnung und Analyse konzipiert wird. Die grundlegende Zielstellung besteht in der systematischen, methodisch kontrollierten *Theorieentwicklung* – allerdings einer immer gleichsam empirisch ‚geerdeten' Theorie als Prozess fortschreitender Erkenntnis und Durchdringung je konkreter Phänome[78]. Gegenüber den damals dominierenden nomologisch-deduktiven Verfahren empirischer Forschung postulieren Glaser/Strauss in „The Discovery of Grounded Theory" einen anderen Umgang mit theoretischem Vorwissen sowie einen Theoriebegriff, der Unabgeschlossenheit betont:

> „The published word is not the final one but only a pause in the never-ending process of generating theory" (Glaser/Strauss 1967: 40).

Damit kritisieren sie eine forschungspraktische Ausrichtung am bloßen Prüfen von *wirklichkeitsfernen* Grand Theories und eine Theorienentwicklung „from the comforts of the armchairs" (Dey 1999: 3). Die gemeinsame Arbeit Glasers und

---

77 Der Begriff der Datengewinnung (statt Datenerhebung) verdeutlicht, dass mit Methoden empirische Daten generiert werden. Damit wird auf den realitätskonstituierenden Charakter von Methoden abgehoben – vgl. Kalthoff 2008: 17 f, Strübing 2008: 282.
78 Der Begriff Grounded Theory bezeichnet demgemäß den Forschungsstil und das Ergebnis zugleich.

## 3.2 Forschen mit der Grounded Theory

Strauss zu methodologischen und methodischen Fragen endete nach dieser Veröffentlichung, so dass von *der* Grounded Theory heute nicht mehr gesprochen werden kann. Es können mindestens eine pragmatistisch-interaktionistische Variante von Strauss (1987, 1998) bzw. Strauss/Corbin (1996) von einer (induktiv-empiristischen) Glaserschen Variante unterschieden werden (vgl. Strübing 2004: 8).[79] Eine trennscharfe Abgrenzung ergibt sich damit jedoch nicht, da sich Strauss an mehreren Stellen *positiv* auf die Arbeiten von Glaser bezieht bzw. Glasers Texte in eigene Veröffentlichungen integriert[80].

Im Rahmen dieser Studie wird zuvorderst auf die von Strauss bzw. Strauss und Corbin erarbeitete Variante der Grounded Theory rekurriert. Damit wird Forschung als *Forschungsarbeit* verstanden, bei der sich Forscher bzw. Forscherin und Forschungsgegenstand in einer dialektischen Beziehung miteinander befinden – dergestalt wie sie Dewey für das Verhältnis von Kunstwerk und Künstler bzw. Künstlerin beschrieben hat. Forschungsarbeit ist dabei nicht „exakt, präzise und klar in der Technik", vielmehr sind „Ermessensspielräume ratsam und oft sogar ausschlaggebend" (Strauss 1998: 32). Hierin zeigt sich eine pragmatistische Wirklichkeitsauffassung, die von einer Interaktion zwischen „Erkennenden und Erkanntem, Subjekt und Objekt" ausgeht und somit die dichotome Trennung von objektiver und subjektiver Wirklichkeit überwindet (Hildenbrand 2005: 33).

Mit der Anerkennung des je individuellen Arbeitsstils sowie spezifischer Zielstellungen der Forscher bzw. Forscherinnen als Charakteristika von Forschungsarbeit bezieht Strauss eine Position, wie sie später vor allem unter dem Label des „postmodern turn" in englischsprachigen Diskursen zu Bedingungen der Wissensproduktion bzw. der Wissenssoziologie diskutiert wird, in denen Grundtenor ist, jegliches Wissen, auch wissenschaftlich produziertes Wissen, als situiertes Wissen zu begreifen (vgl. Clarke 2005, Denzin/Lincoln 2008). Im Widerspruch dazu stellt Strauss allerdings paradoxe Anforderungen an das methodische Vorgehen im Forschungsprozess. Einerseits sollen die von ihm entwickelten oder vorgestellten methodischen Verfahren der Grounded Theory keinesfalls als starre Anweisungen zur Theoriegenerierung verstanden werden, aber andererseits weist Strauss nicht wenige Kern-Operationen aus, auf die nicht verzichtet werden darf: z. B. theoretical sampling, kontinuierliches Vergleichen, Kodieren, die Anwendung eines Kodierparadigmas zur Entwicklung und Ver-

---

79 Die Differenzen beruhen auf jeweils verschieden epistemologischen Prämissen und zeitigen sich unter anderem im proklamierten Umgang mit Vorwissen und der Verifikation empirisch begründeter Theorien.
80 So besteht z. B. der zweite Teil des Einführungskapitel in „Qualitative Analysis for Social Scientists" (vgl. Strauss 1998: 50 ff.) aus einem nahezu unveränderten Abdruck von Glasers 1978 erschienener Publikation „Theoretical Sensitivity".

dichtung von Konzepten (vgl. Strauss 1998: 30 ff.). Diese paradoxen Anforderungen werden hier auf das Bemühen zurückgeführt, Grounded Theory einerseits als rationales, methodisch-methodologisches Verfahren auszuweisen, in welchem dennoch die für die pragmatistische Philosophie typische Betonung der Kreativität des Handelns ihren Platz hat.

Zum Umgang mit bzw. angesichts der kritischen Reflexion der Paradoxien in der Strausschen Variante der Grounded Theory bietet der Ansatz von A. Clarke weiterführende Ansatzpunkte. Sie schlägt mit ihrem Ansatz der „Situational Analysis" ein Weiterdenken und eine Erweiterung der klassischen Grounded Theory vor und rekurriert dabei auf die postmoderne Kritik an Theoriebildung und Wissensproduktion (s.w.u.) – verbunden mit dem Plädoyer, explizit allgemein-übergreifende sowie fachspezifische Diskurse, kulturelle Objekte, Technologien und Medien in die Forschungsarbeit einzubeziehen.

Ziel der Arbeit mit der Grounded Theory ist es – wie bereits oben angedeutet und auch für die vorliegende Arbeit zutreffend – eine vielschichtige, konzeptionell dichte Theorie zu generieren, mit der die interessierenden, komplexen sozialen Phänomene angemessen beschrieben werden können (vgl. Strauss 1998: 19 ff.). Der (qualitative) Analysemodus ist hierbei das theoretische Kodieren, welches sich als ständiges Zirkulieren[81] zwischen Daten und bereits zugänglichen theoretischem Wissen darstellt und letztlich zu einer Neu-Zusammenführung von aus der Analyse gewonnenen Wissen und ‚bestehenden' theoretischem Wissen führt (vgl. Strübing 2004: 49). Entgegen der weithin verbreiteten Vorstellung, nach der Arbeiten in der Logik der Grounded Theory bedeutet, Theoriewissen oder theoretische Konzepte aus dem Forschungsprozess herauszuhalten[82], stellt die Grounded Theory in der *Straussschen Lesart* einen elaborierten Versuch dar, das Verhältnis von Theorie und Empirie, von Vorwissen und Analyse systematisch zu thematisieren und zu reflektieren. Theoretisches (Vor-)Wissen bzw. Kontextwissen[83] wird demnach nicht aus dem Forschungs- bzw. Analyseprozess ausgeklammert, sondern als „wesentlicher Datenfundus" charakterisiert, der zur Erhöhung der theoretischen Sensitivität beiträgt, Möglichkeiten zum kontinuierlichen Vergleichen sowie der Entdeckung von Variationen bietet und darüber vermittelt als Inspiration zur Theoriebildung genutzt wird (Strauss 1998: 36).

---

81 Nach Strübing/Schnettler (2004) findet so das iterativ-zyklische Problemlösungsmodell des Pragmatismus Eingang in die qualitative Sozialforschung.
82 Zu diesem „induktivistischem Selbstmissverständnis", welches auch den frühen Selbstdarstellungen der Grounded Theory-Väter geschuldet ist – siehe Strübing 2004: 49 ff.
83 Strauss fasst persönliche Erfahrungen, Forschungserfahrung und Fachwissen unter Kontextwissen – vgl. ders. 1998: 36 f.

## 3.2 Forschen mit der Grounded Theory

Einem rein induktivistischen Modell der Theoriegenerierung wird somit widersprochen. Vielmehr wird ein Prozessmodell der Theoriekonstruktion konturiert, das auf der Verknüpfung von induktiven, deduktiven und abduktiven Verfahren beruht (vgl. Strauss 1998: 37 ff): Abduktive Schlüsse werden in einem ersten Schritt zur Hypothesenbildung genutzt, mit denen Vorhergehendes erklärt werden soll. Die abduktiven Hypothesen werden in einem zweiten Schritt deduktiv weitergeführt, indem Überlegungen darüber angestellt werden, welche Folgen oder Auswirkungen diese Hypothesen auf zukünftige Erfahrungen haben könnten (ebd.: 35). Auf einer dritten Stufe wird induktiv überprüft, ob die Konsequenzen, die sich aus der deduktiven Applikation der Hypothese ergeben, mit der Erfahrung übereinstimmen. Der Forschungsprozess wird demgemäß als ständiges Zirkulieren zwischen verschiedenen Schlussverfahren konzipiert – als stetige Schleifen zwischen Empirie und Theorie (vgl. Hildenbrand 2005: 34 ff.).

Diese eher abstrakten Ausführungen zur Grounded Theory stellen das Fundament für die nachfolgende Darstellung des stattgehabten zirkulären Forschungsprozesses dar. Vorangestellt werden soll an dieser Stelle die Bemerkung, dass die Methodologie und Methode der Grounded Theory zuvorderst als Heuristik für den Forschungsprozess genutzt wurde. Ohne eine systematische Herangehensweise abzustreiten oder der Beliebigkeit das Wort zu reden, wird hier die Position vertreten, Forschungsarbeit als *aktive Auseinandersetzung* mit vorliegenden, wissenschaftstheoretischen und methodischen Vorschlägen zu begreifen und nicht als reine Rezeption oder mechanische Anwendung.

Obgleich auch die hier vorgelegte *Darstellung* des Forschungsprozesses der typischen chronologischen Ordnung folgt: Entwicklung einer Fragestellung, Sample-Bildung, Datengewinnung und Datenanalyse, wird ausdrücklich darauf hingewiesen, dass die Forschungspraxis nicht vollständig in einem derart systematischen und rationalen Modell aufgeht. Insbesondere das Schreiben des Forschungsberichtes – oder hier der Dissertation – bringt immer auch neue Uneindeutigkeiten – oder positiv gewendet – Neues hervor, und fordert insofern immer auch Kreativität bis zum (vorläufigen) Ende der Arbeit.

### 3.2.2 Der Forschungsprozess

#### 3.2.2.1 Sample-Bildung und Datengewinnung

Wie oben beschrieben, richtet sich das Erkenntnisinteresse auf das Phänomen kooperativer Steuerung aus einer explizit akteurszentrierten, interaktionistisch fundierten, Perspektive. Die Akteure und Akteurinnen der Sozialraumteams, die im Rahmen des Bundesmodellprojektes INTEGRA in zwei (ehemaligen) Modellkommunen gebildet wurden, bzw. ihre Sinngebungen und Handlungsorientierungen konstituieren den Forschungsgegenstand im engeren Sinne, da diese Teams ausdrücklich als Orte einer veränderten – nämlich kooperativen – Steuerung und Organisierung von Jugendhilfeleistungen markiert wurden. Sie galten explizit als (Umschlags-)Orte, in denen die veränderte (Reform-)Praxis praktisch werden sollte (vgl. Koch/Peters 2004).

In A-Stadt existierten zum Zeitpunkt der Datengewinnung drei Sozialraumteams und in B-Stadt sechs Sozialraumteams. Für die Datengewinnung wurde zunächst die Methode des leitfadengestützten Experten- und Expertinneninterviews gewählt. In der entsprechenden von Bogner/Menz aufgestellten Typologie entspricht die hier praktizierte Form dem *theoriegenerierenden Experten- und Expertinneninterview*. Dieses zielt auf die kommunikative Erschließung und Rekonstruktion der Handlungsorientierungen und Entscheidungsmaximen der Experten und Expertinnen, um davon ausgehend Hypothesen über das Funktionieren sozialer Systeme bzw. sozialer Ordnungen zu generieren (vgl. Bogner/Menz 2005: 38). In diesem Zusammenhang trennen sie eine technische Dimension von Experten- und Expertinnenwissen vom Prozesswissen und Deutungswissen, wobei sie diese Differenzierung nicht über die Wissensbestände selbst begründet wissen wollen, sondern als Konstruktion der Wissenschaftler und Wissenschaftlerinnen kennzeichnen. Entsprechend dieser Differenzierung zielt die Datengewinnung im Rahmen des theoriegenerierenden Experten- und Expertinneninterviews vor allem auf die analytische Re-Konstruktion[84] des Deutungswissens. Damit sind die subjektiven Relevanzen, Ideen und Sichtweisen der Experten und Expertinnen gemeint, die wiederum die Handlungsbedingungen anderer Akteure und Akteurinnen im Aktionsfeld mitstrukturieren (vgl. ebd.: 45 f). Als Experten und Expertinnen gelten in dieser Studie die Akteure und Akteurinnen der Sozialraumteams, da sie mit ihrer Zugehörigkeit zu den Teams bzw. ihrer Arbeit innerhalb dieses organisatorischen Rahmens ein spezifisches Praxis- und Erfahrungswissen aufweisen, welches es mit der Datengewinnung zu erschließen gilt. Der Experten- bzw. Expertinnenstatus entspricht folglich einem relationalen Status, der aufgrund des Erkenntnisinteresses verliehen wurde (vgl. Meuser/Nagel 1997).

Die Konzeption des *Interviewleitfadens* basierte zum einen auf der Auseinandersetzung mit dem Organisationswissen der Teams, wie es in personenunabhängigen, anonymisierten Regelsystemen, z. B. in Leitlinien, Arbeitsprozessbeschreibungen und Standardverfahren, sichtbar wird (Willke 2001: 313). Darüber hinaus diente die Rekonstruktion der im Kapitel 2 nachgezeichneten Diskurse zur *richtigen* Organisierung und Steuerung von Jugendhilfeleistungen –

---

84 Zu betonen ist, dass das Deutungswissen kein ‚nur' zu erhebendes Wissen darstellt, sondern mit der Datengewinnung und Auswertung erst hergestellt wird: vgl. Bogner/Menz 2005: 44.

## 3.2 Forschen mit der Grounded Theory

einschließlich ihrer ‚Knackpunkte' und Ambivalenzen – zur Erarbeitung von Aufmerksamkeitsrichtungen, die in den Leitfaden integriert wurden. Nicht zuletzt wurden aus der Auseinandersetzung mit sozialwissenschaftlicher Steuerungstheorie Fragen und Ideen darüber entwickelt, welche generativen Themen *möglicherweise* für die Akteure und Akteurinnen relevant sein *könnten*. Der Leitfaden umfasst Fragen zu den Bereichen Kooperation, Hilfeplanung, Arbeitsroutinen, Sozialraumorientierung, Dezentralisierung/Selbststeuerung und Einflussfaktoren auf (regionale) Jugendhilfeentwicklungen.

Die Selektion der Interviewpartner und -partnerinnen bestimmte sich ausschließlich über ihre Tätigkeit im Sozialraumteam und wurde in beiden Städten über Leitungspersonen vermittelt, die selbst nicht den Teams zugehörig sind. Insgesamt wurden acht Experten- und Expertinneninterviews durchgeführt. Um ein möglichst breites Bild und vielfältige Perspektiven zu gewinnen, die im Prozess der Datenanalyse mit- und gegeneinander kontrastiert werden können, wurden vier Mitarbeiter bzw. Mitarbeiterinnen des Allgemeinen Sozialen Dienst (ASD) und vier Mitarbeiter bzw. Mitarbeiterinnen von freien Trägern der Hilfen zur Erziehung aus A-Stadt und B-Stadt zu vier unterschiedlichen Zeitpunkten befragt – siehe nachfolgende Abbildung:

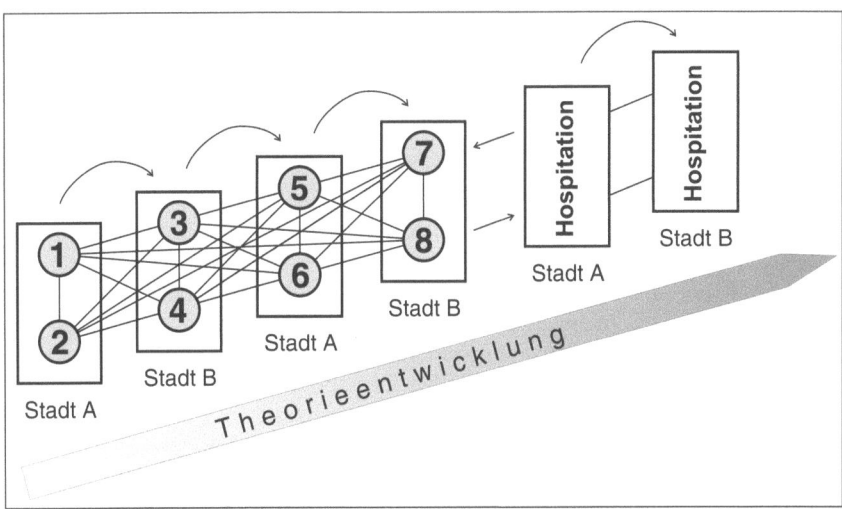

*Abbildung 3:*   Darstellung des zirkulären Forschungsprozesses

Die Sample-Bildung folgte nicht im strengen Sinne den Maximen des theoretischen Samplings der Grounded Theory. Demnach würde das Sample in der Zeitperspektive fortlaufend gebildet: nach der Analyse des ersten Interviews würde der nächste Interviewpartner bzw. die nächste Interviewpartnerin ausgewählt, wobei die Auswahl nach angenommenen maximalen bzw. minimalen Unterschieden erfolgt usw. Dieses Vorgehen war aus forschungspragmatischen Gründen nicht möglich. Darüber hinaus wird die mit dieser Logik verbundene Suche nach dem *negativen oder positiven Fall* kritisch hinterfragt (s.w.u.). Die Möglichkeit, die Daten mit und gegeneinander zu kontrastieren, sind aber auch über den gewählten Zugang gegeben – zum einen durch die Befragung von Akteuren und Akteurinnen des öffentlichen und der freien Träger und zum anderen durch die regional unterschiedlichen Funktionen bzw. Tätigkeitsschwerpunkte der Sozialraumteams. Zwar ist den Sozialraumteams in A-Stadt und B-Stadt gemeinsam, dass über sie der (programmatische) Anspruch der kooperativen Steuerung und Organisierung von Jugendhilfeleistungen verfolgt wird; die konkreten, konzeptionellen *Tätigkeitsschwerpunkte* und Steuerungsebenen unterscheiden sich jedoch.

Mit der sukzessiven Entwicklung von Konzepten und Kategorien (s.w.u.) und damit in Zusammenhang stehenden (neuen) Fragestellungen wurde im weiteren Verlauf des Forschungsprozesses die Entscheidung getroffen, bei jeweils einer Sozialraumteamsitzung in A-Stadt und B-Stadt zu hospitieren. Die Sitzung in B-Stadt wurde mitgeschnitten, transkribiert sowie ein Beobachtungsprotokoll angefertigt, zur Sitzung in A-Stadt[85] wurde ausschließlich ein Beobachtungsprotokoll geschrieben.

### 3.2.2.2 Datenanalyse: Situational Analysis und Theoretisches Kodieren

In der *Logik* der Grounded Theory beginnt der Forschungsprozess nicht erst mit der Datengewinnung im engeren Sinn. Demgemäß diente die *systematische* Auseinandersetzung mit den Konzeptionen und der *Situation* kooperativer Steuerung (s. Kap. 2) der Erhöhung der theoretischen Sensibilität – sowohl hinsichtlich der Konzipierung des Interviewleitfadens als auch in Bezug auf die Datenanalyse. Im Anschluss an Blumers (1986: 140 ff.) Ausführungen zu sensibilisierenden Konzepten wird an dieser Stelle mit Nachdruck darauf hingewiesen, dass mit dieser Auseinandersetzung lediglich Aufmerksamkeitsrichtungen gewonnen wurden, die *keinesfalls* als theoretisch begründeter Vorgriff auf empirisch vorfindbare Praxen verstanden werden. Eine derartige Herangehensweise würde

---
[85] Die Sozialraumteammitglieder in A-Stadt sprachen sich gegen das Mitschneiden der Teamsitzung aus.

## 3.2 Forschen mit der Grounded Theory

einer qualitativ-rekonstruktiven Forschungslogik zuwiderlaufen und im Ergebnis immer auf das Feststellen einer abweichenden Praxis hinauslaufen.[86] Die Arbeit mit sensibilisierenden Konzepten verspricht vielmehr, die theoretische Sensibilität der Forscher und Forscherinnen zu erhöhen und somit die Fähigkeit, empirisches Material mit theoretischen Begrifflichkeiten und Konzepten zu reflektieren (vgl. Kelle et al. 2003). Abstrakte, theoretische Aussagen werden so verstanden als Heuristiken genutzt, mit denen relevante Phänomene sichtbar und beschreibbar gemacht werden können, ohne die Relevanzsetzungen der Akteure und Akteurinnen in vorher aufgestellte Hypothesen hineinzuzwängen bzw. zu entstellen (ebd.: 252). Konzeption und Durchführung der qualitativen Datengewinnung zielte also weder auf die Bestätigung noch auf die Falsifikation von vorab, theoretisch hergeleiteten Hypothesen, sondern auf die Rekonstruktion der Wirklichkeitskonstruktionen der Akteure und Akteurinnen (vgl. Flick et al. 2005: 14, Brüsemeister 2000: 45). Es gilt die Relevanzstrukturen der Akteure und Akteurinnen, die sie in und mit ihrem Handeln vollziehen, in einem verstehenden Zugang nachzuvollziehen (vgl. Meuser 2006: 140 f.). Dem Modell einer idealtypischen und chronologisch strikten Aufeinanderfolge von Datengewinnung, Datenanalyse und Theoriebildung im Forschungsprozess wird somit widersprochen. Stattdessen wird mit dem Forschungsstil der Grounded Theory die Parallelität einzelner Prozessschritte betont, die wiederum aus deren funktionaler und wechselseitiger Verwiesenheit abgleitet wird (vgl. Strauss 1998: 35 ff., Strübing 2004: 14).

Theorieentwicklung steht nicht am Ende des Forschungsprozesses, sondern wird im Prozessverlauf inkrementell erarbeitet. Strategien bzw. Methoden, die im Rahmen dieser Studie zur Datenanalyse zu *Anwendung* gekommen sind, erstrecken sich auf zwei unterschiedliche Ebenen, die wiederum auch nur analytisch voneinander zu trennen sind: (a) die Ebene der umfassenden Situation (b) die Ebene der Akteure und Akteurinnen. Hierfür wurde mit der Methode der *Situationsanalyse* und des *theoretischen Kodierens* gearbeitet.

(a) Situationsanalyse: „mapping the situation"

Clarke (2005) führt in „Situational Analysis – Grounded Theory after the Postmodern Turn" aus, dass und wie die tradierten Methoden der Datengewinnung und Datenanalyse der Grounded Theory (Interviews, ethnographisches Material)

---

[86] Wie S. Wolff 1983 in seiner ethnomethodologischen Studie zur Produktion von Fürsorglichkeit verdeutlicht hat, ist ein derartiges mundanes Vorgehen hinderlich für eine Forschung, die die Praxen der Akteure und Akteurinnen ernst nimmt und davon ausgeht, dass Handeln immer ein Umgehen mit Strukturen und erfolgreiches Bewältigen ist.

mit kartographischen Ansätzen bzw. Visualisierungstechniken konstruktiv ergänzt werden können. Das von ihr entwickelte Konzept der Situationsanalyse [Situational Analysis] zielt darauf ab, dass *Soziale* – ‚the full situation of inquiry'" (ebd.: xxviii) in den analytischen Fokus zu bringen:

> „My goals (..) are to create appoaches to empirical research that take difference(s), power, contingency, and multiplicity very seriously. I seek approaches that do not erase/paper over differences but also seek to address silences in data, silences of resistance, protection, cooptation, and collusion" (ebd: 11).

Hinsichtlich des theoretischen Hintergrundes dieser Analysemethoden verweist Clarke zum einen auf die sozialökologischen Studien der Chicago School[87] sowie auf die Ansätze zu Sozialen Welten/Arenen von Shibutani (1955), Strauss (1978), Becker (1982). Darüber hinaus gründet Clarke ihren Ansatz in der Diskurstheorie von Foucault und auf die ausdrückliche Anerkennung der Bedeutung von (nicht-menschlichen) Objekten. Nicht zuletzt verweist sie auf Anknüpfungspunkte zu der von Strauss bzw. Strauss/Corbin entwickelten Bedingungsmatrix (conditional matrix), die als heuristisches Rahmenkonzept das theoretische Kodieren strukturiert (vgl. Strauss/Corbin 1996: 148 ff., Strauss 1998: 118 ff.). Im Rahmen dieser Situationsanalyse unterscheidet A. Clarke drei Visualisierungsstrategien:

(1) situational maps [Situations-Karten]:
- Benennung der wichtigen menschlichen und *nicht-menschlichen* (diskursive, historische, symbolische, kulturelle, politische etc.) Elemente in der je konkreten Forschungssituation
- Ziel: Erfassung der Komplexität der Situation und der Verhinderung frühzeitiger Simplifizierungen

(2) social world/arenas maps [Soziale Welten/Arenen-Karten]:
- umfasst die kollektiven Akteure und Akteurinnen sowie nicht-menschliche Schlüsselobjekte und die verschiedenen Arenen, in denen sie involviert sind
- Ziel: Interpretationen, die auf die Meso-Ebene der Situation abzielen, unter besonderer Berücksichtigung der organisatorisch-institutionellen sowie diskursiven Ebene

(3) positional maps [Positions-Karten]:
- Aufzeigen der zentralen Positionen bzw. Positionierungen, die eingenommen werden und *nicht* eingenommen werden

---

[87] Z. B. das Park/Burgess Modell – vgl. Clarke 2005: 40 ff.

## 3.2 Forschen mit der Grounded Theory

- Ziel: die verschiedene Positionen zu unterschiedlichen Fragen zu repräsentieren und dabei auch Spannungsverhältnisse und Widersprüche kenntlich machen

Im Verlauf des Forschungsprozesses wurden zu unterschiedlichen Zeitpunkten und unter verschiedenen analytischen Fragestellungen derartige Situationskarten/Situationsbilder erstellt und zur Ordnung und Strukturierung des Datenmaterials genutzt. Diese Schaubilder erwiesen sich insbesondere als hilfreich, um die Elemente einzubeziehen und sichtbar zu machen, die über den Akteur bzw. die Akteurin hinausgehen und zudem Verbindungen zu diskursiven Elementen nachzuzeichnen:

„Through mapping the data, the analyst constructs the situation of inquiry empirically. The situation per se becomes the ultimate unit of analysis, and understanding its elements and their relations is the primary goal" (ebd.: xxii).

Die Situationskarten dienten somit sowohl zur Analyse von Situationen, den Akteuren und Akteurinnen sowie relevanter Objekte bzw. deren Beziehungen als auch zum Weiterdenken, zur Zuspitzung und Darstellung von Analyseergebnissen. Sie fungierten als Mittel zur Erkenntnisgewinnung und -darstellung zugleich.

(b) Theoretisches Kodieren

Das systematisch gewonnene Datenmaterial wurde vollständig transkribiert und theoretisch kodiert. In diesem Kontext erwies sich eine feste Interpretationsgruppe als unschätzbare Quelle des kreativen Umgangs mit dem Datenmaterial, da hierüber die eigenen Perspektiven infrage gestellt und unterschiedliche Lesarten gebildet werden können. Theoretisches Kodieren nach Strauss bzw. Strauss/Corbin entspannt sich entlang des Konzept-Indikator-Modells sowie der Bedingungsmatrix und beruht auf ständigem Vergleichen und theoretischem Sampling[88] (vgl. Strauss/Corbin 1996: 43 ff., Strauss 1998). Mit dem theoretischen Kodieren werden fortlaufend Kategorien aus den empirischen Daten erarbeitet. Diese Kategorien bilden die Theorieelemente der im Verlauf zu entwi-

---

[88] In diesem Zusammenhang geht der Begriff theoretisches Sampling über die Fallauswahl hinaus und bezieht sich auf die Selektion von Ereignissen im Datenmaterial: vgl. Strübing 2008: 285 ff.

ckelnden Grounded Theory. Dem sozialtheoretischen Hintergrund Strauss'[89] und seinen konkreten Forschungsinteressen geschuldet, zentriert sich seine Variante der Grounded Theory bzw. ihrer Analyseverfahren ausdrücklich um die Erschließung von Handeln und sozialen Prozessen und zielt mithin auf deren Beschreibung über ein charakteristisches Konzept bzw. eine Kategorie.[90] Demnach wird die Analyse in einer „Schlüsselkategorie"[91] (Strauss 1998: 65 ff.) oder „Kernkategorie" (vgl. Strauss/Corbin 1996: 94 ff.) zugespitzt. Diese Kernkategorie zeichnet sich dadurch aus, dass die meisten anderen Kategorien mit ihr verbunden werden können: sie muss *zentral* sein und die *Variation eines Verhaltensmusters* in weiten Teilen erklären.

Diese Setzung reflektiert jedoch nicht die Komplexität und vielfältigen Verflechtungen sozialer Wirklichkeit(en). Mit der Zielgabe *eine* Kernkategorie zu erarbeiten, werden tendenziell Widersprüchlichkeiten oder Ambivalenzen geglättet und damit eher unproduktive Simplifizierungen getroffen, die der Vielschichtigkeit sozialer Situationen – Interaktionen eingeschlossen – nicht gerecht werden. Mit anderen Worten:

"We need to address head-on the inconsistencies, irregularities, and downright messiness of the empirical world" (Clarke 2005: 15).

In diesem Zusammenhang können die oben erläuterten, analytischen Visualisierungsmethoden dazu beitragen, diese Varianzen sichtbar zu machen ohne sie zwangsläufig aufzulösen.

### 3.2.2.3 Zur Darstellung der Ergebnisse

Eingedenk der dargelegten methodischen Reflexionen ist das Ergebnis der Datenanalyse nicht eine Kernkategorie – vielmehr entstanden im Forschungsprozess die drei Kernkategorien *(Sinnformel) Fallberatungsarbeit, (Sinnformel) Sozialraumarbeit* und *Grenzbearbeitung,* mit denen relevante Aspekte des empirisch erforschten Phänomens dargestellt werden. Wie vorgängig beschrieben, wurden die Kategorien sukzessive mittels theoretischen Kodierens und den Vi-

---

89  Hier benennt er die Philosophie des amerikanischen Pragmatismus – v. a. Dewey, Peirce, Mead – sowie die Chicago School, mit ihrer Prämisse, Handlungen von den Akteuren und Akteurinnen her zu erfassen – vgl. Strauss 1998: 30.
90  Hieran werden die Verflechtungen von Strauss Handelnstheorie (s. o.) und seinem Entwurf der Grounded Theory besonders deutlich.
91  Das Teilkapitel zur Schlüsselkategorie gehört zu dem Abdruck des Glasers Kapitel (s. o.) Demnach bestehen an dieser äußerst zentralen Stelle, dem Analyseziel und Kernelement einer Grounded Theory, starke Anknüpfungspunkte zu Glaser.

## 3.2 Forschen mit der Grounded Theory

sualisierungstechniken der Situationsanalyse gebildet. Das Grundgerüst basiert dabei auf je konkreten Interpretationstexten (Memos), in denen einzelne Phänomene (‚Vorfälle') aus dem Datenmaterial beschrieben, verglichen und reflektiert wurden. Die ‚Übersetzung' dieser Texte in eine zusammenfassende, schriftliche Darstellung der Ergebnisse – zumal im Rahmen einer Qualifikationsarbeit – warf nochmals irritierende Herausforderungen auf. Der im Kollegen- bzw. Kolleginnenkreis vielfach bemühte Ratschlag des ‚einfachen Runterschreibens der Ergebnisse' zeigte sich für die vorliegende Forschungsarbeit nicht praktikabel. Vielmehr wurde hier die Erfahrung gemacht, dass die Logik des Schreibens und das damit verbundene Bemühen um einen ‚roten Faden' und die intersubjektive Nachvollziehbarkeit der Interpretationen Zugzwänge der Argumentation erzeugen, die natürlich dennoch immer wieder empirisch rückgebunden werden müssen. In dem Zusammenhang musste vor allem entschieden werden, welche Aspekte und Konzepte in welcher Reihenfolge dargestellt werden, um darüber die wesentlichen Konturen der Ergebnisse gut sichtbar zu machen. Zur Nachvollziehbarkeit der Interpretationen fließen in die Darstellung der Kategorien geglättete Auszüge des Datenmaterials ein. Zur Kennzeichnung der Herkunft des Materials werden Abkürzungen verwendet, hinter denen sich folgende Materialien verbergen:

I1: Interview, A-Stadt, ASD-Fachkraft

I2: Interview, A-Stadt, ASD-Fachkraft

I3: Interview, B-Stadt, Fachkraft eines freien Trägers

I4: Interview, B-Stadt, Fachkraft eines freien Trägers

I5: Interview, A-Stadt, Fachkraft eines freien Trägers

I6: Interview, A-Stadt, Fachkraft eines freien Trägers

I7: Interview, B-Stadt, ASD-Fachkraft

I8: Interview, B-Stadt, ASD-Fachkraft

TH: Transkript Hospitation, B-Stadt

BP: Beobachtungsprotokoll, A-Stadt

Gemäß der grundgelegten erkenntnistheoretischen Prämissen und des damit einhergehenden Negierens eines direkten und unverfälschten Zugriffs auf eine objektive, von allen geteilte Wirklichkeit, sind die dargestellten Ergebnisse dieser Studie nicht als Wirklichkeitsabbildungen zu verstehen, sondern als Ergebnisse perspekivischer[92] Re-Konstruktionen bzw. Ko-Produktionen.

---

92 Perspektivisch in zweifacher Hinsicht – die Perspektiven der Akteure und Akteurinnen (in Prozessen) als auch die Perspektive des Forschers/der Forscherin: vgl. Flick et al. 2005: 21.

# 4 Empirische Konturierungen der Sozialraumteamarbeit

## 4.1 Rahmungen der Sozialraumteamarbeit

Mit der Einführung der Sozialraumteamarbeit in A-Stadt und B-Stadt wird versucht, ein neues Arbeitssetting im lokalen Feld der Jugendhilfe zu institutionalisieren. Damit wird eine neue Situation (vgl. Goffman 1986) geschaffen, in der sich die Akteure und Akteurinnen zurecht finden müssen. Die zugrunde gelegten Ideen und Regeln der Sozialraumteamarbeit finden sich in verschiedenen Dokumenten, wie z. B. in den Geschäftsordnungen oder (Qualitätsentwicklungs-)Vereinbarungen. Diese Dokumente sind sowohl Ausdruck bzw. Bestandteil der Institutionalisierung der neuen Arbeitsform als auch deren Voraussetzung (vgl. Berger/Luckmann 1998: 49 ff.). Nachdem im zweiten Kapitel zentrale, eher allgemeine strukturelle Rahmungen der Wohlfahrtsproduktion im Feld der Jugendhilfe dargelegt wurden, werden nachfolgend die konkreten organisatorisch-institutionellen Rahmungen der Sozialraumteams in A-Stadt und B-Stadt aufgezeigt.

### 4.1.1 Rahmungen der Sozialraumteamarbeit in A-Stadt

In A-Stadt, einer kreisfreien Stadt mit knapp 70.000 Einwohnern, werden zwischen 2001 und 2003 zeitlich versetzt drei[93] Sozialraumteams installiert. Die Implementation der Teams wird als Fortführung stattgehabter Entwicklungen in Richtung einer flexiblen, integrierten und regionalisiert gestalteten Hilfeinfrastruktur sowie als gemeinsame Entscheidung des öffentlichen und der freien Träger dargestellt. In verschiedensten (Selbst-)Beschreibungen lokaler (Reform-)Praxen wird durchgängig darauf verwiesen, dass entsprechende Umbauprozesse bereits Anfang der 1990er-Jahre begonnen wurden. In dem Zusammenhang wird auf die Dezentralisierung der Allgemeinen Sozialen Dienste (ASD) und der Jugendgerichtshilfe sowie auf die Etablierung von so genannten

---

93 Die Anzahl der Sozialraumteams entspricht der Einteilung des Stadtgebietes in drei ASD-Bezirke.

Schwerpunktträgern für ambulante Hilfen zur Erziehung hingewiesen. Bezüglich vorgenommener Veränderungen der fachlichen und der wirtschaftlichen Dienste wird die Orientierung am sozialen Raum proklamiert bzw. dieser als Bezugsgröße der Umbauaktivitäten bezeichnet.

Die Geschäftsordnung (im Folgenden GO1), welche die Sozialraumteamarbeit rahmt, gliedert sich in acht thematische Abschnitte und enthält neben den Beschreibungen organisatorischer Abläufe (Sitzungshäufigkeit und Sitzungsdauer) und Zuständigkeiten vor allem Aussagen zu den Zielvorstellungen, Aufgabenschwerpunkten und Mitgliedern des Sozialraumteams. Demnach besteht ein Sozialraumteam aus den Fachkräften des ASD-Regionalteams, einer Fachkraft der Wirtschaftlichen Jugendhilfe sowie der Jugendgerichtshilfe, je mindestens einer Fachkraft der im Stadtteil (ASD-Gebiet) ansässigen Träger der Hilfen zur Erziehung sowie einer Fachkraft der stadtweit tätigen Erziehungsberatungsstelle. Diese Aufzählung wird für jedes Sozialraumteam konkretisiert, indem die institutionellen Repräsentanten und Repräsentantinnen in einem dafür vorgesehenen Textfeld[94] unterschreiben. An den Sitzungen der Sozialraumteams können überdies auch geladene Gäste teilnehmen, die in die Einzelfallarbeit involviert sind oder sich durch besondere fachliche Kompetenzen für eine Teilnahme an der Sitzung ‚qualifizieren'.

Unter der Überschrift „Geltungsbereich und Zielstellungen" wird „Adressaten- und Lebensweltorientierung" sowie die Orientierung an „der integrativen, wohnortnahen und effektiven Hilfe" als Richtschnur für Entscheidungen der Sozialraumteams angegeben (GO1: 1). Die dem Hilfebegriff vorangestellten Charakterisierungen verweisen auf die Vorstellungen zu angemessenen Hilfeangeboten der lokalen Akteure und Akteurinnen und spiegeln grundlegende, konzeptionelle Schlagworte des Reform-Diskurses zu flexiblen, integrierten und/oder sozialraumorientierten Hilfen. Die im Anschluss dargelegten Zielvorstellungen beschreiben allgemeine und positive Veränderungsdimensionen, die sich mit der „Gewährung flexibler Erziehungshilfen" für die Nutzer und Nutzerinnen der Hilfen verbinden (sollen), wie z. B. Stärkung der Selbsthilfekompetenz oder die Erweiterung der Gestaltungs- und Teilhabemöglichkeiten das individuelle Lebensumfeld betreffend.

Die übergeordnete Aufgabenstellung der Sozialraumteamarbeit besteht in der „Kooperation von Fachkräften der Träger der Hilfen zur Erziehung, des ASD und der Wirtschaftlichen Jugendhilfe im Sinne des § 36 SGB VIII" (GO1: 1). Des Weiteren werden Arbeitsschwerpunkte bzw. Tätigkeitskategorien skizziert sowie die vorgesehenen Aktivitäten der Mitglieder präzisiert. Demnach umfasst die Sozialraumteamarbeit drei Tätigkeitskategorien: fallspezifische Arbeit, fall-

---

94 Name der Einrichtung und Person.

## 4.1 Rahmungen der Sozialraumteamarbeit

bezogene Ressourcenmobilisierung und fallunspezifische Arbeit. Die fallspezifische Arbeit umfasst das Beraten und Besprechen von konkreten Einzelfällen, um den „Blick auf den Fall" (ebd.: 1) zu öffnen, neue Lösungsideen vorzubringen und die Funktion einer Hilfe zu hinterfragen. Diese Aufgaben bzw. Tätigkeiten werden als Bestandteil des Hilfeplanverfahrens markiert. Die fallspezifische Arbeit wird konkretisiert über die Bedingungen, unter denen bestimmte Fälle von bestimmten Akteuren bzw. Akteurinnen in das Sozialraumteam eingebracht werden sollen: Die Falleingabe obliegt demnach der ASD-Fachkraft und es werden sowohl „neue" als auch „laufende" Fälle, „insofern es sich voraussichtlich um Hilfen nach §§ 27 ff., § 35a (außer Lerntherapie) oder § 41 KJHG handelt" in das Team eingebracht (ebd.: 3). Darüber hinaus können auch Fälle eingebracht werden, bei denen die ASD-Fachkraft in Bezug auf die „Ressourcensuche" fachlich unterstützt werden will. Betont wird in dem Zusammenhang, dass das Sozialraumteam keine Hilfen beschließt, sondern „lediglich" Ideen entwickelt. Die Erarbeitung der „tatsächlich zu leistende(n) Hilfe" und deren vertragliche Festlegung erfolgt im Kontraktgespräch, unter der Beteiligung der Adressaten und Adressatinnen (ebd.: 2).

Demgegenüber wird in einem mit „Entscheidungen" übertitelten Gliederungspunkt die Aufgabenstellung formuliert, dass im Sozialraumteam ein „konsensfähige[r] Vorschlag (...) unter Würdigung der finanziellen Situation der Stadt" erarbeitet werden soll, welcher dem Adressaten bzw. der Adressatin „unterbreitet wird" (GO: 4). Somit konstituieren die Tätigkeiten des Sozialraumteams einen der Verfahrensschritte, der zusammen mit anderen, die nicht in der Zuständigkeit der Sozialraumteams liegen, das Hilfeplanverfahren bildet.

Für den Fall, dass sich das Team nicht auf einen Vorschlag einigen kann, trifft die ASD-Leitungsebene (Regionalteamleitung) – nach Gesprächen mit je einer Fachkraft der freien Träger – die Entscheidung. Das heißt, bei Scheitern des ‚Konsensmodells' besteht die Problemlösung in einer Entscheidungsverlagerung nach ‚oben' und ‚außen' zugleich.

Die fallbezogene Ressourcenmobilisierung, als zweiter Bereich der Sozialraumteamarbeit richtet sich, ausgehend vom je konkreten Einzelfall, auf die Identifizierung von Ressourcen, die für diesen nutzbar gemacht werden können.

Der dritte Arbeitsbereich hingegen – die fallunspezifische Arbeit – umfasst Tätigkeiten, die der Erschließung, Sichtung und Systematisierung von Ressourcen im Stadtteil dienen sollen:

„Mit der fallunspezifischen Arbeit sollen personelle und materielle Eigenkräfte des Stadtteils gesichtet und für die Fallarbeit oder für die Prävention mobilisiert werden" (GO1: 5).

In diesem Zusammenhang wird betont, dass fallunspezifische Arbeit nicht mit Stadtteilarbeit bzw. Gemeinwesenarbeit gleichzusetzen ist, aber dennoch die Kooperation mit existierenden Stadtteilkonferenzen oder Schlüsselpersonen im Stadtteil einschließt. Während sich also mit fallspezifischer Arbeit und fallbezogener Ressourcenmobilisierung Aktivitäten verbinden, die vom konkreten Einzelfall ausgehen, wird im Kontext der fallunspezifischen Arbeit vom Einzelfall abstrahiert.

### 4.1.2 Rahmungen der Sozialraumteamarbeit in B-Stadt

Die Einführung der Sozialraumteamarbeit in B-Stadt, eine kreisfreie Stadt mit ca. 72.000 Einwohnern, wird in den entsprechenden Darstellungen (ähnlich wie in A-Stadt) als ein Element in der langjährigen Entwicklung zu einer regionalisierten und integrativen Ausrichtung der Jugendhilfeinfrastruktur beschrieben. Als besondere ‚Meilensteine' auf diesem Weg, vor allem (auch) hinsichtlich der Implementation von Sozialraumteams, wird zum einen die Installation der Stadtteilprojekte[95] bzw. stadtteilorientiert arbeitenden Jugendhilfeeinheiten sowie die Gründung der Trägerkooperation (2001), auch ‚Trägerverbund' genannt, angeführt.

Die Stadtteilprojekte, mit denen explizit eine sozialräumliche Öffnung von Jugendhilfeangeboten angestrebt wurde, liegen in der gemeinsamen Zuständigkeit der bezirkszuständigen ASD-Fachkräfte sowie der vor Ort tätigen Fachkräfte der jeweiligen (freien) Einrichtungsträger. Sie werden kooperativ organisiert und betreut; so bieten beispielsweise die ASD-Mitarbeiter und -Mitarbeiterinnen ihre Beratungsleistungen auch in den Räumen des Stadtteilprojektes an. Ferner werden verschiedene Hilfeleistungen, wie beispielsweise ambulante Einzelfallhilfen, Gruppenangebote oder Beratungsleistungen, in den Stadtteilprojekten gebündelt und aus einem Projekt heraus geleistet. Die fachlichen Maximen dieser Jugendhilfeeinrichtungen können schlagwortartig mit niederschwellig, lebensweltorientiert, integrierend und stadtteilorientiert beschrieben werden.

Im Kontext der stadtweit angestrebten, sozialräumlichen Gestaltung der Jugendhilfeinfrastruktur wurden die niedrigschwelligen, ambulanten und teilstationären Hilfen zur Erziehung budgetiert[96] und an den Trägerverbund der in B-Stadt tätigen freien Träger ‚übertragen'. Die Einführung der Budgetierung bzw. die gewählte Budgetform wird in verschiedensten Darstellungen (Berichte, Beiträge in Fachpublikationen) als Beitrag zur Qualifizierung der Jugendhilfe charakteri-

---

95 Zum Zeitpunkt der Datengewinnung gab es sechs Stadtteilprojekte, die sukzessive seit 1994 entstanden waren.
96 Zunächst im Rahmen eines Modellprojektes (2002–2005).

## 4.1 Rahmungen der Sozialraumteamarbeit

siert sowie als ‚trägerorientiert' und ‚kooperativ' markiert. Wenn auch die angegebene Zielstellung keine Deckelung der Ausgaben umfasst, werden doch „positive finanzielle Wirkungen" (Schäfer 2005: 14) und die Senkung (stationärer) Fallzahlen über die Etablierung niedrigschwelliger sozialräumlicher Angebote erwartet. Der Entschluss der freien Träger, in der gemeinsamen Organisationsform Trägerverbund zu agieren und die Verantwortung für die Durchführung aller ambulanten und teilstationären Erziehungshilfen in B-Stadt zu übernehmen, ist demnach im Zusammenhang mit der Umstellung der Finanzierung auf die Budgetierung zu sehen. Damit wurde das Kooperationsmodell zwischen den freien und dem öffentlichem Träger (die Stadtteilprojekte) um ein Kooperationsmodell der freien Träger ergänzt. Zur Koordinierung und Steuerung der budgetierten Jugendhilfeleistungen wurde eine komplexe Gremienstruktur etabliert, die die Arbeit der beschriebenen Kooperationsformen flankiert. Hierbei sind verschiedene Ebenen zu unterscheiden, auf die sich die Aktivitäten der unterschiedlich zusammengesetzten Gremien und Arbeitskreise richten:

# 4 Empirische Konturierungen der Sozialraumteamarbeit

**Planungs- und Steuerungsgruppe**
*Zusammensetzung:* beauftragte Trägervertreter und Trägervertreterinnen/ Geschäftsführer und Geschäftsführerinnen
*Aufgabe:* Entscheidungen treffen im Rahmen des Budgetvertrages
*Funktion:* trägerübergreifendes Steuerungsgremium

**Fachkoordinationsteam (FAKT)**
*Zusammensetzung:* beauftragte Trägervertreter und Trägervertreterinnen der Planungs- und Steuerungsgruppe sowie Sprecher und Sprecherinnen der Sozialgremien und Fachverantwortliche des ASD
*Aufgabe:* Steuerung und Koordination fachlicher Anforderungen
*Funktion:* Ausgleich zwischen übergreifender Steuerung und Alltagsanforderungen

**Sozialraumgremium**
*Zusammensetzung:* ASD-Bezirksmitarbeiter und ASD-Bezirksmitarbeiterinnen sowie je 1 Mitarbeiter bzw. Mitarbeiterinnen eines freien Trägers aus dem Sozialraum
*Aufgabe:* Koordination der Arbeit in den Stadtteilprojekten
*Funktion:* Steuerung der Arbeit vor Ort

**Sozialraumforen / Stadtteil-AGs**
*Zusammensetzung:* Sozialraumgremium, Volonteers, Fachkräfte anderer Institutionen, interessierte Bürger und Bürgerinnen, Ortsrat
*Aufgabe:* Koordination der Aufgaben im Stadtteil, Diskussion der Entwicklungen
*Funktion:* Herstellung von Beteiligung

**Arbeitskreis Gemeinwesen**
*Zusammensetzung:* Mitarbeiter und Mitarbeiterinnen in Stadtteilprojekten und im ASD sowie FAKT
*Aufgabe:* Entwicklung neuer Formen niederschwelliger Arbeit, Abstimmung von Projekten, Vereinbarung von Controlling- und Selbstevaluationsverfahren
*Funktion:* fachliche Weiterentwicklung von Verfahren und Methoden

**Arbeitskreis Qualität**
*Zusammensetzung:* von den Trägern benannte Qualitätsbeauftragte
*Aufgabe:* Entwicklung von Qualitätsverfahren (Messung) und Standards sowie Überprüfung und Auswertung
*Funktion:* Qualitätssicherung

**Beirat: Modellprojekt sozialräumliches Arbeiten und Sozialraumbudgetierung**
*Zusammensetzung:* Experten und Expertinnen sowie beauftragte Trägervertreter und Trägervertreterinnen
*Aufgabe:* Begleitung der Fortentwicklung
*Funktion:* Reflexion und Beratung

*Abbildung 4:* Gremienstruktur in B-Stadt

## 4.1 Rahmungen der Sozialraumteamarbeit

Im Zusammenhang mit der komplexen Gremienstruktur obliegt den Mitgliedern der Sozialraumteams[97] das „operative Geschäft" (ebd.: 24) in den Sozialräumen und Stadtteilprojekten. Die Rahmungen der Sozialraumteamarbeit bilden die Geschäftsordnung, die stadtweit geltenden Jugendhilfeleitsätze sowie der Vertrag zum Sozialraumbudget. In der entsprechenden Geschäftsordnung werden zwei Arbeitsbereiche der Sozialraumteamarbeit unterschieden, die – im Gegensatz zu A-Stadt – auch durch zwei unterschiedlich zusammengesetzte Teameinheiten bearbeitet werden: einzelfallbezogene Koordinationsaufgaben und sozialräumliche Aufgaben.

*Abbildung 5:* Arbeitsbereiche der Sozialraumteamarbeit in B-Stadt

Die so genannten einzelfallbezogenen Koordinationsaufgaben, die in den Kontext des Hilfeplanverfahrens nach § 36 SGB VIII gestellt werden, werden durch das Trägerteam wahrgenommen und demnach ausschließlich durch Fachkräfte der im Stadtteil tätigen freien Träger. Vor dem Hintergrund einer Differenzierung in einzelfall- bzw. hilfebezogene Verfahrensverantwortung (ASD) und Durchführungsverantwortung (Trägerkooperation) kommt dem Trägerteam die Aufgabe zu, einen Maßnahmevorschlag zur Hilfedurchführung zu erarbeiten und der verfahrensverantwortlichen ASD-Fachkraft zuzustellen. Die Basis für den Maßnahmevorschlag des Trägerteams bildet wiederum die vorangegangene Fallabklärung durch die ASD-Fachkräfte. Kann sich das Trägerteam nicht auf einen Maßnahmevorschlag einigen, sind die finanziellen Mittel erschöpft und/oder stehen keine geeigneten Fachkräfte zur Verfügung, wird der Fall über den Sprecher bzw. die Sprecherin des Trägerteams an ein anderes Trägerteam übermittelt. Für den Fall, dass der erarbeitete Maßnahmevorschlag nicht die Zustimmung der ASD-Fachkräfte findet, sind Gespräche zwischen dem Sprecher bzw. der Sprecherin, den ASD-Fachkräften und den Adressaten und Adressatinnen angedacht.

---

97 Zum Zeitpunkt der Datengewinnung waren in B-Stadt sechs Sozialraumteams aktiv.

Für den zweiten Aufgabenbereich, die sozialräumlichen Aufgaben, ist das Sozialraumteam zuständig. Dieses besteht aus dem Trägerteam und den zuständigen ASD-Bezirksmitarbeitern bzw. -mitarbeiterinnen. Die sozialräumlichen Aufgaben umfassen beispielsweise die Initiierung und Koordinierung stadtteilbezogener Angebote, die Mitarbeit in stadtteilbezogenen Arbeitskreisen sowie die Erhebung und den Ausbau von Ressourcen im Sozialraum/Stadtteil.

Konstatiert werden kann an dieser Stelle, dass die Zuständigkeit für die Aufgabenbereiche im Kontext der Sozialraumteamarbeit an die organisatorisch-institutionelle Zugehörigkeit der Akteure und Akteurinnen gekoppelt ist. Der als sozialräumlich identifizierte Aufgabenbereich liegt in der gemeinsamen Zuständigkeit der ASD-Fachkräfte und der Fachkräfte der freien Träger, wohingegen die einzelfallbezogenen Koordinationsaufgaben den Vertretern und Vertreterinnen der Trägerkooperation (also den freien Träger) vorbehalten sind. Beide Arbeitsbereiche betonen je spezifische Dimensionen von Jugendhilfeleistungen – Fall und Feld – und firmieren unter dem Dach der Sozialraumteamarbeit bzw. der grundgelegten Idee einer kooperativen Organisierung professioneller Handlungen.

## 4.2 Sinnformeln – (Be-)Deutungen der Sozialraumteamarbeit

Die Implementierung der Sozialraumteams führt zu neuen Interaktionssituationen im Arbeitsalltag der beteiligten Akteure und Akteurinnen. Im Gegensatz zu routinisierten und eingespielten Handlungssituationen verbindet sich mit diesem ‚Umbruch' die Anforderung an sie, eine kollektive Situationsdefinition vorzunehmen und darüber die Ereignisse in einen Sinnzusammenhang zu stellen und zu deuten. In diesem Prozess – der hier als *Sinnsuche* bezeichnet wird und im Ergebnis zu einer *Sinnformel* (vgl. Geideck/Liebert 2003) führt – konstituieren die Akteure und Akteurinnen einen Rahmen (vgl. Goffman 1980), der die Situation vor- und ihr (kommunikatives) Handeln strukturiert. Der Begriff der Sinnformel steht für die Zuspitzung und Betonung der von den Befragten explizierten Rahmungen der Sozialraumteamarbeit.

Geideck/Liebert (2003) haben herausgearbeitet, dass für Aushandlungsprozesse zu Sinnformeln das Stellen und Beantworten (Müssen) von existentiellen Grundfragen charakteristisch ist. Dieser Prozess der Sinnsuche kann äußerst kontrovers verlaufen und gilt als (vorläufig) abgeschlossen, wenn die Grundfragen zufriedenstellend beantwortet werden können und die Sinnformel nicht mehr thematisiert wird. In der Phase ihrer Nichtthematisierung bzw. Nicht-mehr-Thematisierung und kontinuierlichen Reproduktion werden Sinnformeln zu Selbstverständlichkeiten, zu Denkmustern. Werden Sinnformeln hingegen (wie-

## 4.2 Sinnformeln – (Be-)Deutungen der Sozialraumteamarbeit

der) in Frage gestellt, müssen die existentiellen Grundfragen neu beantwortet werden und die Antworten können wiederum zu neuen Sinnformeln führen. Sinnformeln sind demnach immer dynamische Konstruktionen, die zwischen den Polen Kontroverse und Nichtthematisierung changieren.

### 4.2.1 Dominierende Sinnformel: Fallberatungsarbeit (A-Stadt)

Der Arbeitsbeginn im Sozialraumteam wird als Beginn des Sinnsuche-Prozesses gekennzeichnet, der sich über einen längeren Zeitraum erstreckt und an dem auch externe[98] Akteure und Akteurinnen (ASD-Leitung, Supervisorin) beteiligt werden.

„Da gab es am Anfang ein bisschen Hin und Her. Keiner wusste so richtig, ist es nun eine feste Entscheidung, die da getroffen wird, oder ist es eine Sache, die beratend sein soll. Mittlerweile wissen wir's, aber es gab, glaube ich, am Anfang da arge Probleme. Von beiden Seiten, ne. Gerade eigentlich auch für den freien Träger. Weil, weil ich denke, dass die sich oftmals, bei uns jedenfalls, gefragt haben, wozu sitzen wir denn hier, wenn doch die Entscheidung der ASD letztendlich alleine trifft" (I1: Z. 38 ff.).

„Das war ne, zwischenzeitlich mal ne Irritation über ne lange Zeit, wozu dienen diese Sozialraumteams überhaupt. Weil sind sie letztendlich nur eine Fallbesprechung und sollen letztendlich nur eine Fallentscheidung, die normalerweise der ASD-Mitarbeiter alleine trifft, nur in so ein Team verlagert werden oder soll damit was anderes bezweckt werden. Und da waren, war am Anfang die Irritation, dass ein Teil gedacht hat, wir beschließen dort Hilfen. Und wenn die dann so nicht zustande gekommen sind, na ja, aber wir haben das doch hier so beschlossen. Also das war dann, wir sind ja kein Entscheidungsgremium, weil letztendlich der Entscheidungsträger ist ja die Stadt für die Hilfe, die die gewährt, und dann gibt es den Adressaten, der sagt, das will ich machen oder das denk ich, dass mir das hilft oder nicht" (I6: Z. 204 ff.).

Die Aushandlungsprozesse zur Sinnformel zentrieren sich vor allem um zwei kontroverse Sinnformeln, mit denen sich unterschiedlich konnotierte Deutungen zur Funktion der Sozialraumteams verbinden. Diese kontroversen Sinnformeln beziehen sich beide auf die Spezifizierung der fallspezifischen Arbeit im Sozialraumteam, sie changieren jedoch dabei zwischen Fallbesprechung/-beratung und Fallentscheidung. Der Unterschied zwischen dem Beraten von Fällen und dem

---

98 Extern bezieht sich hierbei auf ihre Nicht-Mitgliedschaft im Sozialraumteam, im lokalen Feld der Jugendhilfe besetzen sie jedoch spezifische (interne) Positionen.

Entscheiden von Fällen betrifft den Status bzw. die Verbindlichkeit ihrer Ergebnisse sowie die entsprechenden Konsequenzen: Eine feste Entscheidung wird einem Ratschlag/einer Beratung gegenüber als wirkmächtiger und verbindlicher beschrieben – mit Entscheidungen werden demnach Hilfen ‚beschlossen'. Der Prozess der Sinnsuche bzw. die Aushandlung der Sinnformel endet mit der (vorläufigen) Durchsetzung der Sinnformel Fallberatungsarbeit, die sich in einer spezifischen Aufgabenteilung und einem bestimmten Ablauf der einzelnen Arbeitsschritte ausdrückt (s.w.u.).

In Bezug auf die Durchsetzung der Sinnformel Fallberatungsarbeit erwiesen sich die institutionalisierten Beteiligungsoptionen an Fall- bzw. Hilfeentscheidungen als zentrale ‚Einflussgrößen', was auch selbstbewusst von beteiligten ASD-Fachkräften ausgedrückt wird:

„Entscheiden muss ich das, und ich hab auch die Federführung, ne, also ich hab ja die Verantwortung drauf" (I1: Z. 350 f.).

„Aber letztendlich bleibe ich immer Entscheidungsträger oder wir im ASD" (I1: Z. 864 f.).

In Hinblick auf das Zustandekommen von Fallentscheidungen wird jedoch von *allen* Interviewpartnern bzw. -partnerinnen den ASD-Fachkräften bzw. der öffentlichen Jugendhilfe eine Schlüsselrolle attestiert. Demnach obliegt die Fallentscheidungsberechtigung bzw. Fallentscheidungspflicht ausschließlich den Fachkräften des öffentlichen Trägers – unter Beteiligung der Adressaten und Adressatinnen. Im Zusammenhang mit der Anerkennung dieser Funktion bzw. dieser spezifischen Aufgabe und Verpflichtung der ASD-Fachkräfte, wird vor allem deren *(persönliche) Verantwortung* in Bezug auf die Fallentscheidung herausgestellt. Diese Verantwortung legitimiert die Entscheidungsberechtigung und mit ihr wird insbesondere im Zusammenhang mit heiklen und besonders eingreifenden Fallentscheidungen, wie Fremdunterbringung und/oder anderen Aktivitäten zur Kindeswohlsicherung, argumentiert. Von besonderer Bedeutung ist in diesem Kontext das sogenannte staatliche Wächteramt[99] der öffentlichen Jugendhilfeakteure bzw. -akteurinnen, welches sie – in Kooperation mit den Familiengerichten – zum Eingriff in das Elterngrundrecht der Erziehung berechtigt.

---

99  Die ASD-Fachkräfte sind hierbei als Vertreter bzw. Vertreterinnen des Staates qua Gesetzesauftrag ausdrücklich mit Fragen des Kinderschutzes bzw. Aufgaben im Kontext der Verhinderung von Kindeswohlgefährdung betraut: vgl. Art. 6 Abs. 2 Satz 2 GG.. Konkretisierungen des abstrakten Schutzauftrags finden sich im Bürgerlichen Gesetzbuch (BGB) im Hinblick auf die Aufgaben der Familiengerichte sowie im SGB VIII.

## 4.2 Sinnformeln – (Be-)Deutungen der Sozialraumteamarbeit

Diese institutionalisierte (Zu-)Teilung von Entscheidungsverantwortung in Bezug auf Fallentscheidungen strukturiert die Arbeitsprozesse im Sozialraumteam insofern, als dass sie von den Akteuren und Akteurinnen repräsentiert und reproduziert wird. In Anbetracht dessen erweist sich die jugendhilferechtlich festgelegte Differenzierung von Verantwortungspflichten und Entscheidungsbefugnissen zwischen öffentlichen und freien Trägern im Hilfe(plan)verfahren als strukturelle Bedingung, die die Prozesse im Sozialraumteam vorstrukturiert.[100]

Die miteinander konkurrierenden Sinnformeln und die Durchsetzung der Sinnformel Fallberatungsarbeit werden hier als Repräsentation spezifischer Machtrelationen und der institutionalisierten Verteilung von (legitimierten) Partizipationsmöglichkeiten an Fallentscheidungen in der Jugendhilfe gelesen. Demgemäß erweisen sich die unterschiedlichen Positionierungen der Akteure und Akteurinnen im Feld hinsichtlich ihrer Entscheidungsberechtigung und -verantwortung im Prozess der Sinnsuche als wirkmächtig. Die Beantwortung der existenziellen Grundfrage ‚wozu treffen wir uns eigentlich?' wird darüber abgeleitet.

Mit der Durchsetzung der Fallberatungsarbeit wird die Sinnformel ‚Fälle entscheiden' *vorläufig* zum Schweigen gebracht. In den Sozialraumteams in A-Stadt werden somit keine verbindlichen, professionellen Fallentscheidungen produziert, aber Entscheidungen mindestens vorbereitet (s.w.u.).

Neben der fallbezogenen Beratungsarbeit bildet die so genannte *fallunspezifische Arbeit* einen Teilbereich der Sozialraumteamarbeit. Dieser wird auch in der Geschäftsordnung repräsentiert, gegenüber der dominierenden Sinnformel Fallberatungsarbeit kommt dem Arbeitsbereich aber wenig Aufmerksamkeit zu:

„Es sind natürlich auch fallunspezifische Sachen, die wir rein bringen sollten, ähm, für die ist aber oftmals gar keine Zeit, für die ist einfach keine Zeit. Die Fälle fressen solche Dinge auf (I1: Z. 143 ff.).

Die Mitglieder der Sozialraumteams in A-Stadt fassen unter fallunspezifischer Arbeit verschiedene Aufgaben und Themen, die aber im Vergleich zu den Schil-

---

100 Eine interessante, mit dem vorliegenden Material jedoch nicht zu beantwortende, empirische Fragestellung in diesem Zusammenhang wäre, ob und wie sich mit den massiven rechtlichen und verfahrenstechnischen Neuerungen zur Organisierung der Kinderschutzarbeit Verschiebungen abzeichnen. Denn mit der Reform des SGB III durch das 2005 in Kraft getretene Kinder – und Jugendhilfeweiterentwicklungsgesetz (KICK) wird Kinderschutz bzw. die Aktivitäten und Verfahren zur Kindeswohlsicherung verstärkt auch zur Aufgabe der freien Träger erklärt – vgl. Wiesner 2006.

derungen der fallbezogenen Arbeit, relativ undetailliert beschrieben werden.[101] Fallunspezifische Arbeit umfasst dabei beispielsweise das Besprechen schwieriger Situationen im Zusammenhang mit enormen Arbeitsbelastungen. Des Weiteren werden in diesem Rahmen Entwicklungstendenzen im Stadtteil aber auch andere strukturelle Entwicklungen (z. B. Hartz-Gesetzgebung) bzw. deren Auswirkungen auf die Adressaten und Adressatinnen besprochen. In dem Zusammenhang wird darauf verwiesen, dass der (Informations-)Austausch im Sozialraumteam zumindest teilweise für eine aktive Problematisierungs- bzw. Einmischungsarbeit auf anderen (lokalen) Ebenen genutzt wird. So verstanden tragen die in den Sozialraumteamsitzungen gebündelten Erfahrungen der Akteure bzw. Akteurinnen zentraler Jugendhilfeinstitutionen im weitesten Sinne zu einer kommunalen Sozialpolitik sowie (darüber vermittelt) zu Aushandlungsprozessen über (infra-)strukturelle Rahmungen von Leben und Arbeiten bei.

Diese Möglichkeiten der fallunspezifischen Arbeit werden aber nur vereinzelt wahrgenommen und weisen ein vergleichsweise geringes Strukturierungspotential in Bezug auf die Interaktionsordnungen und -verläufe im Sozialraumteam auf. Als ausschlaggebender Grund hierfür wird das enorme Arbeitsvolumen, insbesondere der ASD-Fachkräfte,[102] und die damit notwendige Fokussierung auf das Kerngeschäft Fallarbeit angegeben.

### 4.2.1.1 Die Prozessierung der Fallberatungsarbeit

Mit dem Begriff der professionellen Beratung[103] verbindet sich zuvorderst die Vorstellung einer Interaktionssituation mit mindestens zwei Teilnehmern bzw. Teilnehmerinnen. Beratungssituationen differieren über die je beteiligten Personen und können darüber hinaus auch systematisch anhand folgender Kriterien unterschieden werden:

- *nach Problembereichen bzw. Anlässen der Beratung*: Schuldnerberatung, Drogenberatung, Eheberatung, Rechtsberatung, Organisationsberatung, Flüchtlingsberatung etc.
- *nach (professionellen) Akteuren bzw. Akteurinnen*: sozialpädagogische Beratung, juristische Beratung, philosophische Beratung etc.

---

101 In anderen Arbeitszusammenhängen – außerhalb der Sozialraumteamtreffen – wird den fallunspezifischen Aktivitäten eine höhere Relevanz eingeräumt, vor allem die freien Träger scheinen verstärkt fallunspezifische Arbeit zu leisten.
102 Z. B. bedingt durch einen hohen Krankenstand oder die Nichtbesetzung von Stellen.
103 Zu den Unterschieden zwischen Alltagsberatung und professioneller Beratung vgl. Galuske 2003: 171 ff.

## 4.2 Sinnformeln – (Be-)Deutungen der Sozialraumteamarbeit 105

- *nach genutztem Kommunikationsmedium*: face-to-face-Beratung, telefonische Beratung, Internetberatung, Ratgeberliteratur
- *nach Methode*: systemische Beratung, sozialpädagogische Beratung, klientenzentrierte Beratung etc.
- *nach institutionellem Kontext*: Beratungsstellen, Beratungssprechstunden, aufsuchende Angebotsformen.

Wenngleich plurale Beratungsformen oder Beratungssituationen unterschieden werden können, ist ihnen eine spezifische Rollenteilung ihrer Teilnehmer und Teilnehmerinnen in Ratsuchende und Ratgeber bzw. Ratgeberinnen gemeinsam, die während der Beratungssituation nicht aufgehoben wird. Ein idealtypischer Verlauf einer face-to-face Beratungssituation zeichnet sich dadurch aus, dass sich Akteur bzw. Akteurin A mit einem (Handlungs-)Problem an Akteur bzw. Akteurin B wendet und sich von ihm bzw. ihr Lösungsvorschläge erwartet. Damit übernimmt A in der Beratungssituation die Rolle der bzw. des Ratsuchenden und B die Rolle des Ratgebers bzw. der Ratgeberin. B ist somit aufgefordert, A Ratschläge zu unterbreiten. Die Ratschläge dienen in der Regel dazu, Handlungsmöglichkeiten zu eröffnen, vorzubereiten oder abzusichern – also ein spezifisches Handlungsproblem der Ratsuchenden zu bearbeiten. Die ‚Logik' einer Beratungssituation impliziert demnach mindestens zwei Teilnehmer bzw. Teilnehmerinnen in einer spezifischen und permanenten, ‚irreversiblen' Rollenteilung und die Reflexion von Handlungsproblemen unter der Bedingung der Handlungsentlastetheit.

Im Kontext der Sozialen Arbeit stellen Beratungssituationen typische Situationen dar. Innerhalb der Methodendiskussion wird Beratung als sozialpädagogisches Handlungskonzept und Handlungstyp diskutiert sowie als eigenständige und/oder Querschnittsmethode gefasst (vgl. Galuske/Müller 2005, Meinhold 2005). Nach Mollenhauer (1965) ist Beratung eine eigenständige pädagogische Handlungsform, mit der eine kritisch-reflexive Sichtweise angeregt werden kann, die unter Umständen zur Problemlösungen beiträgt. Thiersch (2005: 129 ff.) charakterisiert eine *lebensweltorientierte* Beratung als alltagssensibles Deutungsangebot, welches sich durch den Respekt vor der Autonomie der Ratsuchenden auszeichnet.[104]

Nestmann/Sickendiek (2005: 140) wiederum definieren Beratung als „eine Form der helfenden Interaktion zwischen zwei oder mehreren Beteiligten, bei der BeraterInnen ratsuchende KlientInnen dabei unterstützen, in Bezug auf eine Frage oder ein Problem an Orientierung, Klarheit, Wissen, an Bearbeitungs- und Bewältigungskompetenzen zu gewinnen". Beratung ist demnach ein von Bera-

---

104 Vgl. zusammenfassend zur Abgrenzung von Beratung und Therapie: Galuske 2003.

tern bzw. Beraterinnen und Ratsuchenden gestalteter Kommunikations- und Interaktionsprozess, der sich in der Analyse von Zuständen und Bedingungen und – davon ausgehend – im Entwurf von Entscheidungs- und/oder Handlungsalternativen realisiert. Hierbei werden im Idealfall Orientierungs-, Planungs-, Handlungs- und Reflexionshilfen erarbeitet, die selbstbestimmte Entscheidungen und selbstverantwortete Problemlösungen ermöglichen.

Obgleich der Begriff Beratung zumeist mit Freiwilligkeit assoziiert wird – siehe das Wort Ratsuchender bzw. Ratsuchende – sind viele Beratungssituationen in der Sozialen Arbeit dadurch gekennzeichnet, dass die Adressaten und Adressatinnen eher unfreiwillig an diesen spezifischen Interaktionssituationen teilnehmen. Beratungen werden mithin zur verpflichtenden Auflage bzw. als Mittel im Zusammenhang mit Gewährungs- und Aufsichtsfunktionen genutzt. Beratungsprozesse entfalten sich dann in dem für Soziale Arbeit konstitutiven Spannungsfeld von Hilfe und Kontrolle (vgl. Thiersch 2005: 139 ff). In Beratungssituationen, in denen Lebensführungspraktiken immer auch kontrolliert und evaluiert werden (z. B. Drogenberatung, Erziehungsberatung) wird der fachliche Grundsatz, die Autonomie der Ratsuchenden zu achten bzw. selbstbestimmte Entscheidungen zu ermöglichen, insoweit eingeschränkt, als dass unter bestimmten Bedingungen professionelle Interventionen legitimiert werden, die der Autonomie der Ratsuchenden entgegenstehen.

Auch die Fallberatungsarbeit im Sozialraumteam entspricht keiner völlig frei gewählten Beratungssituation. Da die Sozialraumtreffen einen integralen Bestandteil des *beruflichen* Alltags darstellen, würde eine Verweigerung mindestens arbeitsrechtliche Konsequenzen für die Fachkräfte nach sich ziehen. Von sozialarbeitstypischen Beratungssituationen unterscheiden sie sich zudem darüber, dass nur sozialarbeiterisch tätige Fachkräfte und gegebenenfalls Mitglieder anderer Professionen bzw. Berufsgruppen an ihnen teilnehmen.

Mit der nachfolgenden Rekonstruktion der Fallberatungsarbeit werden die Tätigkeiten beschrieben, mit denen diese Sinnformel auf der Interaktionsebene erzeugt wird. Eingedenk dessen, dass Phänomene nicht über die ausschließliche Befassung mit vorgegebenen Ordnungen angemessen beschrieben werden können, sondern vielmehr die Interaktionen der involvierten Akteure und Akteurinnen betrachtet werden müssen – ihre Arbeit(en) –, richtet sich der Blick nun auf ihre je spezifischen Rollen, Positionen und Arbeitsprozesse, mit denen sie die Sinnformel (re-)produzieren. Die entsprechenden Tätigkeiten bilden den *Arbeitsbogen*,[105] mit dem die Fallberatungsarbeit vollzogen wird. Darüber werden die prozessualen Aspekte ihrer Erzeugung und Aufrechterhaltung betont.

---

105 Das Konzept des Arbeitsbogens wurde vor allem von Strauss und Gerson entwickelt: „an arc of work consists of all the tasks which go into carrying out a particular project" (Gerson 1983: 3 zit. nach Strübing 2005: 210).

## 4.2 Sinnformeln – (Be-)Deutungen der Sozialraumteamarbeit 107

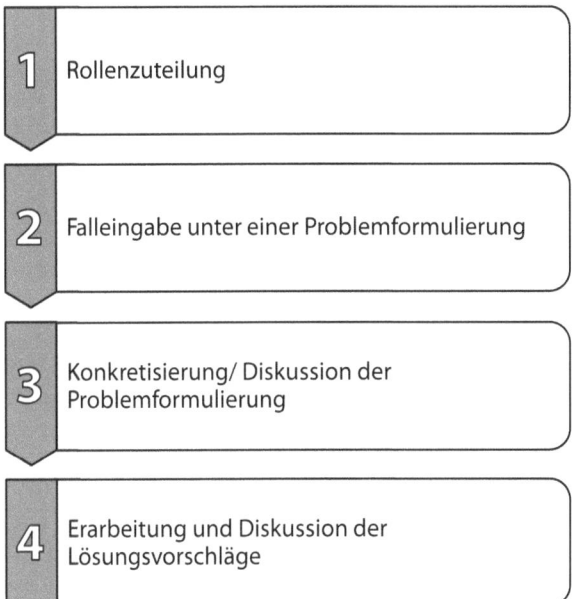

*Abbildung 6:* Arbeitsbogen der Fallberatungsarbeit

Eröffnung: Rollenzuteilung und Falleingabe mit Fragestellung

Der Arbeitsbogen Fallberatungsarbeit wird *während* der Sozialraumteamsitzung über die gemeinsam vorgenommene Rollenzuteilung eröffnet. Dabei werden explizit[106] folgende Rollen besetzt: Moderator/Moderatorin, Protokollant/Protokollantin, Falleingeber/Falleingeberin, Perspektivwechsler/Perspektivwechslerin.[107] Im Anschluss an die Rollenzuteilung erfolgt die sogenannte *Falleingabe* unter einer vom Falleingeber bzw. von der Falleingeberin gewählten Fragestellung.

> „Also man muss immer alles das ins Team bringen, eigentlich, was so nach Hilfe zur Erziehung riecht" (I1: Z. 88 f.).

---
106 Die Rollen der Berater bzw. Beraterinnen werden nicht explizit besetzt.
107 Die Perspektivwechsler bzw. Perspektivwechslerinnen nehmen die Adressaten- bzw. Adressatinnenrolle der jeweiligen Fallgeschichte ein.

„Und ähm dann gibt es eine konkrete Fragestellung zu dem Fall. Also zum Beispiel, wie gehe ich mit dem Antrag auf Hilfe zur Erziehung um, wenn ne Mutter einen Antrag gestellt hat und vielleicht noch nicht klar ist, soll das ne Hilfe werden, soll's keine Hilfe werden, gibt es andere Möglichkeiten. Oder was ist hilfreich und unterstützend für die Familie? Oder wie geh ich mit dem Verdacht auf sexuellen Missbrauch äh in der Familie um. Also immer unter einer ganz konkreten Fragestellung wird dieser Fall präsentiert" (I2: Z. 116 ff.).

Der Fallbegriff in dieser Textstelle zeigt an, dass die Fallberatungsarbeit in den Sozialraumteamsitzungen auf einer bereits vorab geleisteten, spezifisch professionellen Leistung basiert; die Konstruktion einer Fallgeschichte in *Vorbereitung* auf das Treffen, die wiederum auf den Gesprächen zwischen ASD-Fachkräften und Adressaten bzw. Adressatinnen basiert. Mit der Konstruktion von Fallgeschichten werden *Fälle produziert*. Das heißt, Fälle liegen nicht einfach vor, sondern werden erst durch die Arbeit sozialpädagogischer Fachkräfte hergestellt, indem Individuen in ihren „relevanten Aspekten etabliert und bearbeitbar gemacht werden" (Hitzler/Messmer 2008: 250) und somit zu einer sozialen Adresse.

Mit dem Einbringen und Darstellen eines anonymisierten Falls bzw. einer Fallgeschichte sowie einem dazu formulierten Handlungsproblem, konstituieren die Falleingeber/Falleingeberinnen den Gegenstand der Fallberatungsarbeit. Von Bedeutung ist hierbei, dass im Sozialraumteam ausschließlich die ASD-Fachkräfte diese Rolle einnehmen. Im Zentrum stehen demnach Handlungsanforderungen und/oder Entscheidungsaufgaben, wie sie sich im Berufstalltag der ASD-Fachkräfte in den verschiedenen Interaktionssituationen mit Adressaten und Adressatinnen darstellen. Die entsprechenden Fragestellungen fokussieren drei Ebenen der Fallarbeit: die Ebene des individuellen, professionellen Handelns: ‚was soll ich tun?', die organisatorisch-institutionelle Ebene: ‚welche Hilfe ist die richtige?' sowie die Ebene der Adressaten/Adressatinnen: ‚X hat Problem Z'. Diese Ebenen entsprechen Typen oder Perspektiven von Fällen (vgl. Müller 2006).[108] Mit der Formulierung des Handlungsproblems wird einerseits eine thematische Engführung geschaffen und andererseits der Übergang zur Beratungssituation im engeren Sinne geschaffen. Der Falleingeber bzw. die Falleingeberin wird mit der Formulierung des Handlungsproblems zum Ratsuchenden bzw. zur Ratsuchenden und die anderen Teammitglieder zu Ratgebern bzw. Ratgeberinnen.

---

108 B. Müller unterscheidet in seinem Konzept der multiperspektivischen Fallarbeit, welches der Reflexion sozialpädagogischer Interventionen dient – vgl. Galuske 2003: 198 f. – zwischen dem Fall von, dem Fall für sowie dem Fall mit sowie zwischen Verwaltungsarbeit, Verweisungsarbeit und Beziehungsarbeit.

## 4.2 Sinnformeln – (Be-)Deutungen der Sozialraumteamarbeit 109

Die Auswahl der einzubringenden Fälle bzw. einzelfallbezogenen Handlungsprobleme *orientiert* sich an den entsprechenden Passagen der Geschäftsordnung, wonach prinzipiell jeder Fall der Hilfen zur Erziehung in jeglichem Prozessstadium in das Sozialraumteam eingebracht werden kann: *neue* Fälle, *laufende* Fälle und/oder *zu beendende* Fälle. Diese Vorgabe wird situativ und eigensinnig gehandhabt. So werden beispielsweise Fälle, die eigentlich ins Sozialraumteam eingebracht werden sollten, dann nicht eingebracht, wenn die Vorbereitungszeit unzureichend ist oder zu hoher Handlungsdruck („Notfälle') herrscht. Diese eigensinnige Selektierung der Fälle durch die falleingebenden ASD-Fachkräfte führt unter Umständen zu Nachfragen bzw. Aufforderungen, die Selektionen zu erklären (s.w.u.).

Konkretisierung und Diskussion der Problemformulierung/Fallgeschichte

Im Anschluss an die Darstellung der Fallgeschichte sind die anderen Mitglieder des Sozialraumteams aufgefordert, zu agieren. Zunächst können sie Verständnisfragen stellen sowie das *Passungsverhältnis von formuliertem Handlungsproblem und Fallgeschichte* thematisieren. Der Verfahrensschritt endet mit der Festlegung einer Fragestellung.

Die Nachfragerunde endet mit der Frage des Moderators (Herr P.) an die Runde, ob denn die Fragestellung der Falleingeberin eigentlich die richtige Fragestellung sei. Dieses wird von mehreren Teilnehmern und Teilnehmerinnen verneint. Daraufhin fordert Herr P. sie auf, der Falleingeberin eine andere Fragestellung vorzuschlagen. Formuliert werden hierauf folgende Vorschläge: „Was machen wir als Helfer?", „Wie komme ich zu einer Entscheidung als Helfer?", „Wie gehen wir mit dem Wunsch des Kindes um?" Hinsichtlich des letzten Vorschlages formuliert Herr P. deutliche Einwände. In dem Zusammenhang widerspricht er der ‚Wunsch-Deutung' einer Fachkraft, wonach sich das Kind wünsche, wieder bei der Mutter zu leben und auch die Mutter sich wünscht, das Kind zurückzuholen. Die Falleingeberin reagiert auf den Widerspruch des Moderators mit offensichtlichem Unbehagen und wirft ein, dass sie die Zurückweisung der ‚Wunsch-Deutung' nicht versteht. Herr P. antwortet darauf, dass er zwischen Wünschen und Äußerungen unterscheidet. Daraufhin schweigen alle. Herr P. beendet das Schweigen mit der ‚endgültigen' Umformulierung der Frage: „Wie gehe ich mit den geäußerten Wünschen um?" und leitet die Ideenbörse ein. An dieser Stelle erfolgt ein Hinweis an die Gäste, dass sie sich jetzt zurücklehnen können (B1: S. 6 f.).

Erarbeitung der Lösungsvorschläge und Beendigung der Beratungsarbeit

Nach der Konkretisierung und Diskussion der Problemformulierung werden Ideen zu Beantwortung der gestellten Frage gesammelt und Lösungsvorschläge erarbeitet. Damit übernehmen die Mitglieder des Sozialraumteams ihre Ratgeber- bzw. Ratgeberinnenrolle und formulieren aus dieser Rolle heraus Handlungsvorschläge. Der Falleingeber bzw. die Falleingeberin hält sich dabei zurück.

> „Ja und wenn dann alle Ideen erschöpft sind, keiner mehr ne Idee hat, dann darf sich der Sozialarbeiter wieder einbringen und darf dann konkretisieren und sagen, also für meinen Fall würde ich gerne das und das und das in Anspruch nehmen, mit den Eltern besprechen oder auch umsetzen. Ähm sind alle der gleichen Meinung, äh dann ist das wertfrei, dann ist das ja ok, mach das so, denn ne es ist ok, aber es gibt auch ab und an Diskussionen" (I2: Z. 165 ff.).

Im Anschluss daran folgt die Bearbeitung und Konkretisierung der Ideen, indem der oder die Ratsuchende die eingebrachten Vorschläge bewertet und sie in Bezug zur Fallgeschichte bzw. dem Handlungsproblem setzt. Diese Bewertung wird in einer Reflexionsschleife wiederum durch die Ratgeber und Ratgeberinnen begutachtet und kann zu weiteren Modifizierungen führen. Die erarbeiteten, selektierten und abgestimmten Vorschläge/Handlungsempfehlungen werden in ein Protokoll aufgenommen, womit das Ende der Fallberatungsarbeit angezeigt wird. Das Ergebnis der Fallberatungsarbeit besteht folglich in der (kollektiven) Transformation einer Fallgeschichte. In diesem Sinne finden im Sozialraumteam Prozesse der Fallproduktion statt.

### 4.2.1.2 Fallberatungsarbeit als Prozesse der Fallproduktion unter Bedingungen von Unsicherheit

Die Produktion und Transformation von Fallgeschichten – in und außerhalb der Sozialraumteams –, die sich im Deuten, Verstehen und Interpretieren vielfältiger Sinneseindrücke aus den jeweiligen Interaktionssituationen vollzieht, kann als *professionelle Urteilsbildung* konzeptionalisiert werden, welche spezifische, professionelle Fähigkeiten erfordert (vgl. zur professionellen Urteilsbildung Taylor/White 2001 2006, Abbott 1988). Demnach werden die erlebten Eindrücke in ein professionelles Urteil über die Situation transferiert. In diesem Konstruktionsprozess greifen die Fachkräfte auf habitualisiertes *Deutungswissen* zurück, welches mit dem *Erleben* abgeglichen wird. Deutungswissen liefert Erklärungen für (praktische) Problemstellungen und meint hier sowohl Fach- als auch All-

## 4.2 Sinnformeln – (Be-)Deutungen der Sozialraumteamarbeit 111

tagswissen (vgl. Michel-Schwartze 2002: 11 ff.). So verstanden, bilden auch die je subjektiven und lebensweltlichen Erfahrungen der professionellen Akteure und Akteurinnen eine Dimension des Deutungswissens. Der Rückgriff auf Routinen und Deutungswissen im Berufsalltag wird dabei durch die Verschiedenheit der Fälle begrenzt. Die Fachkräfte sind aufgefordert, komplexe und sich ständig verändernde Handlungssituationen zu entschlüsseln und zu deuten sowie damit umzugehen, möglicherweise ‚falsche' Prognosen und Entscheidungen zu treffen. Der Umgang mit Unsicherheit ist demnach konstitutiv für professionelles Handeln (vgl. Michel-Schwartze 2002, Combe/Helsper 2002, Schütze 1994) und es kann keine absolute Sicherheit dahingehend erreicht werden, ob die Urteilsbildung als „Kategorisierung und Typisierung der jeweiligen konkreten Projekt- bzw. Fall-Lage" diese angemessen erfasst (Schütze 1996: 192). Fallkonstruktionen sind demgemäß nur begrenzt routinisierbar und verlangen immer professionelle Deutungsleistungen der Akteure und Akteurinnen unter der Bedingung prinzipieller Ungewissheit.

> „Aber es ist manchmal schon schwer gewesen, äh, für die Leute zu verstehen, dass wir Sachen, nicht jede Woche fünf, sechs, sieben neue Fälle eingegeben haben. Weil die einfach nicht da waren, teilweise. Fälle schon, aber nicht so äh vielleicht waren sie auch noch nicht reif, so dass wir entschieden haben, nee, also wir haben diesmal nichts, wir sind noch voll im Zuge und recherchieren" (I1: Z. 98 ff.).

Vor diesem Hintergrund wird die Quantität und Qualität der Informationen, das *Wissen über den Fall,* als bedeutsam für die Fallkonstruktion/-produktion durch die ASD-Fachkräfte im Vorfeld der Sozialraumteamsitzung charakterisiert. Dabei wird die Bedeutung von *sicherndem, objektiviertem Wissen,* wie beispielsweise in Akten fixiertes Fallwissen oder auch (Augen-)Zeugenwissen, herausgestellt. Beide Wissensträger, Akten und Zeugen/Zeuginnen, können in spezifischen Arenen – z. B. in Gerichtsverfahren – zur Legitimation und Erklärung von infrage gestellten, professionellen Handlungen und Entscheidungen genutzt werden. Eine andere Form sichernden Wissens sind (scheinbar) objektive, sichtbare Beweise:

> „Also ein blauer Fleck sagt uns oft mehr, als als nix, als nur irgendwelche Sachen, die man so erahnen kann. So schlimm wie das ist, aber manchmal ist das hilfreich" (I1: Z. 635 f.).

Sicherndes Wissen ist somit in zweierlei Hinsicht wichtig: zum einen trägt es dazu bei, Entscheidungsfindungsprozesse zu *rationalisieren* und zum anderen *sichert* es (darüber) die Legitimation getroffener Entscheidungen im Nachhinein.[109]

„Und das ist immer der Nachteil, bei den freien Trägern. Der die Leute persönlich nicht kennen gelernt hat bei einem neuen Fall, ich die aber kenne und die Umstände kenne" (I1: Z. 547 ff.).

„Der freie Träger, durch die, und wenn die jetzt kommen und sagen, in die Runde eingeben, ich glaube, wir sind hier auf dem falschen Weg, dann ist das auch mal, oftmals sehr hilfreich. Weil die haben einfach einen ganz anderen Einblick und da ist das Vertrauen dazu dann auch sehr groß. Das weiß der Träger auch" (I1: Z. 595 ff.).

In dem Zusammenhang werden unterschiedliche, institutionen-spezifische Zugänge und Strategien der Wissensbeschaffung aufgezeigt, die sich je nach Phase des Hilfeverlaufs sowie in Abhängigkeit von Nähe/Distanz zum Fall unterscheiden. Die Wissensbeschaffung wird dabei abhängig von den zeitlichen Ressourcen[110] sowie den spezifischen Kompetenzen des Fallkonstrukteurs bzw. der Fallkonstrukteurin beeinflusst. Aufgrund der institutionalisierten Arbeitsteilung hinsichtlich der Fallarbeit und deren Prozessierung, sind zu Beginn des Hilfeverlaufs bzw. Hilfe(plan)verfahrens die ASD-Fachkräfte diejenigen, die erste Gespräche mit den Familien und/oder Fremdmeldern führen. Sie verfügen somit über exklusive Zugangs- bzw. Erlebensmöglichkeiten zur bzw. der konkreten Fall-Lage. Auf Basis ihrer Deutungen produzieren sie eine *erste Fallgeschichte*. Geht der Fall hingegen im weiteren Hilfeverlauf in die Zuständigkeit der freien Träger über, werden die Positionen ‚getauscht' und die Fachkräfte der freien Träger verfügen dann über exklusive Zugänge und Möglichkeiten zur Wissensbeschaffung. Insgesamt wird in diesem Kontext die zentrale Bedeutung subjektiven Wissens bzw. Erlebens für die Fallkonstruktion herausgestellt. Legitimierte Beteiligungsmöglichkeiten an der Fallkonstitution bzw. den Fallproduktionsprozessen bestimmen sich demnach über die Fallnähe und damit einhergehende Möglichkeiten der Informationsbeschaffung.

Die Basis für die Fortschreibung der Fallgeschichte im *Sozialraumteam* bildet die *Darstellung* der Fallgeschichte in Form der Falleingabe, welche ebenso

---

109 Zu den Deprofessionalisierungspotentialen ausgeweiteter Dokumentationspflichten am Beispiel der Kinderschutzarbeit in Großbritannien argumentieren Scourfield/Welsh (2003: 400): „In the light of this risk/blame connection (…) Social workers have to make themselves auditable. In this climate it is not the right decision that is important, but the defensible one".

110 Zu geringe Zeitressourcen – sowohl bezogen auf die Zeit für die Wissensbeschaffung als auch auf die Zeit für die konkrete Vorbereitung der Falleingabe – beeinträchtigen die Qualität der Fallberatungsarbeit.

## 4.2 Sinnformeln – (Be-)Deutungen der Sozialraumteamarbeit

mit spezifischen Herausforderungen für die falleingebende Fachkraft verbunden ist:

> „Und es ist natürlich auch für uns auch sehr schwer, in so ner Kurzdarstellung das zu schildern, was ich in zwei, drei Gesprächen herausgehört habe" (I1: Z. 564 f.).

Betont wird mithin die Akteursgebundenheit der Wissensbeschaffung in Verbindung mit der Schwierigkeit, Erlebtes und Erfahrenes angemessen zu übermitteln. Die Präsentation der Fallgeschichte erfordert demgemäß spezifische Darstellungsfähigkeiten der falleingebenden Fachkräfte, da die anderen Teammitglieder keinen direkten Zugang zur Erlebenssituation haben (können). Neben dem Falleingeber bzw. der Falleingeberin erhalten während dieses Arbeitsschrittes auch die geladenen Gäste Rede-Rechte und können darüber vermittelt an der Fallkonstituierung mitwirken.

> In diesem Zusammenhang stellt Frau T. auch Fragen an die Gäste, ob sie aufgrund dessen, dass sie das Kind schon länger kennen, etwas zu ergänzen haben. Diese bestätigen im Großen und Ganzen die Schilderungen und ergänzen wenig. Die Mitarbeiterinnen der Heimeinrichtung schildern die Mutter als eher uninteressiert und unzuverlässig und bestätigen in diesem Zusammenhang die eingeworfene Aussage ‚es könnte also sein, dass sie gar nicht in die Runde gekommen wäre' (B1: S. 3).

Mit der Darstellung der Fallgeschichte unter einer bestimmten Fragestellung bzw. einem formulierten Handlungsproblem werden im Rahmen der Fallberatungsarbeit professionelle Urteile und Fall-Deutungen in einen „kasuistischen Raum" (Hörster 2003: 335) eingebracht und verhandelt und dabei bestätigt und/oder verworfen und/oder ergänzt.

> „Weil, weil ich denke, dass ist auch ganz wichtig, zu gucken ähm, wenn sie Familien so oder so erleben und jetzt vom Gefühl her denken, das könnte so oder so sein, entweder durch uns ne Bestätigung zu erfahren oder aber ne Auflösung zu erfahren oder aber nen neuen völlig neuen Horizont zu eröffnen, ne, der dann wieder Hoffnung macht und Mut. Ja, also so, so verstehe ich auch unsere Arbeit" (I5: Z. 605 ff.).

Die Fallberatungsarbeit entspricht innerhalb der Prozessierung von Fallentscheidungen einer *Reflexionsschleife*, mit der *Fallentscheidungen vorbereitet* und *Falldeutungen erarbeitet* werden. Damit werden während der Sozialraumteamsitzungen Fälle produziert bzw. bearbeitet und so zugerichtet, dass dem Handlungsproblem professionelle, institutionell verwaltete Lösungen zugeordnet werden können und dadurch professionelles Handeln ermöglicht[111] wird (vgl. ausführlich Pfadenhauer 2003 zur Figur des Professionellen als Lösungsverwalter).

In der Fallberatungsarbeit realisiert sich vor allem eine Idee der Rationalisierung professioneller Entscheidungen, wie sie in Konzepten der „kollegialen Beratung"[112] aufscheint. Der Begriff kollegiale Beratung steht dabei für Beratungsprozesse, an denen (spezifische) Akteure und Akteurinnen einer Gruppe (Profession) teilnehmen.

„Das natürlich wir als ambulanter Träger da ne andere Sicht haben als jemand der mit Kindern und Jugendlichen in ner stationären Hilfe arbeitet, das halte ich für klar und auch berechtigt. Dazu soll es ja auch sein, dass verschiedene Meinungen zusammenkommen. Wenn wir alle dieselbe Meinung haben, brauchen wir uns ja nicht zusammensetzen, uns da gegenseitig zu bestätigen" (I6: Z. 67 ff.).

„Ähm, dann denke ich auch, die unterschiedlichen Sichtweisen, die da sind, haben sich ja auch für diese Fallarbeit positiv zum Ausdruck gebracht. Und diese Vielschichtigkeit, die da ist, macht es total interessant, dann wenn dann der Fall bearbeitet wird, die unterschiedlichen Draufsichten dort zu bekommen. Unterschiedliche Fachlichkeiten sind da. Also, und ich denke das ist auch sehr gut für die Arbeit denn" (I2: Z. 53 ff.).

„Eine andere Sichtweise zu sehen, vielleicht auch da und da und daran mal zu denken, ohne dass ich gleich daran denken muss, aha, das ist der Fall, das müsste ich ja dem geben, da ist der Fall, das müsste ja eigentlich so" (I1: Z. 262 ff.).

Der zentrale (professionelle) *Zugewinn*, den die Akteure und Akteurinnen in Bezug auf die Fallberatungsarbeit im Sozialraumteam aufzeigen, besteht darin, mit der Fallberatungsarbeit *multiperspektivische ‚Draufsichten'* auf die Fallgeschichten und Handlungsprobleme zu entwickeln, weiterzugeben und/oder zu erhalten. Die multiperspektivischen Draufsichten gründen dabei auf:

- der je spezifischen Beteiligung der Professionellen in den unterschiedlichen Phasen im Hilfeverlauf und den entsprechend differenten Zugängen zu entscheidungs- und handlungsrelevanten Fallinformationen
- der Zugehörigkeit zu spezifischen Organisationen bzw. Institutionen (z. B. zu stationären oder ambulanten Einrichtungen oder Jugendamt) und daraus abgeleiteten Rollen und Funktionen

---

111 Eingeschlossen ist hierbei auch die Lösung der Nicht-Intervention bzw. das Verschieben des Falls an andere (professionelle) Instanzen.
112 Das ‚Label' kollegiale Beratung wird von zwei Interviewpartnerinnen auch explizit benannt.

## 4.2 Sinnformeln – (Be-)Deutungen der Sozialraumteamarbeit 115

- den unterschiedlichen Zugangsmöglichkeiten zu verschiedenen, subjektgebundenen Wissensarten: Fortbildungswissen (systemische Beratung, Ressourcentraining), stadtteilbezogenes Wissen, Deutungswissen.

Neben dem fallbezogenen Wissen in Zusammenhang mit den verschiedenartigen Zugängen, werden im Kontext der Fallberatungsarbeit im Sozialraumteam vor allem solche Informationen bzw. Wissensdimensionen der Fachkräfte als wichtig herausgestellt, die mit dem ‚Vor- Ort-Sein' der Fachkräfte in Verbindung stehen. Demnach verfügen die im Stadtteil oder Sozialraum ansässigen bzw. tätigen Fachkräfte über Informationen, die für die Fallarbeit genutzt werden können. Gemeint sind damit beispielsweise Kenntnisse über andere, jugendhilfeexterne Angebote oder Vereinsarbeit, aber auch das Kennen von nicht-professionellen, ehrenamtlich tätigen Personen. In dem Zusammenhang scheinen Konzepte wie Ressourcenorientierung Eingang in die Fall(beratungs)arbeit und fallbezogene Entscheidungsfindung der Fachkräfte gefunden haben (vgl. zusammenfassend Hamberger 2006). Den Ausgangspunkt bildet hierbei aber der Einzelfall. Die Ressourcenorientierung bleibt damit zuvorderst auf der Einzelfallebene verhaftet.

Neben der Fallberatungsarbeit im Sozialraumteam – als interinstitutionellem Arbeitssetting – werden auch innerhalb anderer professioneller Settings Varianten der kollegialen Beratung praktiziert und folglich Fälle hergestellt bzw. Fallgeschichten verhandelt und fortgeschrieben:

- in Gesprächen zw. ASD-Fachkräften und Adressaten bzw. Adressatinnen
- in trägerinternen Beratungen (ASD, freie Träger) – intra-institutionell
- in Hilfeplangesprächen
- in der (praktischen) Fallarbeit.

Diese Varianten unterscheiden sich einerseits über die organisatorisch-institutionelle Verortung der je teilnehmenden Akteure bzw. Akteurinnen sowie andererseits über den Grad ihrer Formalisierung und Methodisierung. Das heißt, neben den ‚methodisierten' kollegialen Beratungen finden auch informelle Fallberatungen zwischen ‚Tür und Angel' statt. Zudem werden im Zusammenhang mit spezifischen Fallkategorisierungen, wie dem Umgang mit Kindeswohlgefährdung, noch andere Verfahren praktiziert in die Akteure bzw. Akteurinnen anderer Professionen oder Berufsgruppen involviert sind (z. B. Familienrichter/-richterinnen oder Gutachter/Gutachterinnen). Die gegenseitige Anschlussfähigkeit der in den unterschiedlichen Interaktionssettings produzierten Fallgeschichten kann allerdings nur begrenzt hergestellt werden, was wiederum zu Problemen in der interinstitutionellen und/oder inter-organisationellen Zusammenarbeit führen kann. Überdies wird anhand der Aufzählung sichtbar, dass Adressaten und Adressatinnen nur eingeschränkte Zugangs- und Mitwirkungsmöglichkeiten haben an den Fallproduktionsprozessen, die sie betreffen, mitzuwirken.

### 4.2.1.3 Fallberatungsarbeit und Fallsteuerung

Aufgrund der institutionalisierten (und auch im Sozialraumteam reproduzierten) Rolle der ASD-Fachkräfte als Entscheidungsträger und Entscheidungsträgerinnen und ihrer damit einhergehenden Verpflichtung, Fallentscheidungen zu verantworten, werden die Beratungsergebnisse als Handlungsvorschläge bzw. Handlungsempfehlungen konzeptionalisiert. Das heißt, die mittels Fallberatungsarbeit hergestellten Problemlösungen[113] sind weder (rechts-)gültige Hilfeentscheidungen noch völlig unverbindliche Ideen. Wie oben beschrieben, betreffen die Vorschläge je nach Fragestellung der Falleingeber und Falleingeberinnen die (Handlungs-)Ebene der Fachkräfte – z. B. Entscheidungsdilemmata, die organisatorisch-institutionelle Ebene oder die (Handlungs-)Ebene der Adressaten bzw. Adressatinnen. Die Übermittlung der entwickelten Lösungen obliegt dabei der fallzuständigen ASD-Fachkraft: sie entscheidet sowohl darüber, ob sie die Vorschläge, die ihre Entscheidungen betreffen, annimmt, als auch darüber, welche Vorschläge und Empfehlungen an die Adressaten bzw. Adressatinnen weitergeleitet bzw. übermittelt werden. Diese Übermittlungsfunktion wird unterschiedlich und fallspezifisch ausgefüllt. Den Adressaten bzw. Adressatinnen werden nicht zwangsläufig alle im Team erarbeiteten Vorschläge vorgestellt, sondern die Vorschläge werden vorsortiert und/oder selektiert oder auch aufgrund neuer Entwicklungen[114] nicht übermittelt. Ausschlaggebend für die Übermittlung ist vor allem *die Bewertung der Vorschläge* durch die ASD-Fachkräfte in ihrer Rolle als *fallverantwortliche Entscheider und Entscheiderinnen*.

Demgemäß ist eine erfolgreiche *Angleichung der eingebrachten Perspektiven* die wesentliche Bedingung dafür, dass die mit der Fallberatungsarbeit erzeugten Problemlösungen Eingang in die Fallarbeit (außerhalb der Sozialraumteams) finden. Das heißt, obgleich die Perspektivenvielfalt die Fallberatungsarbeit fundiert (s.w.u.), erfordert die ‚Logik der Situation' eine Annäherung und Angleichung der unterschiedlichen Perspektiven der Fachkräfte an bestimmten Stellen. Zum einen ist eine Annäherung in Bezug auf die Problemformulierung notwendig – also hinsichtlich der Beurteilung, welches Problem eigentlich be-

---

113 Die Lösungen und Vorschläge werden protokolliert.
114 Aufgrund der zeitlich-räumlichen Einmaligkeit jeder Handelnssituation sind die reflexiv erarbeiten Vorschläge immer nur eingeschränkt ‚hilfreich', da nur eingeschränkt anschlussfähig an andere Interaktionsgelegenheiten. So werden auch Lösungen ad-hoc, im Gespräch mit den Adressaten bzw. Adressatinnen (zusammen) entwickelt.

## 4.2 Sinnformeln – (Be-)Deutungen der Sozialraumteamarbeit 117

arbeitet werden soll. Zum anderen – und damit in Zusammenhang stehend – sind auch die Problemlösungen aufeinander abzustimmen; beide Urteilsdimensionen sind wiederum nur analytisch zu trennen und aufeinander verwiesen.

Multiperspektivität eröffnet Handlungsoptionen und sichert

Mit der Fallberatungsarbeit werden spezifische Verfahrensschritte vollzogen, mit denen die Akteure und Akteurinnen ihre Perspektiven in spezifischen Rollen systematisch einbringen und verhandeln. Aus dieser kollektiven Bearbeitung eines Handlungsproblems und der daraus folgenden Transformation einer Fallgeschichte ergeben sich veränderte Betrachtungsmöglichkeiten auf Fall-Lagen bzw. Situationen, die wiederum neue Handlungsoptionen eröffnen können.

„Ja, es ist erstmal eine Entscheidungsfindung und eine Entscheidungshilfe. Also auch den Mitarbeitern Sicherheit zu geben, dass wenn sie die Entscheidung so treffen, dass wir auch fachlich dahinter stehen" (I5: Z. 600 ff.).

„Macht auch ein bisschen Sicherheit dann aus, wenn Verschiedene das auch benennen und sagen, ja, ok. Jetzt sagen mir fünf, sechs, entweder ist es ja, hab ich jetzt nicht gleich so drauf gedacht oder Mensch, gut, dass ihr mir das sagt oder so, also das ist schon ok, ne" (I2: Z. 177 ff.).

„Also für mich ist das Wichtige in diesen Sozialraumteamberatungen, dass man den Blick relativ weit hat, weil es in der Beratung, dass das nicht so von vornherein gleich so eingeengt ist, gibt ein Problem, gibt eine Familie, die sagt ja zur Familienhilfe, also gibt es Familienhilfe. Sondern das da schon im Zustandekommen von Hilfen dann auch bedacht wird, wo leben die und was gibt es da im Umfeld, was könnte da hilfreich sein, was gibt es noch an unterstützenden Zugängen, dass das so mitberaten wird" (I6: Z. 347 ff.).

Unter der Bedingung, dass eine Perspektivangleichung hergestellt werden kann und der Falleingeber bzw. die Falleingeberin von einer gemeinsam erarbeiteten, konsensuellen Falldeutung und entsprechenden Lösungsvorschlägen *überzeugt werden* kann, werden die entwickelten Vorschläge in Handlungssituationen außerhalb der Sozialraumteamtreffen überführt und entfalten mithin *eine (ab-)sichernde Wirkung für die verantwortlichen Entscheider und Entscheiderinnen*.

„Und wenn ich die dann für mich auch so rausgehe aus dem Team, dann ist die auch, dann ist die auch. Dann wird die eigentlich nur noch durch irgendwelche Umstände gekippt" (I1: Z. 840 ff.).

Dabei ist zu beachten, dass neben der erfolgreichen Perspektivenangleichung während der Sozialraumteamsitzungen, die tatsächliche ‚Verwendung' der kollektiv erarbeiteten Lösungen (auch) von Bedingungen außerhalb dieser Situation beeinflusst werden.

Verschärfung/Erzeugung von Handlungsdilemmata und Delegitimierung des Sozialraumteams

Die Möglichkeit, mit den Sozialraumteamsitzungen eine Draufsicht auf den Fall zu entwickeln bzw. zu bekommen, führt aber nicht quasi-automatisch und voraussetzungslos zur Lösung von Handlungs- und Entscheidungsproblemen. Können die Fachkräfte keine gemeinsame Fall- und Problemdeutung herstellen, – d. h. können die eingebrachten Perspektiven nicht angeglichen und keine konsensuellen Deutungen und Lösungen ausgehandelt werden –, beeinflusst dieses sowohl die Interaktionsverläufe während der Sitzung, die Arbeitsbeziehungen insgesamt sowie auch die bemühten Strategien der Entscheidungsfindung.

„Das war noch ziemlich am Anfang, da hatte ich einen Fall, den ich vorgestellt habe, wo ich eigentlich für mich ne Klarheit hatte. Man hat ja Visionen, wenn man einen Fall hat, was würdest du tun, du wartest ja nicht nur, bis das Team dann kommt und berät, man setzt sich ja auch damit auseinander. Und ich hatte eigentlich eine total andere Vorstellung als was dann aus dieser Teamrunde heraus kam. Habe dann so für mich gedacht, ja, na gut, das Team wird ja wohl Recht haben, kannst dich ja auch mal irren. Habe dann versucht, das umzusetzen und es ist total daneben gegangen" (I2: Z. 407 ff.).

„Es gibt natürlich auch Sachen, wo, die man einfach aus der Erfahrung heraus oder einfach auch aus dem, weil ich vielleicht eine Kindeswohlgefährdung sehe, meine Kollegen nicht, aber ich hab die Verantwortung, dann werde ich immer im Sinne meines Empfindens handeln, in solchen Fällen, wie gesagt, und wenn ich dann zum Gericht gehe, na. Weil letztendlich steh ich dann da, bis zur persönlichen Verantwortung hin. Geht irgendwas schief, steh ich vorm Gericht, weil ich fahrlässige, was weiß ich, Vernachlässigung meiner Arbeit oder dass ich eben irgendwas übersehen habe. Ich steh dann da und nicht die anderen und deshalb ist das schon wirklich ein Grat, ne" (I1: Z. 379 ff.).

Unter der Bedingung, dass die Perspektivangleichung nicht erfolgreich verläuft sowie der Positionierung der ASD-Fachkräfte als Entscheidungsträger bzw. Entscheidungsträgerinnen, wird die Fallberatungsarbeit weder als Unterstützung noch als Absicherung der Entscheidungsfindung bewertet. Vielmehr stellt sich dann die Herausforderung an die Fachkräfte, die Perspektiven/Deu-

## 4.2 Sinnformeln – (Be-)Deutungen der Sozialraumteamarbeit

tungen/Problemsichten miteinander abzuwägen und sich zwischen ihnen zu entscheiden. Die konstitutive Bedingung von Entscheidungshandeln – die nicht aufzulösende Unsicherheit/Ungewissheit – wird somit eher noch vergrößert. In diesem Kontext werden verschiedene Strategien genutzt:

- unsicheres Annehmen anderer Perspektiven: die ASD-Fachkraft befolgt die Vorschläge, obgleich sie nicht überzeugt ist
- Beharren auf der eigenen Perspektive: die ASD-Fachkraft handelt nach ‚eigenem Empfinden' und legitimiert diese Strategie über die persönliche Verantwortung
- Einbezug der ASD-Kollegen und Kolleginnen: die ASD-Fachkraft zieht zur Entscheidungsfindung die ASD-Kollegen und Kolleginnen zu Rate, denen als Mitglieder der gleichen Institution ein geteilter Erfahrungshorizont und die selbe Rolle unterstellt wird
- hierarchische Auflösung und/oder Einbezug externer Akteure und Akteurinnen: an der Entscheidungsfindung wird die Gruppenleitung bzw. Supervisor/Supervisorin beteiligt.

Diese Strategien werden also genutzt, um (Fall-)Entscheidungen zu treffen – jedoch nicht ohne Folgen für die Beziehungen und Interaktionen im Sozialraumteam: Denn wenn im Rahmen der Fallberatungsarbeit keine Perspektivangleichung hergestellt werden kann und/oder die Vorschläge der Ratgeber und Ratgeberinnen nicht angenommen bzw. ‚befolgt' werden, entspricht das einer Delegitimierung der Beratungsarbeit der Ratgeber und Ratgeberinnen und – zugespitzt – einer Negierung ihrer Professionalität.

„Es war ne fachliche Angelegenheit, die aber in eine persönliche Ebene abrutschte, sagen wir mal so. Also das eine war der Fall, der ist dann auch weiter geführt worden durch ne andere Kollegin und mit anderen Hilfsmitteln und auch durch Supervision und so weiter; aber es gab innerhalb des Teams zu diesem Fall ganz unterschiedliche Auffassungen. Also bestimmt, wir sind vielleicht sechs oder sieben, bestimmt vier unterschiedliche Auffassungen, wo auch unsere Chefin dann mit reingegangen ist, die aber letztendlich auch nicht helfen konnte, richtig. Weil es so kompliziert war und äh es ging dann auch alles über die gerichtliche Schiene. Also, aber dieser Abrutsch in die persönliche Ebene zwischen fast allen Mitarbeitern, die dort am Tisch saßen, die war so schlimm, das dann eben wie gesagt, es sehr schwierig war weiter zu arbeiten" (I1: Z. 434 ff.).

Die Schwierigkeiten in Zusammenhang mit der nicht erfolgreichen Perspektivangleichung bzw. den Alleingängen der ASD-Fachkräfte verdeutlichen aber zugleich, dass obgleich die institutionalisierten Entscheidungsträgerrolle der

ASD-Fachkräfte bestätigt sind, die Fallberatungsarbeit einen verbindlichen Teilschritt der professionellen (Hilfe-)Entscheidungsfindung darstellt und Fallberatungsarbeit und Fallentscheidung eng miteinander verwoben und primär personal und über unterschiedlichste ‚Wissensbestände' vermittelt sind.

### 4.2.2 Dominierende Sinnformel: Sozialraumarbeit (B-Stadt)

Die Arbeit der Sozialraumteams wird von den Befragten durchgängig mit niederschwelligen Konzepten und/oder einer sozialraumorientierten Sozialen Arbeit in Verbindung gebracht und über die (gemeinsame) Sinnformel Sozialraumarbeit gerahmt.

"Ähm insgesamt geht's ja darum um niederschwellige Arbeit" (I4: Z. 6).

"Wir arbeiten jetzt nicht nur in dieser Jugendhilfeeinheit [Stadtteilprojekt] zusammen sondern wenn wir hinausgehen in den Stadtteil und für die Bewohner dort etwas verändern wollen, dann nennen wir uns ein Gremium und bündeln das mit den anderen Kooperationspartnern zusammen, so" (I8: Z. 51 ff.).

"Äh, diese Sozialraumgremientreffen, dort ähm besprechen wir, was liegt im Sozialraum an. Äh, was, welcher Bedarf ist da, wo sollten wir uns drum kümmern" (I3: Z. 132 f.).

An dieser spezifischen Sinnformel und den damit verbundenen Arbeitsinhalten zeigt sich, dass die Mitglieder der Sozialraumteams ihre Arbeit vor allem mit Elementen des – lokalspezifisch adaptierten – Reformdiskurses zur sozialraumorientierten Ausrichtung der Jugendhilfe deuten und sie als (einen) Beitrag zur Realisierung entsprechender Umstrukturierungen verstehen.

Mit dem Begriff Sozialraumorientierung werden im Jugendhilfefachdiskurs Reformimpulse, konzeptionelle Ideen und Methoden sowie konkrete Umsteuerungen vor Ort chiffriert. Bei näherer Betrachtung dieses ‚Leitbegriffes' wird deutlich, dass sich in der ‚sozialpädagogischen Rede' von ‚der Sozialraumorientierung' (vgl. Kessl/Reutlinger 2007) äußerst *kontroverse* Positionierungen, Programmformeln und Verständnisse verbergen. Die Begriffskonturierungen und Bedeutungszusammenhänge können wie folgt zusammengefasst werden (in Anlehnung an Spatscheck 2008):

## 4.2 Sinnformeln – (Be-)Deutungen der Sozialraumteamarbeit

Sozialraumorientierung als ...

- hegemonialer Diskurs und/oder neues Paradigma (vgl. Sandermann/Urban-Stahl 2008),
- Bündelung bestimmter fachlicher Maximen (vgl. Köngeter et al. 2004: 78 ff.),
- Handlungsmethode (vgl. Galuske 2007),
- ein Arbeitsprinzip der kleinräumigen Neujustierung fachlichen Handelns zur Verbesserung der Angebote der Sozialen Arbeit (vgl. Kessl/Reutlinger 2007: 42),
- praktische Entwicklungsaufgabe vor Ort (vgl. Budde/Früchtel 2006: 27),
- Ermöglichung und Gestaltung von Lern- und Erfahrungsfeldern für subjektive Aneignungs-, Lern- und Partizipationsprozesse für Kinder und Jugendliche (vgl. Deinet/Reutlinger 2004, Böhnisch/Münchmeier 1993),
- administrativ begründete Hinwendung zu Stadtteilen mit ausgewiesenem ‚besonderem Entwicklungsbedarf' aus einer Perspektive der Stadtentwicklung im Rahmen einer Politik der Kleinräumigkeit (vgl. Kessl/Reutlinger 2007: 15, Reutlinger 2005),
- als generelles Fachkonzept zur (qualifizierten) Entwicklung und Steuerung von Angeboten sowie zur Gestaltung von Lebenswelten und Arrangements in Wohngebieten (vgl. Hinte 2006, Budde/Früchtel 2006).

Die Vieldeutigkeit und Deutungsoffenheit des Begriffes erfordert daher eine konkrete analytische Dechiffrierung/Dekonstruktion in den verschiedenen (Praxis-)Zusammenhängen. Trotz der unterschiedlichen Interpretationsfolien, scheint aber Einigkeit scheint darüber zu bestehen, dass Sozialraumorientierung nicht nur in theoretischen Fachdiskussionen Wirkmächtigkeit entfaltet, sondern insbesondere auch auf der sozialpädagogischen Handlungsebene angekommen ist (vgl. Sandermann/Urban-Stahl 2008). Dieses zeigt sich unter anderem an der Vielzahl von Modellen oder Modellprojekten, mit denen eine sozialräumliche Umsteuerung von Jugendhilfeangeboten und/oder der gesamten Jugendhilfeinfrastruktur von Kommunen anvisiert wurde und wird (vgl. z. B. die INTEGRA-Veröffentlichungen sowie Scheffer et al. 2001, Budde et al. 2006).

In einer systematischen Annäherung an die Debatte differenzieren Sandermann/Urban-Stahl (2008) zwei Ebenen der Sozialraumorientierung: (a) eine sozialgeographisch-infrastrukturell ausgerichtete Ebene und (b) eine aneignungstheoretisch-subjektorientierte Ebene. Legt man diese Systematik an die lokalen Reformpraxen in B-Stadt an, lässt sich eine starke Fokussierung der sozialgeographisch-infrastrukturell ausgerichteten Ebene nachzeichnen, während die aneignungstheoretisch-subjektorientierte Ebene eher unterrepräsentiert ist. Diese

Schwerpunktsetzung verdeutlichen die etablierten Kooperationsmodelle (wie Stadtteilprojekte und Trägerkooperation), die Einführung eines Sozialraumbudgets und der verfolgte Praxisschwerpunkt der niederschwelligen bzw. fallunspezifischen Arbeit. Insgesamt lässt sich dennoch keine einheitliche Interpretation des Leitbegriffs Sozialraumorientierung erkennen. Die (auch lokale) Mehrdeutigkeit zeigt sich insbesondere an den unterschiedlichen Erwartungen der Akteure und Akteurinnen, die sie mit dem Ausbau der niedrigschwelligen Angebote bzw. der Sozialraumarbeit sowie deren ‚Wirkungen' auf die Entwicklung der Fallzahlen der Hilfen zur Erziehung verbinden (s.w.u.).

Die *Sinnformel Sozialraumarbeit* entspannt sich dabei entlang von zwei inhaltlichen Dimensionen: einerseits findet in ihrem Rahmen ein *Informationsaustausch* zwischen den Fachkräften statt und andererseits sowie damit in Zusammenhang stehend umfasst Sozialraumarbeit *konsensorientierte Planungsprozesse*, die der Initiierung von oder Beteiligung an (gemeinsamen) niederschwelligen bzw. sozialraumorientierten Aktivitäten dienen. Die Sozialraumteamtreffen, die den organisatorischen Rahmen der Sozialraumarbeit bilden, sind wenig methodisch (vor-)strukturiert – eine ‚typische' Tagesordnung umfasst folgende Thematiken:

- Entwicklungen im Stadtteil/Sozialraum,
- die Arbeit der Stadtteilprojekte und/oder anderer Angebote der freien Träger,
- Ergebnisse und Themen anderer sozialräumlicher Gremien und Kooperationsformen (Stadtteilkonferenz, Ortsteilrunden etc.),
- Verständigung bzw. Planung gemeinsamer sozialraumbezogener Aktionen und Angebote,
- Informationen zur Budgetauslastung,
- Informationen über Entwicklungen und Tendenzen jugendhilfeexterner Organisationen und Institutionen.

Zu betonen ist in dem Zusammenhang, dass die inhaltliche und personelle Splittung der operativen Ebene in die Arbeitsbereiche einzelfallbezogene Koordinierungsaufgaben und sozialräumliche Aufgaben (s. o.) sich auf der Handlungsebene in der Etablierung äußerst unterschiedlicher Bearbeitungsmodi fortsetzt. Das heißt, für die vorgegebenen Aufgabenbereiche haben sich unterschiedliche Verfahrensweisen eingespielt: Die Mitglieder der Teameinheiten, die für die sozialräumliche Aufgabenwahrnehmung zuständig sind, treffen sich regelmäßig[115] und face-to-face. Demgegenüber haben sich hinsichtlich der Bearbeitung der einzel-

---

115 Ca. sechs- bis achtmal jährlich.

## 4.2 Sinnformeln – (Be-)Deutungen der Sozialraumteamarbeit 123

fallbezogenen Aufgaben sowohl Modifikationen der diesbezüglich vorgegebenen Aufgabenstellung(en) als auch der Verfahrensweise herausgebildet (s.w.u.).

### 4.2.2.1 Dimension der Sozialraumarbeit: Informationsaustausch

Aus der exemplarischen Darstellung der Tagesordnung ist ersichtlich, dass der Informationsaustausch einen wesentlichen inhaltlichen Aspekt der Sozialraumarbeit darstellt. Die während der Treffen eingebrachten und besprochenen Informationen betreffen wiederum verschiedene Ebenen:

Sozialraum- bzw. stadtteilbezogene Informationen

Sozialraumbezogene Informationen umfassen dabei Informationen zu Angeboten, Veranstaltungsterminen sowie zu Problemlagen (wie Lärmbelästigung, Spielplatzverschmutzung). Hierbei fungiert das Sozialraumteam als *Informationsknotenpunkt* und sozialräumliches Wissen wird zur Ressource für die fachliche (Fall-)Arbeit. Das heißt, die Fachkräfte nutzen die sozialraumbezogenen Informationen in ihrer alltäglichen Arbeit, indem sie beispielsweise Besucher und Besucherinnen der Stadtteilprojekte über Veranstaltungen informieren oder in Beratungsgesprächen auf verschiedene, nahräumliche Angebote hinweisen – darüber erweitert sich die „Palette der Möglichkeiten, die ich anbieten kann" (I7: Z. 371 f.). In dem Zusammenhang werden unterschiedliche Wissensniveaus der Akteure und Akteurinnen konstatiert, wobei insbesondere ‚im Stadtteil unterwegs sein' mit wertvollem Insiderwissen und konkreteren Einblicken in lokale (Problem-)Zusammenhänge verknüpft wird.

Organisationsbezogene Informationen

Neben sozialraumbezogenen Informationen werden des Weiteren trägerinterne Entwicklungen und zukünftige Trends/Themen besprochen, angekündigt und/oder angedacht, die die im Sozialraumteam repräsentierten Träger betreffen.

„Mittlerweile ist die Atmosphäre, hat sich das ein bisschen verändert dahingehend, dass wir uns gegenseitig auch mal ähm bisschen Interna erzählen, also wir sind relativ offen was so, wenn wir was kritisch sehen, das benennen wir da auch ganz offen den Trägern gegenüber, von dort kommt dann wiederum auch mal durchaus auch Dinge, wo, wenn man denkt, boah, die sind ja mutig oder die ist mutig, dass die das jetzt hier benennt in dem Rahmen, uns gegenüber, uns das so mitzuteilen, könnte ja auch nach hinten losgehen. Ist noch nie nach hinten losgegangen, haben wir jetzt nicht ausgenutzt, aber, also es hat sich so ein bisschen so eine vertrauensvolle Atmosphäre durchaus schon entwickelt so im Miteinander" (I7: Z. 81 ff.).

In dem Kontext wird zum einen die je aktuelle Budgetauslastung thematisiert und darüber zugleich die Frage der Fallverteilung (Zuweisung) angesprochen.

„Ja, also die, unsere Frau S. , das ist unsere Sozialraumgremium-Sprecherin vom TS1, die gibt dann so einen kurzen Überblick über das Budget wie, wie die Budgetauslastung ist, ob noch Hilfen angenommen werden können, ob's gerade schwierig wird und ob deswegen dann Gespräche auf anderen Ebenen stattfinden, weil äh die Finanzen zu knapp sind ähm, fragt dann auch uns ab, sind Hilfen zu erwarten, kommt was rein ähm müssen sie was bedienen. So das besprechen wir miteinander" (I7: Z. 96 ff.).

„Und die haben sich entschlossen, da wir ja ne Budgetierung haben, ne Budgetierung bedeutet Anfang des Jahres kriegen die vier freien Träger ein gewisses Budget aus dem sie schöpfen können, damit sie eine ja im Prinzip Personensicherheit Planungssicherheit haben und haben sich verpflichtet, alles das, was wir reinreichen an möglichen Hilfen auch zu bedienen" (I8: Z. 349 ff.).

Es werden die entsprechenden Kapazitäten der freien Träger eruiert und geklärt, ob sie in der Lage sind, Anfragen des ASD bedienen zu können und (neue) Fälle anzunehmen. Hier wurde auf die vertraglich fixierte Durchführungsverantwortung der freien Träger hingewiesen, welche wiederum möglicherweise zu Schwierigkeiten im Sinne von Budgetüberlastungen führen kann. Denn wenn auch Budgetauslastung und die Fallzuweisungspraxis in Zusammenhang stehen, wird betont, dass allein der vom ASD konstatierte Bedarf für die ASD-Praxis der Hilfebescheidung ausschlaggebend ist und die freien Träger nicht aufgrund von Budgetüberbelastungen aus der vertraglich eingegangenen *Anbieterverpflichtung* entlassen werden.

„Also ich höre halt von Frau S. immer das Geld ist knapp, oder ist weniger knapp oder es ist ein Tagesgruppenplatz frei oder nicht frei. Ich krieg ne Orientierung über's über's Geld, über die Finanzen. Was mich aber letztlich nicht daran hindert, dann trotzdem ne Hilfe wieder zu zu ähm zu äh zu bescheiden, wenn wenn ich denn wenn's eine braucht, dann schiebe ich das Problem auch an die freien Träger und sag, dass müsst ihr mit meinem Chef verhandeln mit dem Geld hier irgendwie" (I7: Z. 354 ff.).

Neben den Informationen zur Budgetauslastung werden zudem auch Informationen über die konkreten niedrigschwelligen Angebote der freien Träger ausge-

## 4.2 Sinnformeln – (Be-)Deutungen der Sozialraumteamarbeit

tauscht, die wiederum Bestandteil der Sozialraumarbeit sind. Die gemeinsam im Sozialraumteam geplanten, zur Durchführung aber auf freie Träger übertragenen sozialräumlichen Angebote, werden so gemeinsam ‚evaluiert'.

„E: immer noch ja (B murmelt) junge Mütter äh diese Gruppe hat sich auch etwas verändert äh die macht inzwischen Klara alleine, da ist die Kinder sind das waren ja sehr junge Mütter, inzwischen sind die Kinder älter geworden und es hat sich äh ja die Gruppe besteht noch ähm ja die treffen sich auch immer noch äh ja . Dafür gibt's die Gruppe mit minderjährigen Müttern, die jetzt gerade nebenan ist, äh die haben wir auch eingeführt einmal die Woche" (TH: Z. 534 ff.).

Feld- bzw. institutionenbezogene Informationen

Neben dem sozialraumbezogenen und dem organisationsbezogenen Informationsaustausch werden während der Treffen auch (zukünftige) Entwicklungen besprochen, die über die Organisations- bzw. Trägerebene hinausgehen und das (lokale) Feld der Jugendhilfe insgesamt betreffen. Ein thematischer Schwerpunkt im Zeitraum der Datengewinnung war zum Beispiel die interinstitutionelle Kooperation von sogenannten Regeleinrichtungen und Erziehungshilfeeinrichtungen; konkret von Schule und Jugendhilfe sowie von Kindertageseinrichtungen und Erziehungshilfe.

„C: Wir müssen gucken, woraus wird das unter anderem eben aus Erziehungshilfe mitfinanziert, das heißt ich hatte ja schon mal so gesagt, jedes Projekt muss ne halbe Stelle abgeben, müssen sie gucken, ob sie das hinkriegen ob sie das können. Ich bin natürlich im Moment gefragt ne Kostenzusammenstellung zu machen, was in den Schulbereich aus der Jugendhilfe transferiert werden kann und ähm ja ich weiß es nicht ähm wir sollen unseren sag ich mal äh Jugendhilfeauftrag auch mit diesen Geldern dort an der Schule dann ähm einbringen, ich bin da skeptisch, ich weiß noch nicht, ob es dann tatsächlich in den Gesamtrahmen reingeht oder ob wir für Einzelaktionen ähm im schulischen Bereich tatsächlich Gelder überhaben" (TH: Z. 885 ff.).

Derartige Entwicklungen werden jedoch zuvorderst in anderen Kooperationsformen bzw. Gremien initiiert und diskutiert, und nur über darin involvierte Akteure und Akteurinnen vermittelt in die Sozialraumteamtreffen eingebracht. In Hinblick auf Gestaltungsentscheidungen zu system- bzw. feldübergreifenden Kooperationen und wechselseitigen Anschlüssen verfügen die Sozialraumteams nicht über entsprechende Kompetenzen. Mit Gestaltungsentscheidungen sind hier insbesondere solche Entscheidungen zu organisatorischen bzw. jugendhilfespezifischen strategischen Fragen gemeint, die Handlungs- und/oder Entscheidungsprämissen setzen und damit Zukunft vorstrukturieren, beispielsweise Fragen der konkreten Ausgestaltung von Kooperationsbeziehungen (vgl. Schimank 2005). Infolge der hierarchisch strukturierten Gremienordnung werden Gestaltungsentscheidungen zu Steuerungs- bzw. Kooperationsproblematiken und -thematiken in anderen Gremien verhandelt (s. Abb. 5).

Bilanziert werden kann an dieser Stelle, dass sich der Informationsaustausch im Rahmen der Sozialraumarbeit von sozialraumbezogenen Themen über organisatorisch-institutionelle Thematiken in Zusammenhang mit der etablierten, lokal spezifischen Organisierung der Jugendhilfeinfrastruktur/-leistungen (Budget, Trägerkooperation) bis hin zu systemübergreifenden Entwicklungen, aufspannt. Damit werden – auf unterschiedliche Art und Weise – sowohl die Ebene der Einzelfallarbeit, die Ebene der angebotsbezogenen Koordinierung als auch Schnittstellen(-problematiken) der verschiedenen Hilfesysteme in den Blick genommen.

### 4.2.2.2 Dimension Sozialraumarbeit: Planungsarbeit – sich für (nicht) zuständig erklären und Angebote organisieren

Mit dem Informationsaustausch zu sozialraum- bzw. stadtteilbezogenen Entwicklungen verbinden sich zugleich Verständigungsprozesse bzw. (kollektive) Entscheidungsprozesse darüber, ob gegenwärtige oder absehbare Problemlagen im *territorialen* Zuständigkeitsbereich vorliegen, auf die gegebenenfalls (professionell) reagiert werden sollte.

„Also eigentlich ist das Gremium ja dafür gedacht, dass der Bedarf aus den Stadtteilen an das Sozialraumgremium herangetragen wird und wir überlegen dann, wie können wir darauf reagieren" (I7: Z. 150 ff.).

„Ja, das legen wir dann fest. Und das dann entscheiden wir, wir wollen uns darum kümmern, mit diesem Schulhof zum Beispiel, entscheiden wir da ist ein riesen Bedarf und da wollen wir uns drum kümmern und dann ist das auch in unserer Entscheidungskompetenz. So. Dann gucken wir eben, wer muss was machen, um damit wir das durchführen können. Oder wie, was müssen wir machen. Wird dann auch festgelegt" (I3: Z. 366 ff.).

„Also es geht ja immer es geht ja immer darum nachher, wer's tut oder so was ne, ja, na ja. (...) Ich kann es und will es nicht alleine tun, ja. (...) Und in der Konsequenz mach ich's dann auch nicht ganz alleine. Weil dann denke ich mir nö, entweder machen wir's gemeinsam oder ich mach's erstmal nicht ne" (I8: Z. 877 ff.).

## 4.2 Sinnformeln – (Be-)Deutungen der Sozialraumteamarbeit

Der Sozialraum/Stadtteil wird dabei zum Bezugspunkt bestimmter adressaten- und adressatinnenbezogener Bedarfsfeststellungen und/oder Problemlagen. Mit anderen Worten: Die Mitglieder der Sozialraumteams beschreiben ihre Bedarfe für sozialpädagogisches Arbeiten anhand territorialer Raumkonstruktionen. Die Akteure und Akteurinnen des Sozialraumteams verhandeln im Rahmen konsensorientierter Planungsprozesse, ob vor dem Hintergrund beobachteter bzw. ‚gemeldeter' Entwicklungen im Sozialraum ein Handlungsbedarf besteht und sie aufgrund ihrer beruflichen Funktion/Rollen dafür zuständig sind. Dieser Arbeitsprozess, der hier als *Planungsarbeit* bezeichnet wird, vollzieht sich in folgenden Schritten:

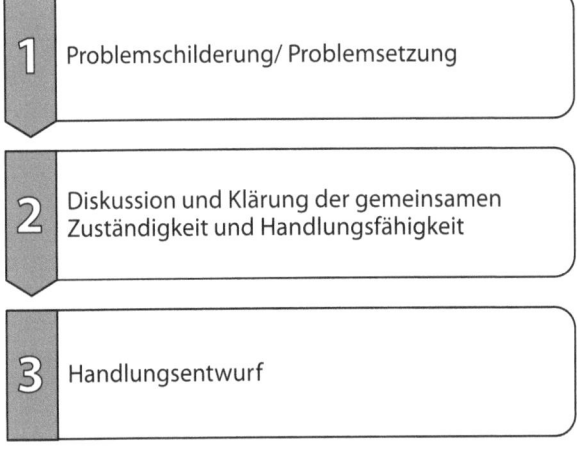

*Abbildung 7:* Arbeitsbogen Planungsarbeit

Grundsätzlich erfordert die gemeinsame Prozessierung der Planungsarbeit eine Einigung der Akteure und Akteurinnen hinsichtlich der Frage ‚sind wir zuständig *und* handlungsfähig'. Erkennen *alle* Mitglieder des Sozialraumteams eine Problemsetzung sowie ihre Zuständigkeiten für Problemlösungen an, werden Handlungsoptionen entworfen und diskutiert. Darüber wird ein *pädagogischer Raum* eröffnet, in welchem das Gebiet selbst kaum eine Rolle spielt, sondern vor allem (sozial-) pädagogische Handlungsoptionen erörtert werden (vgl. Klingler et al. 2008: 213 f.). Die mit der Planungsarbeit entworfenen Handlungsoptionen umfassen dabei insbesondere Gruppenangebote für verschiedene Zielgruppen. Folglich realisiert sich Sozialraumarbeit auf der Adressaten- bzw. Adressatinnenebene zuvorderst in Form von niedrigschwelligen Gruppenangeboten, mit denen auf konstatierte Problemlagen im Sozialraum/Stadtteil reagiert werden soll. Zur Realisierung der Sozialraumarbeit in Form professioneller (sozial-)pädagogischer Angebote (Leistungen), bedarf es wiederum materieller und personeller Ressourcen. In dem Zusammenhang sind die Stadtteilprojekte – sowohl in materieller als auch in personeller Hinsicht – die wichtigsten Ressourcen bzw. das Fundament für mögliche Handlungsoptionen. Das heißt, die Mitglieder der Sozialraumteams planen, initiieren und evaluieren die Sozialraumarbeit gemeinsam – die praktische Durchführung oder Umsetzung obliegt aber den jeweiligen im Sozialraumteam repräsentierten Organisationen bzw. Institutionen sowie externen Akteuren und Akteurinnen (z. B. Ehrenamtliche).

Sinnkrisen

Die Bedeutung der Stadtteilprojekte bzw. ihrer finanziellen und personellen Mittel als Basis und Ankerpunkt sowie wichtigste Ressource der niederschwelligen Sozialraumarbeit zeigt sich insbesondere am Sonderfall eines Sozialraumteams, das an kein eigenständiges Stadtteilprojekt gekoppelt ist und dessen sozialräumliche Arbeit auf *ein* Gruppenangebot beschränkt ist. In dem Zusammenhang werden zwar Optionen des Umgehens mit der (als unzureichend markierten) Ressourcenausstattung aufgezeigt: (a) Gelder beantragen, (b) andere Projekte bzw. deren Ressourcen nutzen, (c) Sozialraumarbeit initiieren, die ohne Finanzierung funktioniert – diese Optionen werden jedoch nicht als erfolgversprechend bewertet. Obgleich die zweite Dimension der Sozialraumarbeit, der Informationsaustausch, davon zwar nicht tangiert wird, erweist sich diese aber als vergleichsweise ‚schwache' Dimension der Sinnformel, welche kaum zu einer Rationalisierung der Treffen i.S. eines unverzichtbaren Bestandteils des Arbeitsalltags beiträgt. Mit der (gemeinsamen) Einordnung dieses Sozialraumteams als Sonderfall, wird vielmehr die eigene Praxis in Frage gestellt und ihre Wirkung als äußerst gering eingeschätzt.

> „Aber das jetzt mit dem Gremium, ehrlich gesagt, ich glaube, wenn bei uns das wegfallen würde, wir uns weniger treffen würden, das das würde man an keiner Stelle so richtig merken" (I7: Z. 10117 ff.).

Die Akteure und Akteurinnen verarbeiten ihren ‚Sonderstatus', indem sie – über die unzureichende Ressourcenausstattung legitimiert – ihre Handlungsfähigkeit weitestgehend negieren.

## 4.2 Sinnformeln – (Be-)Deutungen der Sozialraumteamarbeit

„Letztlich wäre unsere Aufgabe eben, dass uns jemand nen Bedarf meldet und wir das besprechen und dann sagen, so und so reagieren wir drauf. Wir haben aber nichts zum drauf Reagieren, weil wir kein, wir haben diese Schülergruppe und das hat ne ganz eigene Konzeption, das läuft schon. Und ich hab nichts, was ich abgreifen kann im Stadtteil, wo ich wirklich sagen kann, da habe ich jemanden ähm, der kann zeitweise jetzt hier was anbieten oder so. Das geht bei uns nicht" (I7: Z. 863 ff.).

„Ähm, weil weil wir kein Projekt wirklich haben ne. Wir haben das so nicht. Und wir können auf Bedarfe, wenn denn ein Bedarf bei uns ankäme, müssten wir im Grunde sofort auch irgendwie Gelder beantragen, weil wir wir haben nicht einen Pool automatisch an Geld wie die anderen Gremien, die dann mit dem hantieren können und das auch ausgeben müssen für bestimmte Sachen, die also wirklich auch schon ein bisschen gucken können, was können wir anbieten, was macht Sinn als nächstes oder so, das ist ja bei uns nicht ne" (I7: Z. 991 ff.).

„Deswegen brauchen wir auch immer nicht so viel sitzen und uns überlegen, das wär schön und das wär schön, könnten wir hier uns was überlegen. Weil das ein ganz mühseliger Weg wäre, dann wirklich, wir müssten wirklich den Bedarf gut argumentieren, dass Geld ist knapp, wir müssten ja zig Leute überzeugen, wie wichtig und so ne. Pf, kann man gleich aufgeben, so mehr oder weniger" (I7: Z. 1046 ff.).

„Und bei uns, wir fangen von ganz unten an und ich glaub da geht uns schon die Puste an, wenn wir uns das nur angucken, dass wir denken, oh Gott, nee, das lassen wir gleich bleiben, keine Chance irgendwie" (I7: Z. 1063 ff.).

Die Stilisierung dieses Sozialraumteams als ‚Sonderfall' kann zugleich als Bestätigung und Verstärkung der dominierenden Sinnformel und mit ihr in Zusammenhang stehenden Erwartungen gelesen werden. Indem die Planungsarbeit und ihre Ergebnisse (beispielsweise Installation eines neuen Gruppenangebotes) als Richtschnur der eigenen Sozialraumteampraxis fungieren, wird deren Verbindlichkeit bestätigt.

Wie oben beschrieben, entstehen Sinnformeln in der Auseinandersetzung der Akteure und Akteurinnen mit vorgegebenen Ordnungen und dem kollektiven Beantworten existenzieller Grundfragen. Werden Sinnfragen neu gestellt, ergeben sich neue ‚Definitionskorridore' die im Ergebnis zu neuen, veränderten Sinnformeln führen können. Als Erweiterung des von Geideck/Liebert entworfenen Konzepts kann an diesem Beispiel gezeigt werden, dass Prozesse, in denen Sinnformeln (erneut) thematisiert werden, nicht in jedem Fall darin resultieren, ihre Wirkmächtigkeit (nachhaltig) in Frage zu stellen, sondern *Sinnkrisen* – als eigenständige Dimension der *Sinnsuche* – auch zur Bestärkung dominierender Sinnformeln beitragen können. Sinnkrisen entstehen zwar aus der (Selbst-)Evaluation der Praxis im Abgleich mit der dominierenden Sinnformel, aber stellen dabei (temporäre) Sinnformeln weder (zwangsläufig) grundsätzlich in Frage noch führen sie (zwangsläufig) zu neuen Sinnformeln.

Das Sozialraumteam in der Gremienhierarchie

An diesem ‚Sonderfall' zeigt sich vor allem auch die Eingebundenheit des Sozialraumteams in die hierarchisch strukturierte Gremienordnung und die Verwiesenheit der Sozialraumarbeit auf eine angemessene Ressourcenausstattung. Wie aus Abb. 5 ersichtlich, gibt es in B-Stadt neben den Sozialraumteams eine Vielzahl anderer Kooperationsformen des öffentlichen und der freien Träger auf den unterschiedlichsten Ebenen. Obgleich mit dem vorliegenden Datenmaterial nicht umfänglich geklärt werden kann, *wie* beispielsweise grundsätzliche Finanzierungsfragen verhandelt werden und welche Faktoren oder Akteure bzw. Akteurinnen dabei ‚tonangebend' sind, wird deutlich, dass die Entscheidungskompetenzen der Sozialraumteam-Mitglieder zu Gestaltungs- bzw. Infrastrukturentscheidungen in eine *doppelte Hierarchie* eingebunden sind: neben der (tradierten) Hierarchie zwischen öffentlichen und freien Trägern (s.w.u.) sind sie über die etablierte Gremienstruktur in eine weitere hierarchische Struktur eingebunden.

„Das heißt, man muss sich das so vorstellen, ganz unten ist sind wir hier als Team, dann kommt meinetwegen das Sozialraumgremium, dann gibt es die Runde Gemeinwesenarbeit, dann gibt es die Runde FAKT, und da sitzen überall die Leitungen drin, also von daher, wenn's ganz große Differenzen geben sollte, dann könnte man das sicherlich auch noch mal manchmal erst noch mal mit durch Vermittlung versuchen, aber da kann man auch immer den Weg nach oben, natürlich" (I4: Z. 1009 ff.).

„Also das äh für das Projekt hier gibt es ein bestimmtes Budget und da äh können wir schon auch im Sozialraumteam gucken, äh, wollen wir die Frauengruppe noch weiterführen oder wollen wir die jetzt auslaufen lassen, ist der Bedarf nicht mehr da, und dann ist dieses, steht dieses Geld eben wieder zur Verfügung. Da sagen, das äh ja und dann gucken wir ja, was ist denn als nächstes dran. Wird dann natürlich, ich nehm es dann natürlich auch mit ins in die Dienstbesprechung unter den Kollegen, also das ist eigentlich kein nie eine einsame Entscheidung des Sozialraumteams sondern, das hat sich dann meistens entwickelt (I3: Z. 428 ff.).

„Na ja wenn wir entscheiden, wir wollen ne kleine Stadtteilrunde machen oder so was, das können wir für uns selbst entscheiden, da brauchen wir jetzt nicht noch irgendwie nen groß irgendjemand aus der Steuerungsgruppe oder sonst wen zu fragen, sondern ähm wir entscheiden das für uns und dann ähm arbeiten wir das, bis es fertig ist und dokumentieren das und stellen das dann irgendwo sehr wahrscheinlich

## 4.2 Sinnformeln – (Be-)Deutungen der Sozialraumteamarbeit 131

mal im Arbeitskreis Gemeinwesenarbeit oder sonst was vor. Das können wir für uns, solche Entscheidungen treffen wir selbst. Dinge die aus der Steuerungsgruppe kommen, an die wir uns zu halten haben, ja die die entscheiden wir insofern als das wir sie mitmachen oder das wir sie tun, also wir entscheiden uns nicht dagegen, wir können da nicht sagen tun wir nicht ne" (I8: Z. 514 ff.).

Die Ressourcenausstattung und die Rahmenbedingungen der Sozialraumarbeit werden dabei in Arenen verhandelt, zu denen die Mitglieder der Sozialraumteams meist keine Zugänge haben. Zudem haben auch noch externe Akteure und Akteurinnen (Mitglieder anderer Kooperationsgremien) die Möglichkeit, die im Rahmen der Planungsarbeit erstellten Inhalte der Sozialraumarbeit zu bewerten.

‚Alleingänge': Delegitimierung des Sozialraumteams und Nutzen der Hierarchie

Wie vorgängig dargelegt, bildet die Planung und Konzipierung sozialräumlicher Angebote einen Teilaspekt der Sozialraumteamarbeit und die Mitglieder des Sozialraumteams sind darüber vermittelt in jugendhilfebezogene, infrastrukturelle Gestaltungsentscheidungen zu ihrem Stadtteil eingebunden. Von zentraler Bedeutung ist hierbei die Einigung der Fachkräfte, d. h. sie müssen sich auf Problemsetzungen als auch auf entsprechende Lösungsvorschläge einigen. Demgemäß implizieren Prozesse der Planungsarbeit immer auch die Möglichkeit, keinen Konsens erzielen zu können. Zum Beispiel werden Problemsetzungen nicht von allen Beteiligten geteilt oder auch Zuständigkeiten nicht anerkannt bzw. eine zu hohe Arbeitsbelastung angeführt.

„Und auch von der Konzeption her sehe ich da nicht Jugendhilfe drin, für mich sind das, das habe ich da auch aber ganz offen gesagt ähm Bildungsinhalte, die einfach methodisch noch mal ähm ähm pädagogischer aufgearbeitet werden, an ansprechender für Kinder. Ne tolle Sache, schön, also wird auch ne Bereicherung sein, aber ich sehe es nicht so sehr in der Jugendhilfe wie der Träger 2 das gerne hätte, die wollen das unbedingt in der Jugendhilfe haben. Ich sehe es mehr wirklich eigentlich mehr im schulischen Bildungsbereich so" (I7: Z. 173 ff.).

Dabei kommen einerseits die institutionalisierten Positionen und Rollen der Fachkräfte zum Tragen sowie andererseits auch Anschlüsse oder Abgrenzungen zu anderen *Hilfesystemen* – wiederum mit Folgen für die je konkrete, inhaltliche Konzipierung der Angebote und die Form des Beratens selbst. Eine Strategie im Umgang mit dem Konsenszwang stellen *Alleingänge* dar.

„Und dieser Träger ist einfach am Gremium vorbei geschossen, zu den etwas wichtigeren Personen" (I7: Z. 152 ff.).

"Und ähm als Sozialarbeiter an dieser Schule, das wäre so ein sozialräumliches Angebot gewesen, hat Frau S. auch gesagt, hätte sie gerne überlegt, ob sie als Träger da Möglichkeiten gesehen hätten, aber der Träger 2 wollt es halt für sich auch haben, warum auch immer, gab vielerlei Gründe, warum die an uns vorbeigeschossen sind auf ne andere Ebene, und haben das durchgekriegt und das heißt auch, dass der Träger 2 diese Stelle jetzt in Angriff nehmen wird ab März, also die werden das belegen, es ist ne halbe Stelle" (I7: Z. 161 ff.).

Anstelle der (vorgegeben) gemeinsamen Planung der Sozialraumarbeit im Team werden andere Prozeduren/Verfahren gewählt, um die Realisierungschancen (eigen-)geplanter Angebote[116] zu vergrößern. Der strategische und gezielte Nichteinbezug des Sozialraumteams in die Konzipierung und Planung von Sozialraumarbeit kann einerseits als *Delegitimierung* dieses kooperativen Arbeitssettings gelesen werden wie aber auch andererseits als *Rationalisierungsstrategie* hinsichtlich der Umsetzung/Durchführung von Sozialraumarbeit. Denn vor dem Hintergrund der ‚Doppelhierarchie' (Gremien und Träger) und der hierarchischen Entscheidungsstruktur bezüglich der inhaltlichen Gestaltung und finanziellen Unterfütterung der Sozialraumarbeit können Alleingänge als Abkürzungsstrategie gelesen werden, mit der (Zeit-) Ressourcen gespart und Machtpositionen genutzt werden. Derartige Ereignisse/Handlungen können jedoch zu schwerwiegenden Störungen auf der Beziehungsebene der Sozialraumteam-Mitglieder führen, insbesondere dann, wenn sie als Vertrauensbruch oder Täuschung eingeordnet werden. Trotzdem werden diese Belastungen auf der Beziehungsebene unter Umständen riskiert, um die Durchführung eigener Ideen oder (Wettbewerbs-) Vorteile für die eigene *Organisation* nicht zu gefährden. Kooperative Arbeitssettings bzw. die gemeinsame Sozialraumarbeit setzen demnach nicht quasi-automatisch Konkurrenzverhältnisse zwischen (freien) Trägern außer Kraft.

### 4.2.2.3 Sozialraumarbeit und Fallarbeit

Im Rahmen der Debatte zu einer sozialräumlich ausgerichteten Sozialen Arbeit werden vor allem (Einzel-)Fall und Feld (neu) ins Verhältnis gesetzt. Hier sind verschiedene Akzentuierungen zu beobachten. Je nachdem, mit welchen (Reform-)Diskursen die Anschlussfähigkeit gesucht wird bzw. Diskursgemeinschaften gebildet werden, unterscheiden sich die Relationierungen von (Einzel-)Fall

---

116 In diesem Beispiel wird die Strategie ‚Alleingang' auf die starke Zielorientierung bzw. den starken Umsetzungswillen der verantwortlichen Akteurin zurückgeführt, die auch ‚unkonventionelle Wege' nutzt, um ihre Absichten durchzusetzen.

## 4.2 Sinnformeln – (Be-)Deutungen der Sozialraumteamarbeit

und Feld. Mit einer sozialraumorientierten Programmatik im Kontext der Neuen Steuerung werden eher präventive, fallvermeidende Aspekte betont und dabei Fall und Feld gegenübergestellt – Stichwort ‚vom Fall zum Feld'[117] (vgl. Hinte et al. 1999, KGSt 1998, kritisch Kessl 2001), während Sozialraumorientierung im Rahmen des Fachdiskurses zur Lebensweltorientierung vor allem den (Einzel-)Fall im Feld kontextualisiert und für eine systematische Berücksichtigung der Ressourcen, Potentiale und Belastungen der Herkunftsmilieus in der Fallrekonstruktion und Hilfeplanung plädiert (vgl. Hinte 2004). Überträgt man die oben angeführte Unterscheidung einer sozialgeographisch-infrastrukturell ausgerichteten Ebene von einer aneignungstheoretisch-subjektorientierten Ebene auf die verschiedenen Relationierungen von Fall und Feld, lässt sich die Programmformel ‚vom Fall zum Feld' der erstgenannten Ebene zuordnen, mit der der Sozialraum vor allem als Planungsraum und Steuerungsgröße konzeptionalisiert wird, während die Sichtweise ‚Fall im Feld' näher an der aneignungstheoretisch-subjektorientierten Ebene anzusiedeln ist.

Die verschiedenen Relationierungen von Fall und Feld lassen sich auch im Kontext der Sozialraumarbeit in B-Stadt nachzeichnen und spiegeln sich im Datenmaterial vor allem in zwei Argumentationslinien:

Sozialraumarbeit senkt Fallzahlen und verhindert Problemlagen

Sozialraumarbeit und der Ausbau niedrigschwelliger (fallunspezifischer) Angebote, so wird argumentiert, führt zu einer Senkung der Fallzahlen. Diese Argumentationslinie findet sich sowohl in schriftlichen Darstellungen zur Umsteuerung – sozusagen als ‚offiziöse' Absichtserklärung und Legitimierung der Umsteuerung zugleich – aber auch darüber hinaus in den (Selbst-)Auskünften der Fachkräfte. Sozialraumarbeit wird dabei explizit als gemeinsame Arbeit der ASD-Fachkräfte und der Fachkräfte der freien Träger gekennzeichnet – wenn auch mit unterschiedlichen Arbeitsanteilen und Rollen. Im Zentrum stehen dabei wiederum die Stadtteilprojekte sowie andere institutionelle Ressourcen (vor Ort aktive Organisationen) bzw. personelle Ressourcen (Personen im Umfeld).

Die mit der Sozialraumarbeit geplanten und initiierten niedrigschwelligen Angebote, womit vor allem Gruppenangebote bzw. Gruppenarbeit im Rahmen der Stadtteilprojekte gemeint sind, werden dabei zu Instrumenten der Fallvermeidung/Fallverhinderung.

---

117 Diese Verschiebung oder Frontstellung wird zumindest durch Hinte allerdings später relativiert – vgl. z. B. Hinte et al. 1999: 84.

„C: Das heißt, wir könnten ja müssten dann eventuell das was wir [hier] in Gruppen investieren an anderer Stelle einsparen, das wäre natürlich dann bei der SPFH und der Erziehungsbeistandschaft, da sind die Kollegen gefragt sich äh zu überlegen, was kann man hier im Grunde mit einbringen, wo kann man sich an der Stelle entlasten, also bei den teuren also vergleichsweise teuren Hilfen, so dass sie den Spielraum haben hier mit niedrigschwelligen Angeboten weiter am Markt zu bleiben.

B: also das versteh nun ich überhaupt nicht

E: also wenn wir den das mit den Müttergruppen wirklich so weiter so aufrecht erhalten können, denk ich, wird sich das auswirken auf die auf SPFH" (T1: Z. 945 ff.).

„C: Insofern ist es immer ne Frage, ob sich dieser präventive Ansatz tatsächlich ich sag mal ne volkswirtschaftlich lohnt er sich, das ohne ohne Frage, aber finanziell lohnt er sich möglicherweise für die Kommune nicht, weil man mindestens das Gleiche ausgibt und wir haben ja immer gesagt, Budgetierung ist ne gewisse Deckelung kann man vielleicht so ähm negativ formulieren, aber es ist kein äh keine Möglichkeit um um Kosten zu reduzieren" (TH: Z. 1014 ff.).

Sozialraumarbeit wird also explizit in Zusammenhang mit der „Zauberformel Prävention" (Wohlgemuth 2009) gebracht. An den Ausbau der Sozialraumarbeit und die Installation (ökonomisch) günstiger Gruppenangebote wird die Erwartung geknüpft, teure Einzelfallhilfen vermeiden zu können. Mit dieser spezifischen Thematisierung ökonomischer Rationalitäten werden Argumentationen reproduziert, die innerhalb der Debatte zur Sozialraumbudgetierung im Rahmen der Neuen Steuerung verortet werden können. In den Vorschlägen der KGSt zur Sozialraumbudgetierung in der Jugendhilfe kumuliert das Budgetmodell der Neuen Steuerung mit dem territorialen Raumbezug Sozialer Arbeit. Mit den Sozialraumbudgets werden neue Steuerungsinstrumente konzipiert, die das (aus fachlicher Sicht stark kritisierte) Modell der kleinteiligen Produktgruppensortierung ablösen, ohne die (strategische) Ausrichtung am Ziel der Kostenersparnis und/oder Haushaltskonsolidierung allerdings zurückzunehmen (vgl. Wohlfahrt/ Dahme 2002, Hinte 2004, Kessl 2006). Der empfohlene sozialräumliche Lösungsansatz kategorisiert dabei drei Bereiche: fallspezifische, fallübergreifende und fallunspezifische Arbeit – wobei die so genannte fallunspezifische Arbeit das Kernstück in Bezug auf die erhoffte Präventionswirkung bzw. Kostenersparnis bildet.

Das Konzept der fallunspezifischen Arbeit als Teilstück eines sozialräumlichen Arbeitsansatzes verspricht präventiv, integrierend, ressourcenorientiert und bemächtigend zu wirken (vgl. Früchtel/Scheffer 1999, Früchtel/Budde 2006). Präventiv meint in dem Zusammenhang durch „findige Lösungen" zu verhin-

## 4.2 Sinnformeln – (Be-)Deutungen der Sozialraumteamarbeit 135

dern, dass „ein Problem ein Fall" wird (Budde/Früchtel 2006: 33) und integrierende Arbeit impliziert ‚wohnortnahe' Lösungen durch Ressourcenmobilisierung. Insgesamt wird fallunspezifische Arbeit als „Leistung eines regional arbeitenden Teams" beschrieben, welches sich „systematisch auf den Stadtteil einlässt" (ebd.: 36 f). So verstanden dient sie der „Vorbereitung der Fallarbeit" bzw. entspricht einem „Gelegenheitsakkumulator der Fallarbeit", mit dem Ressourcen und Potentiale erschlossen bzw. mobilisiert werden, die „das Gemeinwesen um den einzelnen Fall herum bietet oder zumindest bieten könnte" (Früchtel/Budde 2006: 205 f.). Die ‚idealen' Fachkräfte agieren als „Ressourcensucher" und zeichnen sich durch gute Kenntnisse des Gemeinwesens aus sowie durch Fähigkeiten und die Bereitschaft, sich die „Schatztruhen" des Stadtteils (Träger/Organisationen, Kompetenzen, materielle Besitztümer, Menschen) zu erschließen (ebd. 2006: 207). Damit schließt die Konzeption fallunspezifischer Arbeit an Kernthesen zur Aktivierung und Mobilisierung von Sozialkapital und/oder lokalen Handlungsressourcen an. Scheinbar liegen in nahräumlichen Gemeinschaften vielfältige Ressourcen brach, die es nur zu aktivieren und zu mobilisieren gilt (vgl. kritisch dazu die Beiträge in Kessl/Otto 2004, insb. Abeling/Ziegler 2004).

„Ähm es geht in den Gremien oder in dem Sozialraumgremium immer wieder ganz oft [um die] Aktivierung der Bürger, wie kriegen wir die mit ran und dann die Frage, an welcher Stelle machen die mit ja oder auch auch auch dann die Frage, wieso schafft das meinetwegen Kirche an der Stelle, das mit dem Seniorenkreis hinzukriegen oder die Besuchskontakte für die alten Menschen hinzukriegen oder so was ne und ähm wieso hakt das dann bei uns, das wird immer wieder gemacht" (I8: Z. 277 ff.).

Argumentiert wird in diesem Kontext, dass sich aus der regelmäßigen Präsenz der ASD-Fachkräfte im Stadtteilprojekt ‚kurze Wege' ergeben, so dass „vieles schon im Vorfeld bearbeitet [wird], ohne dass das groß ein Fall wird" (I3: Z.105).

„Dann versuchen wir das natürlich, dann ist das der kurze Weg, dann nehmen wir den in unsere Schülergruppe mit auf, wenn's möglich ist" (I3: Z. 194 f.).

„Der, wenn der Fall zum Fall wird und zum ASD kommt, dann läuft vor bevor der Fall zum Fall wird, läuft ne ganze Menge vorweg, da wird zum Beispiel wenn es ein Fall hier in Ortsteil 2 ist, ähm der ASD-Mitarbeiter natürlich immer gucken, dort gibt's das Projekt, was bieten die alles an, kann die Frau, der Mann, das Kind, die Familie, können die dort schon mal ne Hilfe bekommen" (I3: Z. 635 ff.).

„Einiges muss gar nicht zum Fall werden, anderes kann auch früher beendet werden, weil ja, wenn sie hier dann die Anbindung ans Haus gefunden haben" (I3: Z. 656 f.).

Auch wird zwischen ‚großen' und ‚kleinen' Fällen differenziert, die sich vor allem über die je benötigten finanziellen, organisatorischen und personellen Ressourcen unterscheiden. Aus einer Kopplung von örtlicher Präsenz der ASD-Fachkräfte, den vorhandenen niedrigschwelligen Angeboten im Stadtteilprojekt sowie dem sozialräumlichen Wissen der Fachkräfte der freien Träger vor Ort erwächst die Option, dass Probleme bearbeitet werden, ohne zu ‚großen' Fällen werden zu müssen.

„Ja, das wir einfach auch sagen können, äh, es muss nicht immer gleich ein Fall daraus gemacht werden, man kann den Menschen vielleicht auch mit kleinen, anderen Dingen, indem die Nachbarin eben das Kind mit nimmt, äh, ja, kann man ihr schon helfen" (I3: Z. 857 ff.).

„Gerade so die sozialräumliche Arbeit, ich würde mir dann eben auch noch wünschen, dass wir es hinkriegen, dass diese sozialräumliche Arbeit noch mehr Platz einnimmt und der Einzelfall eben dann geringer wird" (I3: Z. 1110).

An diesen beiden Textstellen zeigt sich deutlich, dass und wie Sozialraumarbeit zu Fallkonstitutionsprozessen in Relation gesetzt wird. Dabei werden zwei Dimensionen angesprochen. Einerseits werden lebensweltliche Probleme mit anderen (professionell betreuten) Lösungen bedacht (s. o.), die dazu beitragen, dass Fälle in der Logik der Hilfen zur Erziehung nach SGB VIII vermieden werden können. In dem Kontext wird argumentiert, dass über die Implementierung sozialraumorientierter (Gruppen-)Angebote die Entstehung oder Zuspitzung von Einzelfällen verhindert werden könne (siehe auch Wohlgemuth 2009: 199 ff.). Zum anderen wird Sozialraumarbeit mit der Verhinderung oder Reduktion von *Problemlagen* in Verbindung gebracht (vgl. Spatscheck 2008).

Insgesamt richtet sich Sozialraumarbeit in der dargelegten Interpretation auf die Verhinderung von (professionellen) Fallproduktionsprozessen, mit denen lebensweltliche Probleme zu Fällen der Erziehungshilfe werden und entsprechend des KJHG innerhalb von Hilfeplanverfahren bearbeitet werden müssten. So verstanden, wird professionelle Sozialraumarbeit in Opposition zu ‚klassischer' professionellen (Einzel-)Fallarbeit gestellt, obgleich mit der durchgängigen Verwendung der Fall-Kategorie in diesem Kontext ihr Status als die zentrale, professionstypische Kategorie und als Bezugspunkt professionellen Handelns bestätigt wird. Das heißt, wie auch in den ‚typischen' Fallkonstitutions- bzw. Fallproduktionsprozessen im Rahmen der Hilfen zur Erziehung, bildet ein konstatierter, personenbezogener Handlungsbedarf den Ausgangspunkt profes-

## 4.2 Sinnformeln – (Be-)Deutungen der Sozialraumteamarbeit 137

sioneller Aktivitäten – die initiierte professionelle Lösung unterscheidet sich jedoch. Zur Bearbeitung der Probleme werden keine individuellen Einzelfallhilfen ‚installiert' oder beschlossen, sondern (individuelle) Problemlagen sollen (primär) über die Einbindung der Adressaten und Adressatinnen in bestehende (oder neu zu initiierende) Gruppen im jeweiligen sozialen Nahraum gelöst werden. Damit wird eine Fallkonstitution in der Logik der Hilfen zur Erziehung nach SGB VIII verhindert und/oder unterbrochen, womit vor allem auch auf der Verfahrensebene eine Hilfeplanung nach § 36 SGB VIII überflüssig wird.

Zu bilanzieren ist an dieser Stelle, dass die eben beschriebenen Veränderungen in der professionellen Fallbearbeitung bzw. der veränderten Prozessierung von Fällen von den Fachkräften vor allem in Zusammenhang mit einer Neuausrichtung der *Hilfeorganisierung*[118] gestellt werden. Dabei rückt insbesondere das nahräumliche Umfeld der Adressaten und Adressatinnen in den Fokus bzw. „andere Dinge, die auch helfen". Diese spezifische Interpretation von Sozialraumarbeit wird im Sozialraum-Diskurs insbesondere mit der Programmformel „Sozialraumorientierung schaut von unten" betont (Kessl/Reutlinger 2007: 41).

Sozialraumarbeit führt zu steigenden Fallzahlen

Neben der Argumentationslinie, wonach Sozialraumarbeit Fälle verhindert und/oder andere Lösungsmöglichkeiten eröffnet, lässt sich im lokalen Diskurs eine zweite und dazu gegensätzliche Position rekonstruieren: ‚Sozialraumarbeit führt zu steigenden Fallzahlen'.

„G: Ich habe eigentlich einen anderen Eindruck, dass es nicht weniger geworden ist, sondern mehr und wir gucken ja immer, was kann man als Gruppe machen, aber es sind immer wieder SPFH

(...)

E: Aber es stimmt natürlich, wenn man so vor Ort ist fällt auch mehr auf ›C: natürlich das ist so‹ also ich übernehme jetzt gerade eine junge Mutter mit zwei kleinen Kindern in der Betreuung, die ist ja die haben wir in der Betreuung, weil ich sie gesehen habe ne, weil ich zu Amelie gesagt habe, da müssen wir was machen, das können wir so nicht lassen ne.

---

118 Hier ist davon auszugehen, dass diese Positionierung ein Ergebnis der langjährig betriebenen lokalen Fachpolitik darstellt, mit der ein Ausbau niedrigschwelliger Angebote forciert wurde (Schwerpunkt Gruppenangebote).

C: Können Sie mir nen kurzen Vermerk über diese Beobachtung mal mitgeben, weil ich muss unser exorbitant hohes äh Engagement in der Erziehungshilfe in zwei Wochen im Jugendhilfeausschuss vortragen und (...) ich komme genau zu dem Schluss, dass ich also auch sage, je niedrigschwelliger wir ansetzen umso mehr sehen wir ›E: ja‹ und die Jugendämter, die sich in ihre Wagenburgmentalität zurück ziehen, die haben auch weniger Fälle ›E: das stimmt, das ist so‹ [und] da passiert nicht so viel ›zustimmendes Gemurmel‹ (...) man kommt auch man kommt auch nur dann in die Zeitung, wenn der Sozialarbeiter schon da war, ne bei wenn wenn ein Kind verstirbt, wenn keiner da war und man es nicht gewusst hat man als Institution Sozialhilfe, wird das jetzt aufgenommen ja ›E: ja‹ hat man Glück gehabt, weil ne ›jemand lacht‹ an der Stelle ist man nicht beteiligt, man wusste von nichts und kann sich darauf darauf auf die Unwissenheit zurück ziehen, wenn man aber alle im Blick hat äh wird die Verantwortung natürlich größer" (TH: Z. 959 ff.).

In diesem Zusammenhang wird argumentiert, dass mit der Sozialraumarbeit und dem ‚Vor-Ort-Sein' neue Zugänge geschaffen bzw. andere Einblicke eröffnet werden. Mit der räumlichen Nähe erhöhen sich demnach einerseits die Optionen des ‚Einblicknehmens' in die Lebenswelten der Adressaten und Adressatinnen und andererseits auch die professionellen Zugriffsmöglichkeiten auf diese Lebenswelten. Dabei wird eine professionelle Perspektive oder Problemsicht deutlich, nach der (zunehmend) mehr Menschen professioneller Unterstützung bedürfen, deren Problemlagen ohne die Sozialraumarbeit und die stetige Präsenz der Fachkräfte vor Ort den professionellen Blicken verborgen blieben.

Konstatiert werden kann, dass beide Argumentationslinien sich letztlich um den Zusammenhang von Sozialraumarbeit und Fällen/Fallarbeit zentrieren und die (Einzel-) Fall-Kategorie im Mittelpunkt steht. Die Wirkmacht des Fallbegriffs/der Fallkategorie und seine/ihre zentrale Stellung als Bezugspunkt professionellen sozialarbeiterischen Handelns zeigen auch Begriffe wie ‚fallübergreifende Arbeit' und ‚fallunspezifische' Arbeit an, in denen die Fallkategorie auch bzw. trotz der Negierung oder Erweiterung kontinuierlich angesprochen wird. Das heißt, Sozialraumarbeit und die dabei transportierten Vorstellungen von Sozialraumorientierung konturieren sich ausgehend vom Fall. Die verschiedentlich im Diskurs zur sozialraumorientierten Ausrichtung der Jugendhilfe proklamierte Verschiebung vom ‚Fall zum Feld' findet sich so nicht wieder. Zu diesem Schluss kommen auch die Autoren und Autorinnen der Studie „Räumlichkeit und Soziales Kapital", wonach von „einer Umorientierung zum „Adressat Stadtteil" kaum die Rede sein kann" und die „irreführenden Implikationen, aber auch Versprechungen, die eine territorialisierende Neuverortung der Genese und der potenziellen Lösung sozialpädagogisch relevanter Problemlagen" mit sich bringen, pragmatisch relativiert werden (Klingler et al. 2008: 214 f.).

Deutlich wird aber auch, dass die neuralgischen Punkte/Dimensionen einer aneignungstheoretisch-subjektorientierten Interpretation von Sozialraumorientierung oder Sozialraumarbeit kaum adaptiert werden. Die Sozialraumkonstruktionen der Adressaten und Adressatinnen – als erfahrene, subjektive Räume – werden eher ausgeklammert oder zumindest nicht explizit (methodisch) in pädagogische Lösungen einbezogen.

### 4.2.3 Institutionalisierungsprozesse: Modifikationen struktureller Ordnungen und lokale Kulturen kooperativer Steuerung

Die Prozesse, mit denen die Sinnformeln Fallberatungsarbeit und Sozialraumarbeit erzeugt, bestätigt und/oder verändert werden, werden hier als Institutionalisierungsprozesse gelesen, die im Kern auf eine veränderte, kooperative Steuerung bzw. Organisierung der Wohlfahrtsproduktion abzielen. Die Implementation der Sozialraumteamarbeit entspricht demgemäß einem Versuch, eine neue Institution im Feld der Jugendhilfe zu installieren und darüber eine *kooperative Wohlfahrtsproduktion* zu befördern. Deutlich wird dabei, dass die Akteure und Akteurinnen immer mit existierenden Versionen zuvor ausgehandelter – und somit vorgegebener – Ordnungen umgehen und diese mit ihren interaktiv-situativen (Aus-)Handlungen erhalten, stützen aber auch verändern (vgl. Strübing 2007: 55). Die ‚Einsozialisation' der Fachkräfte in die spezifische Arbeitsform Sozialraumteam wird flankiert bzw. vorbereitet durch ihre Teilnahme an gemeinsamen Fortbildungsveranstaltungen der freien und öffentlichen Träger sowie in A-Stadt zusätzlich durch eine Hospitationsmöglichkeit im zuerst installierten Sozialraumteam – dem *Pionierteam*.[119] Aber sowohl die ‚Einführungsveranstaltungen' als auch die jeweils stadtweit geltende Geschäftsordnung führen nicht zu einer kongruenten Arbeitsweise aller Teams, vielmehr kommt es zu teamspezifischen Rationalisierungen, die auf kollektive Erfahrungen bzw. Erfahrungswissen zurückgeführt werden. Hierbei zeigt sich, dass die einerseits als verbindlich eingestufte Geschäftsordnung – „für mich so [ein] Vertragswerk" (I5: Z.50), das die „Basispunkte unserer Arbeit" (I5: Z. 57 f.) definiert – keine mechanische Regelbefolgung erzeugen kann, sondern vorgegebene Ordnungen oder Ordnungselemente zu Gegenständen von Aushandlungsprozessen werden (können).

---

119 Die Stilisierung zum Pionierteam wird von den entsprechenden Akteuren und Akteurinnen als schwierig beschrieben, da ihre konkrete teamspezifische Praxis als Richtschnur für die anderen Teams gesetzt wird und darüber die unvermeidbaren (kulturellen) Rationalisierungen als Abweichungen bewertet werden.

„Mir ist zum Beispiel bekannt, dass alle drei Sozialraumteams nach anderen Grundsätzen, nach anderen Regeln arbeiten, obwohl sie alle die gleiche Geschäftsordnung haben" (I6: Z. 941 ff.).

„Weil man kann ja auch ne Ordnung mal ändern, das sind ja alles Erfahrungswerte, die man dort einbringt, das wächst ja alles und man kann ja nicht stur an irgendwas festhalten, was offensichtlich nicht funktioniert. Wobei ich weiß, dass das in den drei Teams wirklich unwahrscheinlich unterschiedlich ist. Also wir sind wahrscheinlich ein extravagantes Team, genau so wie extravagant Sozialraumteam 2 oder extravagant Sozialraumteam 3 ist. Ne, jeder hat zwar so ungefähr die gleiche Geschäftsordnung, aber ich glaube alle machen's anders" (I1: Z. 508 ff.).

Alle Interviewpartner bzw. -partnerinnen berichten über Modifikationen der Geschäftsordnung und entsprechender Verfahrensstandards. So wird in A-Stadt der (formale) Selektionsmechanismus, durch den die Fachkräfte stationärer Träger zunächst von den Sozialraumteams ausgeschlossen worden waren, von den betroffenen Akteuren und Akteurinnen erfolgreich in Frage gestellt und entsprechend modifiziert.

„Dass die stationären Träger gefordert haben, diesen Prozess, den der öffentliche Träger und die Träger der ambulanten Erziehungshilfe begonnen haben, dass die stationären Träger da mit beteiligt werden" (I5: Z. 10 ff.).

In B-Stadt zeigt sich wiederum, dass sich die inhaltliche und personelle Splittung der operativen Ebene in zwei Arbeitsbereiche – sozialräumliche Aufgaben und einzelfallbezogene Aufgaben – in äußerst unterschiedlichen Bearbeitungsmodi fortsetzt. Das heißt, auf der konkreten Handlungsebene haben sich für die vorgebenen Aufgabenbereiche unterschiedliche Verfahrensweisen eingespielt. Dabei wurden sowohl die vorgegebenen Aufgabenstellungen als auch die Verfahrensweise modifiziert: Die Mitglieder der Teameinheiten, die für die sozialräumliche Aufgabenwahrnehmung zuständig sind, treffen sich regelmäßig und face-to-face. Demgegenüber haben sich zur Bearbeitung der einzelfallbezogenen Aufgaben sowohl Modifikationen der diesbezüglich vorgegebenen Aufgabenstellung(en) als auch der Verfahrensweise herausgebildet. Wie vorgängig dargelegt, umfasst dieser Arbeitsbereich die Anforderung an das sogenannte Trägerteam, einen einzelfallbezogenen Maßnahmevorschlag zur Hilfedurchführung auf Basis einer vorangegangen Fallabklärung (Fallproduktion) durch das ASD-Team zu erarbeiten.[120]

---

[120] Demnach erfolgt eine erste Fallkonstitution bzw. Fallproduktion im Rahmen von Fallkonferenzen (Fachkonferenz), an denen ausschließlich ASD-Fachkräfte teilnehmen oder die zumindest in deren Regiebereich liegen.

## 4.2 Sinnformeln – (Be-)Deutungen der Sozialraumteamarbeit

Diese Verfahrensweise steht für eine strikte Trennung in Verfahrens- und Durchführungsverantwortung, die sich in der Arbeitsteilung und Aufgabenzuordnung zwischen ASD-Fachkräften und Trägerteam zeigt. Die Teilnehmer und Teilnehmerinnen der Fachkonferenz beschränken sich hierbei auf die Bedarfsfeststellung.

„Ja ähm wir hatten's am Anfang versucht, dass wir wirklich nur rein den Bedarf aufschreiben und diesen Bedarf rüber melden und die sollten eigentlich sagen, wie sie drauf reagieren auf diese Hilfe, wie wie sie die sicherstellen dann" (I7: Z. 504 ff.).

Den Mitgliedern des Trägerteams kommt (im Anschluss daran) die Aufgabe zu, den protokollierten Bedarf in eine organisatorisch-institutionelle Form zu übersetzen. Im weiteren Verlauf etablierte sich jedoch sukzessive und unter der Hand eine Modifizierung der Verfahrensweise, die sich dem vorherigen Verfahren – ohne Trägerteam – stark annähert.

„Und äh, wie gesagt, diese Umstellung kam ja auch so ein bisschen von oben auf uns runter und äh, ja insofern haben wir uns ein Stück führen lassen von oben und weil von oben dann kein Protest kam, haben wir uns dann klammheimlich wieder dieses alte System, hat das ein bisschen um sich gegriffen" (I7: Z. 637 ff.).

Demnach hat sich die strikte Trennung von Verfahrens- und Durchführungsverantwortung und die damit verbundenen, getrennten Zuständigkeiten von ASD-Team und Trägerteam nicht durchgesetzt.[121] Die (inhaltliche) Erarbeitung eines Maßnahmevorschlags, mit dem der Fall eine konkrete organisatorisch-institutionelle Gestalt erhält, findet im modifizierten Verfahren nicht im Rahmen (regelmäßiger) Trägerteamtreffen statt. Die Produktion der Fallgeschichte im Rahmen eines professionellen Settings erfolgt ausschließlich während der Fallkonferenzen, deren Ergebnisse dann auch weitestgehend die Fallzuweisungspraxen (vor-)strukturieren.

„Der Sprecher bekommt äh vom ASD den Fall, der in einer Fachkonferenz, wo in einer Fachkonferenz festgelegt wurde, hier soll die und die Hilfe rein, und äh, der Sprecher bekommt diesen Fall dann auf den Tisch und äh sucht dann eben die geeignete Person dafür" (I3: Z. 31 ff.).

---

121 Deutlich wird hier auch, dass organisatorisch-institutionelle Reformprozesse bzw. Ablauf- und/oder Verfahrensänderungen nicht von ‚oben nach unten' diktiert werden können, sondern Mitarbeiter und Mitarbeiterinnen an den Prozessen beteiligt werden müssen und veränderte Einstellungen bzw. professionelle Haltungen den Umschlagpunkt für die Umsetzung organisatorisch-institutionelle Reformen in Praxis bilden: vgl. Hoettermann et al. 2004.

"Dann gehe ich an den Sozialraumgremium-Sprecher heran, rufe den an und sage pass auf, ich schicke dir jetzt ein Protokoll der Fachkonferenz, wo kurz und knapp der Auftrag drin steht, das ist das, was an Anforderungen ich von dem freien Träger haben möchte, und das ist das, was in der Zielformulierung bisher erarbeitet worden ist. Gut dann gibt's noch einen Bedarfsfeststellungsbogen, das ist so ein bisschen ankreuztestmäßig, das ist dann noch mal so mit Schlagworten ähm Grundversorgung, gibt's ne Kindeswohlgefährdung, geht's um Organisation im Haushalt oder geht's um Organisation bei dem, was drum herum ist, Behördengänge, werden keine Anträge gestellt solche Sachen, geht's um Erziehungskompetenz da kann man dann noch mal (...) so nen Ankreuztest machen" (I8: Z. 337 ff.).

Das heißt, die während der Fallkonferenzen im ASD-Team erarbeiteten Fallkonstruktionen umfassen sowohl Problembeschreibungen sowie Zielvorgaben, bis hin zu Vorstellungen über wünschenswerte Eigenschaften der ‚Fall-Arbeiter' bzw. ‚Fall-Arbeiterinnen'[122]. Die schriftlich fixierten Fallkonstruktionen werden den je zuständigen Sozialraumteamsprechern/-sprecherinnen übermittelt[123] und diese übernehmen dann die Aufgabe der organisatorischen Fallzuweisung/Fallverteilung bzw. die ‚Suche' des passenden (oder gewünschten) ‚Fall-Arbeiters' bzw. der passenden ‚Fall-Arbeiterin'.

"Im Amt wird dann ne Fachkonferenz und dann wird gesagt, Mensch und für Familie XY brauchen wir sechs Stunden SPFH und die wohnen jetzt hier im Stadtteil und wenn die hier im Stadtteil wohnen, dann werde ich angerufen und muss dann gucken, wer kann das machen. Und dann hab ich halt hier in B-Stadt ist es so vier große Träger und so [ein] paar private, wie auch immer, und äh ja, such dann einen raus, was so passt und verteile dann die Fälle" (I4: Z. 584 ff.).

"Ähm da spielt stark mit rein, wir haben ja dies Budget, also den großen Kuchen und jeder hat halt also ist zu einem bestimmten Anteil ausgelastet. Wenn ich weiß, dass der und der Träger zu über hundert Prozent ausgelastet sind und der andere aber nur zu neunzig Prozent, dann ergibt sich das von selber. Und da macht das keinen Sinn, wenn ich dann bei dem anrufe, der eh schon super voll ist, sondern natürlich bei dem anderen anrufe" (I4: Z. 590 ff.).

Die Fallverteilungspraxis wird durch zwei Dimensionen strukturiert: Zum einen über die Dimension der Fallkonstruktionen, d. h. aus der fallbezogenen Problemsetzung der ASD-Fachkräfte werden (oftmals) konkrete Vorstellungen zu dem dazu passenden Profil der Fachkraft abgeleitet. Zum anderen wird die Fallverteilungspraxis durch eine organisatorische Dimension bestimmt. Die Fallverteilung

---

122 Z. B. ob Mann oder Frau, bestimmte Fähigkeiten.
123 Hierbei haben sich teamspezifische Vorgehensweisen hinsichtlich der Fallinformationspolitik etabliert.

## 4.2 Sinnformeln – (Be-)Deutungen der Sozialraumteamarbeit

wird dabei durch strukturelle, trägerinterne Faktoren oder Ressourcen, wie z. B. die Budgetauslastung oder die Personalsituation, beeinflusst.

Resümiert werden kann an dieser Stelle, dass die je konkreten Sinnformeln, mit denen die Programmatik kooperative Steuerung gefüllt wird, nicht automatisch durch vorab ausgehandelte Ordnungen – wie Gesetze, Geschäftsordnungen o.Ä. – erzeugt werden, sondern in den situativen Deutungsprozessen der Akteure und Akteurinnen. Spezifische strukturelle Bedingungen zeitigen spezifische Aushandlungen und bestimmen „who negotiated with whom, when, and about what" (Strauss 1988: 5). Sozial hergestellte Wissensordnungen strukturieren demnach die Situationsdefinitionen der Akteure und Akteurinnen (mit), zugleich werden vorgegebene Elemente auch begrenzt im Handeln modifiziert. Der Umgang mit den vorgegebenen Elementen variiert dabei in Zusammenhang mit den Positionen der Akteure und Akteurinnen im Feld: Wer wie welche Sinnstiftungsangebote unter welchen Bedingungen nutzt, welche Rationalisierungen und Strategien sich durchsetzen und welche zum (vorläufigen) Schweigen gebracht werden, lässt sich mit den (relationalen) Positionen der Akteure und Akteurinnen in den feldspezifischen Arenen verbinden, die sie aufgrund ihrer Zugehörigkeit zu verschiedenen sozialen (Sub-)Welten aufweisen.

Im Anschluss an Strauss (1964,1978) und Becker (1974, 1986) definiert A. Clarke soziale Welten als „groups with shared commitments to certain activities, sharing resources of many kinds to achieve their goals, and building shared ideologies about how to go about their business" (Clarke 1991: 131, vgl. auch Strauss 1993, Strübing 2007, 2008). Während mit dem Konzept der sozialen Welten eher die Gemeinsamkeiten von Akteuren und Akteurinnen bzw. Gruppen betont werden, zielt das komplementäre Konzept der Arenen hingegen auf die Beschreibung der Interaktionen zwischen verschiedenen Sozialen Welten, die über die jeweiligen Akteure und Akteurinnen vermittelt werden. In Arenen treffen sich demnach Repräsentanten und Repräsentantinnen verschiedener sozialen Welten, die an einer gemeinsamen Frage- und/oder Zielstellung arbeiten und hierzu gegenseitig aufeinander verwiesen sind (Clarke 1991: 133). Liest man das empirische Material vor dieser Folie, wird deutlich, dass die Sozialraumteams eher als Arenen denn als soziale Welten gefasst werden können.

In dieser Lesart werden die Mitglieder der Sozialraumteams als Repräsentanten und Repräsentantinnen der zentralen Organisationen bzw. Institutionen verstanden, die das (lokale) Feld Jugendhilfe konstituieren. Sie repräsentieren damit einige der entsprechenden sozialen (Sub-)Welten,[124] innerhalb derer Jugendhilfeleistungen organisiert und prozessiert werden. Ihre organisatorisch-

---

124 Der Feldbegriff in dem Zusammenhang betont die Systemebene, wohingegen das Konzept der sozialen Welt die Prozessebene betont.

institutionelle Verortung bzw. Partizipation an diversen anderen sozialen Welten prägt die Interaktionen innerhalb der Sozialraumteamtreffen:

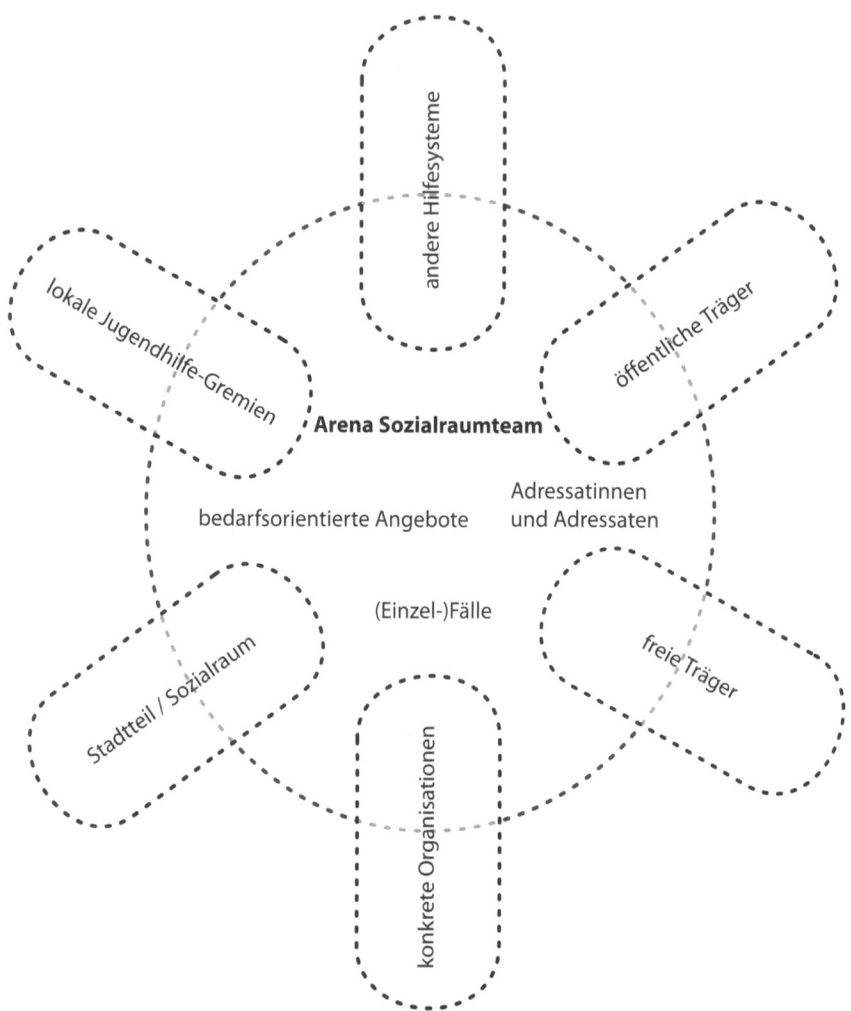

*Abbildung 8:* Soziale Welten/Arenen-Karte Sozialraumteam

Zu betonen ist, dass die Interaktionen insbesondere durch die vorgängigen (Kooperations-)Erfahrungen der Fachkräfte strukturiert werden – ihre *gemeinsamen Geschichten* – und diese Erfahrungen in die je situativen (Aushandlungs-)Prozesse in den Sozialraumteams einfließen und ihre jeweiligen Positionierungen begründen. Die gemeinsamen Geschichten prägten dabei insbesondere die Prozesse zu Beginn der Sozialraumteamarbeit; die Implementationsphase.

Aus einer analytischen Sichtweise können hierbei drei ‚Erfahrungs-Ebenen' unterschieden werden: die persönliche Ebene, die organisationelle Ebene und die institutionelle Ebene,[125] die jedoch eng miteinander verknüpft sind. Dabei werden positive Kooperationserfahrungen – insbesondere auf der persönlichen Ebene – als förderlich für die Etablierung der Sozialraumteamarbeit bewertet, da somit an Vertrautes angeschlossen werden kann und das neue Arbeitssetting mit einem ‚Vertrauensvorschuss' positiv gedeutet wird. Im Umkehrschluss erschweren negativ bewertete Kooperationserfahrungen die Arbeitsbeziehungen im Sozialraumteam. Auch im Zusammenhang mit der Einschätzung der Arbeitsbeziehungen nach der Implementationsphase zeigt sich, dass der persönlichen Ebene – den Interaktionen während der Sitzungen – die stärkste Bedeutung beigemessen wird und nicht geklärte Konflikte „auf der Beziehungsebene" (I5: Z. 121) in massiven Belastungen resultieren.

„Aber, sind ja alle nur Menschen und reagieren eben halt auch" (I6: Z. 593).

Obgleich die Fachkräfte als Repräsentanten bzw. Repräsentantinnen zentraler Jugendhilfeorganisationen und -institutionen agieren, absorbieren die beruflichen Rollen nicht die Person und deren Gefühle – Goffman spricht hier von einer „*Person-Rolle-Formel*" (ders. 1980: 297). Das heißt, die performativen Handlungen der Akteure und Akteurinnen sprechen immer auch die Gefühlsebene an, die wiederum mitbestimmt *wie* die Prozesse der Fallberatungsarbeit, Sozialraumarbeit und Grenzarbeit (s.w.u.) während der Sitzungen verlaufen.

In Anbetracht des Gesamtprogramms einer sozialraumorientierten und/oder flexibilisierten und/oder integrierten Ausrichtung der Jugendhilfeleistungen und ihrer kooperativen Steuerung zeigt sich, dass sich in A-Stadt und B-Stadt jeweils unterschiedliche Kulturen der Sozialraumteamarbeit etabliert haben, so dass von *lokalen Kulturen* kooperativer Steuerung bzw. Organisierung von Jugendhilfeleistungen gesprochen werden kann. Die lokalen Kulturen sind dabei vor allem auf die unterschiedlichen, wiederum lokal spezifischen Adaptionen von (Reform-) Diskursen und Reformprogrammatiken zurückzuführen: In den ‚offiziösen' Darstellungen wird (werden) die Reformgeschichte(n) in B-Stadt als

---

125 Zum Einfluss persönlicher, institutioneller und organisationaler Geschichten auf aktuelle Aushandlungsprozesse vgl. Strauss 2008: 89 f.

langjährige Entwicklungsgeschichte ‚aus einem Guss' präsentiert und dabei vor allem die niedrigschwelligen und fallunspezifischen Angebote hervorgehoben. Die neuralgischen Elemente der lokal-spezifischen Reformkultur – die etablierten Organisationsformen (Trägerkooperation, Sozialraumbudget, Stadtteilprojekte), Leitlinien und Standards – repräsentieren bzw. verarbeiten bestimmte Elemente des Sozialraum-Diskurses und damit transportierter Ideen zur Organisierung und Steuerung der Jugendhilfe. Demgemäß spiegelt die Sinnformel Sozialraumarbeit in B-Stadt vor allem die Fachdiskussion zur Sozialraumorientierung bzw. zur sozialräumlich ausgerichteten Organisierung der Jugendhilfe. Die unterschiedlichen Positionierungen hinsichtlich der erwartbaren Wirkungen von Sozialraumarbeit auf die Entwicklung der Fallzahlen einerseits sowie die veränderte professionelle Herangehensweise an lebensweltliche Probleme andererseits stellen dabei spezifische Arenen dar, in denen mögliche unterschiedliche Konnotationen von Sozialraumarbeit verhandelt werden.

Die Sinnformel Fallberatungsarbeit, die für die lokale Kultur kooperativer Steuerung/Organisierung in A-Stadt steht, spiegelt hingegen eine andere lokale Schwerpunktsetzung. Auch hier wird die Reformgeschichte eher als bruchlose und kontinuierliche Entwicklung beschrieben – von zentraler Bedeutung ist aber hier die Weiterentwicklung der Fallarbeit unter dem Leitbild flexibler Hilfeerbringung.

## 4.3 Sozialraumteams als Orte der Grenzbearbeitung

Wie zuvor dargelegt, unterscheiden sich die durchgesetzten Sinnformeln in A-Stadt und B-Stadt. Gemeinsam ist den unterschiedlichen Deutungen von Sozialraumteamarbeit aber, dass sie einen Rahmen für *kooperative Entscheidungsprozesse* darstellen und die Akteure und Akteurinnen – sowohl mit der Fallberatungsarbeit als auch mit der Sozialraumarbeit – eine kontinuierliche *Grenzbearbeitung* vollziehen.

„Aber auch, dass viel mehr Verständnis untereinander gewachsen ist. Das die unterschiedlichen Sichtweisen bekannt geworden sind, wie arbeitet der Träger, welche Funktionen und Aufgaben hat öffentlicher, stationärer [Träger], welche Anforderungen muss Jugendamt bringen" (I2: Z. 49 ff.)

„Man weiß mehr voneinander. Und ist nicht mehr ganz so, ähm dass jeder für sich klüngelt. Also was wir immer so schön nennen mit Transparenz ne die die Arbeit ist relativ offen und überschaubar oder auch durchschaubar ne. Also durchschaubar nicht im negativen Sinne, sondern eben halt im Sinne von Transparenz, dass jeder weiß, was man tut und ähm dass das von beiden mitgetragen wird, ne das es nicht

## 4.3 Sozialraumteams als Orte der Grenzbearbeitung

heißt, die haben gemacht, oder die sagen immer, die haben gemacht und ne, sondern wir haben im Zweifelsfall gemeinsam gemacht ne" (I8: Z. 97 ff.).

Das Konzept der Grenzbearbeitung soll hier darauf hinweisen, dass sich mit der Sozialraumteamarbeit vor allem (auch) eine Bearbeitung inter-organisatorischer und inter-institutioneller Grenzen verbindet. Grenzbearbeitung bezieht sich im Gegensatz zur Fallberatungsarbeit weder primär auf Fallkonstituierungsprozesse noch wie bei der Sozialraumarbeit auf den Fall im Feld, sondern auf die Bearbeitung der Beziehungen und Rollen der beteiligten Akteure und Akteurinnen. Grenzbearbeitung äußert sich dabei sowohl in Form von *Angrenzung* sowie in Form von *Abgrenzung*.

Angrenzung

Mit der Grenzbearbeitung verringern sich die ‚Abstände' zwischen den Akteuren und Akteurinnen. Sozialraumteamarbeit wird hierbei positiv mit einer gegenseitigen Annäherung verbunden, die wiederum die Basis für *vertrauensvolle Arbeitsbeziehungen* bildet und zu neuen und veränderten Beziehungen der Fachkräfte im Feld beiträgt. In dem Zusammenhang wird die *Reflexion eigener Einstellungen* als Ausgangspunkt markiert, woraus entweder ein offensiver, konfrontativer Umgang mit diesen (Vor-)Urteilen erwachsen kann oder aber auch ein eher defensiver Umgang, bei dem die (Vor-)Urteile nicht thematisch werden. Zweitens erfordern Formen der Angrenzung ein *Klarstellen von Absichten bzw. Nicht-Absichten*: „ich will dir nichts und du willst mir nichts, wir wollen aber etwas miteinander" (I7: Z. 1218). Die Betonung liegt hierbei auf der Negation einer Bedrohung (durch Assimilation o.Ä.) sowie auf dem gemeinsamen Ziel, das miteinander und nicht getrennt voneinander erreicht werden soll. Ein weiterer Aspekt betrifft *die gegenseitige Anerkennung* der Akteure und Akteurinnen als gleichwertig und wertvoll: „und das, was jeder einbringt ist gut" (I7: Z. 1220) sowie den Wunsch und Willen zur Veränderung und den entsprechenden Handlungen.

Abgrenzungen

Mit der Grenzbearbeitung im Rahmen der Sozialraumteamarbeit können sich aber auch Formen verstärkter Abgrenzungen verbinden. Dabei werden die unterschiedlichen organisatorisch-institutionellen Verortungen betont und zu Grenz-

ziehungen genutzt, mit denen wiederum strategische Gewinne – beispielsweise in Konkurrenzsituationen – erzielt werden können.
Zudem können zwei Ebenen der Grenzbearbeitung unterschieden werden:
- die Ebene der Institutionen: damit sind die feldtypischen Kategorisierungen gemeint, die über die konkrete Organisationsebene hinausgehend Sinngehalte/Zuschreibungen ‚transportieren', wie z. B. *der* öffentliche Träger und *die* freien Träger bzw. *die* ambulanten Träger und *die* stationären Träger,
- die Ebene der Organisationen: damit sind die je konkreten im Sozialraumteam repräsentierten Organisationen/Einrichtungen gemeint.

### 4.3.1 Die institutionelle Ebene: Grenzbearbeitung des öffentlichen und der freien Träger

In Zusammenhang mit der inter-institutionellen Grenzbearbeitung zeitigt die Rollenteilung während der *Fallberatungsarbeit* spezifische Konsequenzen.

„Wenn man eben halt das Gefühl hat, da immer derjenige zu sein, der dann da unter also begutachtet wird oder seine Arbeit präsentiert und die anderen eben halt nicht" (I6: Z. 584 ff.).

„Wir sind da ja alle ein bisschen in einer anderen Rolle" (I6: Z. 523 f).

„Diejenigen, die dort eben halt nichts von ihrer Arbeit präsentieren, sondern die dort eben halt beratend mit sitzen, weil nie eigene Fälle dort mit eingebracht werden, sind natürlich in ner vollkommen anderen Situation. Weil die Arbeit, also das ist unterschiedlich, wessen Arbeit beleuchtet wird und angeguckt wird. Und das kann schon mal zu Konflikten führen. Dass man sich auf den Schlips getreten fühlt oder so, durch durch Nachfragen oder durch Kritiken, die da kommen" (I6: 583 ff.).

Mit der Darstellung, der kommunikativen Verhandlung und der (Neu-) Produktion von Fallgeschichten wird ein handlungsentlasteter Reflexionsraum konstituiert, in dem die Handlungsprobleme professioneller Akteure und Akteurinnen in einem ‚Als-ob-Modus' bearbeitet werden. Die Involvierung der verschiedenen Akteure und Akteurinnen aus je unterschiedlichen Organisationen und Institutionen in diesen Prozess, führt zur Entstehung neuer Aushandlungssituationen (-arenen), in denen sich ihre institutionalisierten Positionen verflüssigen und entsprechende Grenzziehungen bearbeitet werden. Die während der Beratungsarbeit eingenommenen Rollen Falleingeber/Falleingeberin (Ratsuchender/Ratsuchende) und Berater/Beraterinnen unterscheiden sich von den Rollen in anderen Situationen bzw. Arbeitssettings.

## 4.3 Sozialraumteams als Orte der Grenzbearbeitung 149

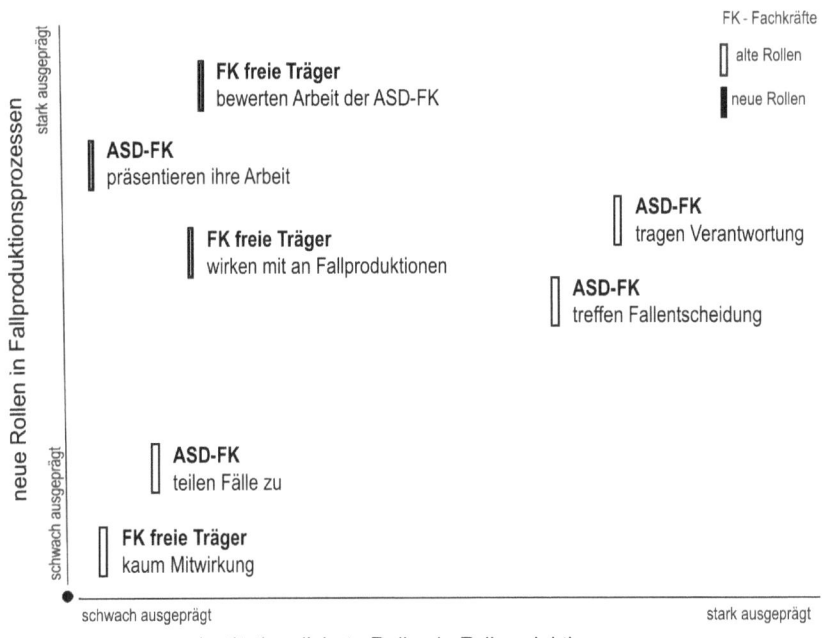

*Abbildung 9:* Positions-Karte zu alten und neue Rollen in Fallproduktionsprozessen

Mit der Rolle des Falleingebers bzw. der Falleingeberin rücken die anderen institutionalisierten Rollen der ASD-Fachkräfte, wie sie sich zugespritzt in Selbstpositionierungen als „Geber der Fälle" (I1: Z. 215), ‚Entscheider/Entscheiderin' oder ‚Wächteramt' ausdrücken, mindestens für einen bestimmten Zeit-Raum in den Hintergrund. Eingespielte und routinisierte Positionen und Rollen werden folglich während der Fallberatungsarbeit zeitweise zum Schweigen gebracht und es werden neue Rollen übernommen. Für die Fachkräfte der freien Träger eröffnen sich mit der Ratgeber- bzw. Ratgeberinnen-Rolle zudem *neue* Handlungsoptionen. Sie verfügen nunmehr über ‚Rede-Rechte' in Bezug auf die Produktion von Fallgeschichten bzw. hinsichtlich der Bearbeitung von Handlungsproblemen der ASD-Fachkräfte. Ohne die Fallberatungsarbeit hätten sie zu diesen Problembearbeitungsprozessen keine Zugangsmöglichkeit. Dennoch ist in diesem Zusammenhang davon auszugehen, dass die anderen Rollen immer auch im Hintergrund ‚wirken' und beständige Rollenwechsel zwischen alten (institutionalisierten) und neuen Rollen stattfinden. Insbesondere im Kontext von Fallgeschichten, die als Sonderfälle – z. B. Handlungsprobleme und Entscheidungen im Kontext von Kindeswohlsicherung und Fremdunterbringung – kategorisiert werden, aktualisieren die Fachkräfte ihre institutionalisierten Rollen (z. B. Wächteramt). Die neuen Rollen im Rahmen der Fallberatungsarbeit rücken dabei eher in den Hintergrund.

Entscheidend ist hierbei insgesamt, dass die Akteure und Akteurinnen ständig alte und neue Rollen ausbalancieren und sich mit der Darstellung der Fallgeschichte immer auch eine Präsentation der Arbeit und Deutungen der Falleingeber/Falleingeberinnen verbindet. Darüber vermittelt rückt die Arbeit der ASD-Fachkräfte in den Mittelpunkt. Sie stehen vor der Anforderung ‚sich zeigen zu müssen'. Sie sind damit einer Bewertungssituation ausgesetzt, in der ihre Arbeit unter Umständen durch die Ratgeber/Ratgeberinnen infrage gestellt wird bzw. sie durch diese aufgefordert werden, ihre Arbeit zu erklären und zu rechtfertigen. Infolgedessen werden Entscheidungs- bzw. Hilfeplanungsverfahren für daran nicht unmittelbar beteiligte Akteure und Akteurinnen einsichtiger. Mit der Fallberatungsarbeit verbindet sich demgemäß nicht nur die Möglichkeit der Absicherung und/oder Verunsicherung von Entscheidungsfindungsprozessen sondern auch die *Bewertung und Evaluierung der Arbeit* der Entscheidungsträger bzw. Entscheidungsträgerinnen. Evaluierungsanfragen werden insbesondere im Zusammenhang mit *Fallentscheidungen bzw. Zuweisungspraxen* gestellt: z. B. zu Fallentscheidungen, die getroffen wurden, ohne den konkreten Fall ins Sozialraumteam einzubringen; zu Fallentscheidungen, die nicht die Vorschläge der Ratgeber bzw. Ratgeberinnen widerspiegeln sowie zu Zuweisungspraxen, die von vorgegebenen bzw. als verbindlich eingestuften Maximen abweichen. In diesem Zusammenhang wird auf eine Veränderung i.S. einer Verfachlichung der Platzierungskriterien verwiesen.

„Es gibt manchmal Träger, die kennt man ja. Die Leute kennt man durch die Arbeit, wo ich sage, der wäre super geeignet für die Familie. Aber ich kann es nicht, weil ich muss Träger 3 nehmen. Ich muss gar nichts, aber ehe ich das durchhabe und durchkämpfe. Ist doch ein Stück Ärger und ein Stück Rechtfertigung. Warum entscheide ich das so, und die sind sauer" (I1: 769 ff.).

„Also ich denke der Einfluss geht wirklich dahingehend, äh so ne, so ne Mentalität ähm auszuheben, ich versorg Dich jetzt mal mit nem Fall, ja, weil ich dich gut leiden kann, ja, und hebelt auch aus, dass in Zukunft diese superlangen Fallverläufe, Hilfeverläufe doch gekürzt werden. Ähm, so ein Stückchen Transparenz, ne, ist dann schon gegeben" (I5: Z. 640 ff.).

## 4.3 Sozialraumteams als Orte der Grenzbearbeitung

Insgesamt wird das Sozialraumteam (auch) als Ort oder Rahmen genutzt, um institutionelle bzw. organisatorische (Zuweisungs-/Platzierungs-) Praxen anzusprechen und zu kritisieren oder auch Erklärungen von Abweichungen einzufordern. Die Thematisierung und erhöhte Transparenz von Zuweisungspraxen birgt insofern Rationalisierungs- bzw. Kontrollpotential hinsichtlich fallbezogener Organisierungs- und/oder Steuerungspraxen des öffentlichen Trägers, da die Fachkräfte der freien Träger, die strukturell ohne Entscheidungsmacht ausgestattet sind, in diesem Rahmen die Möglichkeit haben, sich zu äußern und über das Fragerecht die ‚Themenagenda' zu kontrollieren und damit den Horizont der möglichen Antworten vorzugeben (vgl. Hitzler/Messmer 2008: 246). Sichtbar wird in diesem Zusammenhang aber auch, dass die strukturell ‚stärkere' Steuerungsposition des öffentlichen Trägers sich auch in der Rolle des Falleingebers/der Falleingeberin mit der Selektion der Fälle bzw. Fallgeschichten manifestiert – trotz der damit verbundenen Transparenzsteigerung qua institutionalisierter Offenlegungspflicht.

Auch im Kontext *der Sozialraumarbeit* lassen sich institutionelle Grenzbearbeitungen nachzeichnen, obgleich diese nicht an eine spezifische, methodische Rollenverteilung während der Sitzungen gekoppelt sind.

„Das heißt äh, dass manchmal so ein Gefühl da ist, nicht nur bei mir, sondern auch bei meinem Kollegenkreis also aus dem vom Öffentlichen Träger, ja wir müssen uns immer verbiegen damit's dem freien Träger gerecht wird, so ungefähr" (I8: Z. 143 ff.).

„Das, was wir beklagt haben vom Öffentlichen Träger, ist ähm, dass es immer meist so ist, dass das wir noch viel offener sein müssen als die Freien Träger. Das höre ich bei uns im freien äh im Öffentlichen Träger" (I8: Z. 126 ff.).

Hier werden gestiegene Offenlegungspflichten und Veränderungszwänge beschrieben, denen die Mitarbeiter und Mitarbeiterinnen des öffentlichen Trägers unterliegen. Diese Anforderungen umfassen dabei Offenlegungen der Arbeitsinhalte und deren Strukturierung „wie wir arbeiten" und „wann wir was tun" (I8: Z. 156). Als konkretes Beispiel werden Veränderungsvorschläge der freien Träger angeführt, die sich auf die Gestaltung der Fallkonferenz beziehen, quasi das (verbliebene) ‚Hoheitsgebiet' des öffentlichen Trägers, sowie die veränderte Fallplatzierungs-/-verteilungsprozedur (s. o.), mit der die Zuweisung nicht mehr direkt oder ausschließlich durch die ASD-Fachkräfte erfolgt.

## 4.3.2 Grenzbearbeitung zwischen freien Trägern

Neben der Grenzbearbeitung zwischen den Repräsentanten und Repräsentantinnen des öffentlichen und der freien Träger findet wie schon angedeutet, auch die Bearbeitung der inter-organisatorischen Grenzen (insbesondere) zwischen den freien Trägern statt. Hierbei werden unterschiedlichste Erfahrungen geschildert. Die (Arbeits-)Beziehungen der freien Träger gestalten sich ‚im Schatten' von Konkurrenz und Kooperation zugleich.

> „Und ein dritter Wunsch, dass dass man offener mit Kritik umgeht und das weniger auf die Person bezieht, sondern das man tatsächlich auch immer auch im Hinterkopf hat, es gibt trotz aller schönen und guten Strukturen auch immer Konkurrenz" (I5: Z. 936 ff.).

Sowohl das in A-Stadt eingeführte Organisationsprinzip des Schwerpunktträgers und die damit getroffene Festlegung „welcher Träger was machen soll" (I3: Z. 103 f.) als auch die Bildung der Trägerkooperation und Budgetierung der Erziehungshilfen in B-Stadt hebeln Konkurrenzsituationen zwischen freien Trägern nicht aus. Alle befragten Fachkräfte berichten vielmehr von Kooperationen und Konkurrenzen[126] zugleich. Im Zusammenhang mit den regelmäßigen Treffen der Sozialraumteams werden einerseits positiv bewertete Veränderungen beschrieben, wie etwa stärkere Annäherungen und eine neue Qualität des gegenseitigen Kennenlernens, die aber nicht zu einer vollständigen Reduktion von Konkurrenzsituationen führen. Ein Verschwinden von Konkurrenzthematiken wird zudem von keinem/keiner der Befragten erwartet oder (auch nur) als reale Möglichkeit beschrieben.

Konkurrenzsituationen in Bezug auf Fallzuweisungen entstehen vor allem dann, wenn Trägerexistenzen aufgrund zu geringer Auslastung bedroht sind. In diesem Zusammenhang zeitigt insbesondere die ‚Schrumpfung' von A-Stadt und der mit ihr verbundene Stadtumbau Konsequenzen, da fraglich ist, ob und wie die organisatorisch-administrative Teilung des Stadtgebietes in drei Sozialräume weiterhin aufrechtzuerhalten ist und welche Folgen sich daraus eventuell für die freien Träger ergeben.

Das Spannungsfeld von Konkurrenz und Kooperation kann demnach im Rahmen der Sozialraumteamarbeit nicht aufgelöst, sondern nur bearbeitet werden. Konkurrenzthematiken werden im Sozialraumteam dabei aber weitestge-

---

126 Interessant ist in diesem Kontext, dass – zumindest zeitweise – auch Konkurrenzen zwischen den Sozialraumteams sowie (darüber vermittelt) zwischen den je involvierten ASD-Fachkräften aufgetreten sind, wobei im Unterschied zu den Konkurrenzbeziehungen zwischen freien Trägern diese nicht an Organisationsexistenzen geknüpft sind.

## 4.3 Sozialraumteams als Orte der Grenzbearbeitung

hend tabuisiert und eher nicht offensiv bearbeitet. Die Tabuisierung wird einerseits auf die Erwartungen der Akteure und Akteurinnen zurückgeführt, dass sich mit der Institutionalisierung des neuen, kooperativen Arbeitssettings sowie den eingeführten Organisierungsprinzipien Schwerpunktträger bzw. Trägerkooperation Konkurrenzsituationen verhindern lassen bzw. sich ohne explizite Bearbeitung auflösen. Und andererseits diese Thematik nicht angesprochen wird, „weil keiner wirklich den Schwarzen Peter nehmen möchte, dass er die Stimmung verdirbt" (I5: Z. 761 f.). Demgemäß entspricht die Tabuisierung einer Strategie zum Umgang mit strukturell evozierten und (momentan) nicht aufzulösenden Problemen. Sichtbar wird hier zudem, dass stattgehabte Entwicklungen – Einführung von Markt- und Wettbewerb, purchaser-provider-split (vgl. Kapitel 2.4) – wirkmächtig sind und die inter-organisatorischen/inter-institutionellen Arbeitsbeziehungen der Akteure und Akteurinnen (mit)strukturieren.

Resümee

Konstatiert werden kann, dass die Mitglieder der Sozialraumteams mit ihren regelmäßigen Treffen einen Zeit-Raum konstituieren, der Optionen des Einsichtnehmens in die Arbeit und Denkweisen der *je Anderen* bietet und so zur Bearbeitung organisatorischer und institutioneller Grenzen genutzt wird. Während der Sozialraumsitzungen bringen die Fachkräfte ihre Interessen und Perspektiven auf die zu bearbeitenden Probleme ein, verhandeln diese bzw. gleichen sie miteinander ab. Zudem können in diesem Rahmen (*Evaluierungs-)Anfragen* zu Fallzuweisungspraxen und anderen Entscheidungen gestellt werden. Wenn auch im Sozialraumteam keine rechtsverbindlichen Entscheidungen getroffen werden (können), finden doch Abstimmungsprozesse statt, mit denen Entscheidungen mindestens vorbereitet werden. Diese Entwicklung wird von den Mitgliedern der Sozialraumteams als eine *Steigerung von Transparenz* beschrieben und dabei je nach Rolle und Positionierung sowohl als positiv i.s. einer Beteiligungsmöglichkeit und Erhöhung von Handlungsoptionen empfunden als auch eher negativ i. S. einer Eingrenzung und Kontrolle von Handlungsoptionen gedeutet. Grenzbearbeitung fundiert einerseits die *Arbeitsfähigkeit* der Sozialraumteams – „das wirklich dieser öffentlicher Träger und die freien Träger, es beiden gelingt aufeinander zuzugehen, wertschätzend und respektvoll" (I7: Z. 1208 ff.) – ist aber zugleich auch als Ergebnis kooperativer Wohlfahrtsproduktion bzw. Steuerung zu begreifen.

# 5 Kooperatives Steuerungshandeln – Generierung erhöhter (Selbst-)Reflexivität und Organisierung von Zustimmung

Wie und durch wen Jugendhilfeleistungen hergestellt und organisiert werden *sollen*, ist diskursiv strittig. Üblicherweise werden drei Grundformen der Koordinierung und Organisierung kollektiver Handlungen (Bürokratie/Hierarchie, Markt und Netzwerke/Gemeinschaft) benannt. Im Rahmen der Neuen Steuerung werden beispielsweise insbesondere marktförmige Elemente von Steuerung ‚priorisiert', während mit dem Reformdiskurs zur flexiblen und/oder integrierten und/oder sozialraumorientierten Jugendhilfe vor allem Formen der kooperativen Steuerung (bzw. Netzwerksteuerung) dem Steuerungsmodus Bürokratie/Hierarchie bzw. Markt/Wettbewerb als leistungsfähigere Alternative gegenübergestellt werden. In dem Zusammenhang scheinen gemeinsame, sozialräumlich orientierte Arbeitsformen des öffentlichen und verschiedener freier Träger der Hilfen zur Erziehung – hier Sozialraumteams genannt[127]– von zentraler Bedeutung für die ‚Umsetzung' eines veränderten Steuerungsverständnisses auf der praktischen Handlungsebene zu sein. Daraus ergab sich das zentrale Forschungsinteresse, das dieser Studie zugrunde liegt – die nur empirisch zu bearbeitende Frage, mit welchen Bedeutungen die professionellen Akteure und Akteurinnen der Sozialraumteams eine veränderte, kooperative Steuerung versehen. Im Kern fragt die Studie daher, wie sich das veränderte Steuerungsverständnis in den Handlungsorientierungen der Professionellen aktualisiert. Der Fokus ist damit auf die Sinngebungen und Bedeutungen, mit denen Mitglieder der Sozialraumteams ihre Arbeit interpretieren, gerichtet, weil – wenn überhaupt – diese interpretativen Handlungen das Neue an der veränderten Praxis deutlich machen.

Für die Datengewinnung wurde zunächst die Methode des leitfadengestützten Experten- und Expertinneninterviews gewählt. Insgesamt wurden acht Interviews durchgeführt. Um ein möglichst breites Bild und vielfältige Perspektiven zu gewinnen, wurden vier Mitarbeiterinnen bzw. Mitarbeiter des ASD und vier Mitarbeiterinnen bzw. Mitarbeiter freier Träger der Hilfen zur Erziehung in zwei ehemaligen INTEGRA-Kommunen befragt. Mit der sukzessiven Entwicklung

---

127 Zu anderen gängigen Bezeichnungen dieser Kooperationsformen vgl. Kap. 1.

von Konzepten und Kategorien im Stil der Grounded Theory und damit in Zusammenhang stehenden (neuen) Fragestellungen wurde im weiteren Verlauf des Forschungsprozesses die Entscheidung getroffen, bei jeweils einer Sozialraumteamsitzung in beiden Kommunen zu hospitieren.

In der Studie konnte gezeigt werden, dass und wie mit der Implementation von Sozialraumteams neue Situationen geschaffen werden, die mit der Anforderung an die Akteure und Akteurinnen einhergeht, *kollektive* Situationsdefinitionen interaktiv herzustellen. In diesem Prozess der *Sinnsuche,* der im Ergebnis zur (vorläufigen) *Durchsetzung einer Sinnformel* führt, konstituieren die Fachkräfte qua *Aushandlungsprozess* einen Rahmen, der ihr Handeln strukturiert. Die Prozesse, die zur Herausbildung von Sinnformeln führen, werden dabei von zuvor ausgehandelten Ordnungen, wie sie beispielsweise innerhalb spezifischer, lokaler Reformkulturen entstehen, geprägt, sodass sich die durchgesetzten Sinnformeln in A-Stadt und B-Stadt unterscheiden: *Fallberatungsarbeit* und *Sozialraumarbeit.* Aber sowohl im Rahmen der Fallberatungsarbeit als auch im Rahmen der Sozialraumarbeit leisten die Fachkräfte zugleich kontinuierlich *Grenzbearbeitung.* Diese zentralen Kategorien werden nachfolgend kurz resümiert und unter professionstheoretischen Gesichtspunkten im Hinblick auf die Prozessierung von Entscheidungsfindungsprozessen Professioneller diskutiert. Mithin wird so die These entfaltet, dass kooperatives Steuerungshandeln zu einer erhöhten (Selbst-)Reflexivität des professionellen Hilfesystems qua organisierter Reflexionsschleifen führt. Nicht bearbeitet werden allerdings die strukturell induzierten Asymmetrien sozialpädagogischer Erbringungsverhältnisse. Diese werden u.U. noch verstärkt. Vor diesem Hintergrund bilden die Überlegungen zu einer *reflexiven Professionalisierung* Sozialer Arbeit (vgl. Dewe/Otto 2005) eine angemessene Reflexionsfolie, die die Begrenzungen kooperativen Steuerungshandelns in der rekonstruierten Form einsichtig werden lässt und hierüber einer Bearbeitung zugänglich macht.

## 5.1 Zur multiperspektivischen Prozessierung professioneller Entscheidungsfindungsverfahren

Die Interpretation der Sozialraumteamarbeit als Fallberatungsarbeit ermöglicht den Fachkräften, ihre verschiedenen Perspektiven auf einen Fall (zunächst) *unproblematisch* in einen kasuistischen Raum einzubringen und zu verhandeln. Damit verbindet sich die Herausforderung für die Akteure und Akteurinnen, verschiedene Rollenwechsel zu vollziehen und dabei alte und neue Rollen kontinuierlich auszubalancieren. In dem Zusammenhang ist von zentraler Bedeutung, dass die als verschieden anerkannten Perspektiven, die auf die je spezifische

## 5.1 Professionelle Entscheidungsfindungsverfahren

organisatorische Verortung der Beteiligten zurückgeführt werden, im Verlauf der Fallberatungsarbeit eingefordert werden: mit der Reflexion der Fragestellung, mit dem Schritt der Ideensammlung sowie mit der Reflexion der Lösungsvorschläge.[128] Dabei repräsentieren die beteiligten Akteure und Akteurinnen der Fallberatungsarbeit die zentralen Jugendhilfeinstitutionen der Angebotsseite der Wohlfahrtsproduktion. Das heißt, die Mitglieder der Sozialraumteams agieren sowohl als (individuelle) Fachkräfte sowie als Repräsentanten bzw. Repräsentantinnen der ausdifferenzierten und institutionalisierten Jugendhilfestrukturen. Die Fallberatungsarbeit spiegelt insofern die organisatorisch-institutionelle (Auf-) Gliederung bzw. Ordnung des Feldes. Die ihr grundgelegte Idee der kollegialen Beratung verdeutlicht eine Vorstellung von Professionalität, welche die (grundlegende) Subjektivität und Subjektgebundenheit professioneller Leistungen und Deutungen berücksichtigt. Mit der Fallberatungsarbeit verbindet sich eine Rationalisierung von Fallentscheidungen, die zum einen über die Beteiligung der relevanten Fachkräfte und zum anderen über die stärkere Formalisierung der Fallproduktionsprozesse erreicht wird.

Formalisierung meint hier, dass mit der Fallberatungsarbeit im Sozialraumteam die eher unverbindlichen Kontakte im Vorfeld der tatsächlichen Hilfe-Entscheidung zwischen den ASD-Fachkräften (den ‚Gebern' der Fälle) und den Fachkräften der freien Trägern (den potentiellen ‚Abnehmern' der Fälle) überflüssig und mit den verbindlichen Treffen der Sozialraumteams ersetzt werden. Anstelle personengebundener Fallabklärungsprozesse zwischen der je fallzuständigen ASD-Fachkraft und den in Frage kommenden Leistungsanbietern tritt ein Verfahren, an dem alle potentiellen Leistungsanbieter beteiligt sind. Aus der Perspektive der freien Träger erübrigen sich somit die (informellen) Arbeitszeitinvestitionen im Vorfeld von Fallzuweisungen, da diese nun in einem klaren organisatorischen Rahmen stattfinden.[129] Ferner führt die Fallberatungsarbeit aus Sicht der befragten Professionellen zu einem verbesserten Passungsverhältnis von Fall und Hilfeangebot – mit der Folge, dass vergleichsweise weniger Hilfen abgebrochen oder neu installiert werden müssen.[130]

Vor dem Hintergrund des zentralen Forschungsinteresses, welches der Studie zu Grunde liegt, erweist sich jedoch die andere Dimension der Rationalisierung – Rationalisierung über die Beteiligung der relevanten Fachkräfte – als

---

128 Neben den professionellen Perspektiven wird zudem über die Rolle der so genannten Perspektivwechsler versucht, die Sichtweisen der Adressaten und Adressatinnen einzuholen. Ihnen obliegt die Aufgabe, die Fallberatungsarbeit aus dieser Perspektive zu kommentieren.
129 Für sehr kleine Teams/Träger stellen die regelmäßigen Treffen allerdings eher eine Belastung der knappen Ressourcen dar.
130 Mit dem vorliegenden Datenmaterial kann diese Sichtweise weder bestärkt noch entkräftet werden, hierfür wäre ein expliziter Vergleich von Fallverläufen vor und nach Einführung der Sozialraumteamarbeit notwendig.

analytisch aufschlussreicher, um der Frage nachzugehen, wie sich der programmatische Kern eines veränderten Steuerungsverständnisses in den Sinngebungen und Handlungsorientierungen der Akteure und Akteurinnen aktualisiert. Obgleich im Sozialraumteam keine rechtsverbindlichen Fallentscheidungen getroffen werden und die Fälle auch nicht an die repräsentierten Organisationen zugewiesen werden, impliziert die Beteiligung der Repräsentanten und Repräsentantinnen zentraler Jugendhilfeinstitutionen des Stadtteils/Sozialraums an der kommunikativen Aushandlung einer fallbezogenen Problemsicht und entsprechender Lösungen (den Prozessen der Fallproduktion und Falltransformation) eine Rationalisierung der Fall-Organisierung. Die Fallberatungsarbeit gründet hierbei in der Idee der Multiperspektivität und kann als *professionstypische Strukturierung und Kontrolle* professionellen Handelns gelesen werden. An die Stelle technologischer Verfahren oder einfach strukturierter konditionaler Programmierung treten kommunikative Verfahren, mit denen die Anforderungen professioneller Praxis bearbeitet werden. Die Aushandlungsprozesse zur Passung von Fallgeschichte und dem darauf bezogenen Handlungsproblem sowie zur Passung von Fallgeschichte und vorgeschlagenen Lösungen werden *von den zu Beratenden* dann als *gelungen erlebt,* wenn es gelingt, eben diese Passungen *konsensuell* herzustellen: Kann eine *gemeinsame Fallperspektive* hergestellt werden, wird darüber die Entscheidungsfindung der zu Beratenden (ab-) gesichert und unterstützt. Der Gewinn für die Ratgeber und Ratgeberinnen liegt dabei in der Anerkennung ihrer Professionalität, die sich in der Beteiligung an fallbezogenen Entscheidungsfindungsprozessen ausdrückt sowie der damit einhergehenden Transparenz der Fallentscheidungen und Zuweisungspraxen.

In diesem Sinne entspricht die Fallberatungsarbeit einem multiperspektivischen, kooperativen Entscheidungsvorbereitungsverfahren, wie es der § 36 SGB VIII als „prototypische Norm neuer Fachlichkeit" (Messmer 2004: 75) vorsieht.

Neben der Stärkung der Subjektstellung, die sich in entsprechenden Beteiligungsrechten (und -pflichten) der Kinder, Jugendlichen und ihren Personensorgeberechtigten im Hilfeplanprozess bzw. -verfahren ausdrückt (s. § 36 Satz 1 SGB VIII) wird mit dem § 36 SGB VIII vor allem auch die Kooperation der Fachkräfte als verbindlicher Verfahrensstandard gesetzt. Die im Gesetzestext formulierte Anforderung, die für den Einzelfall geeignete und notwendige Hilfe über das verbindliche „Zusammenwirken[131] mehrerer Fachkräfte" zu erarbeiten, konturiert mithin ein Verfahren der Hilfeplanung, dass eine *multiperspektivische Prozessierung professioneller Entscheidungsfindungsverfahren* impliziert. Fallentscheidungen bzw. die Entscheidungsverfahren sind demnach durch Vorbereitung und Abstimmung im Team zu qualifizieren. Hilfeplanung als „Versuch, im

---

131 Der Begriff „Zusammenwirken" hebt dabei auf Formen der kollegialen Beratung bzw. Teamberatung ab.

## 5.1 Professionelle Entscheidungsfindungsverfahren

zeitlichen Vorgriff eine Entscheidung über die erwartbar beste Handlungsalternative unter kontingenten Entscheidungsbedingungen und prinzipiell ungewissen Hilfeverläufen zu strukturieren" (Messmer 2004: 73) zeichnet sich zusammenfassend durch folgende konzeptionelle Grundsätze und Leitideen aus:

- die Anerkennung der Adressaten und Adressatinnen als mitgestaltende und mitwirkende Subjekte im Hilfeprozess,
- Herstellung von Mitwirkungsbereitschaft und Verfahrenstransparenz,
- multiperspektivische, partizipative und kooperative Entscheidungsverfahren (vgl. ebd.: 76 f.).

In der Konsequenz bleibt die Antwort auf die Frage „Welche Hilfe ist die richtige?" (Schrapper et al. 1987) nicht mehr allein der fallzuständigen Fachkraft im Jugendamt überlassen, sondern wird im Zusammenwirken mehrerer Fachkräfte und unter Beteiligung der betroffenen Eltern und Kinder bzw. Jugendlichen gefällt. Bilanziert werden kann an dieser Stelle, dass das Hilfeplanverfahren als gesetzlich normiertes Entscheidungs- bzw. Planungsverfahren zwei (Beteiligungs-) Ebenen betrifft: zum einen die Ebene der beteiligten Organisationen bzw. Institutionen und zum anderen die Ebene bzw. das Verhältnis zwischen (fallzuständigen) Fachkräften und den Adressaten und Adressatinnen erzieherischer Hilfen. Die Fallberatungsarbeit im Sozialraumteam konzentriert sich jedoch ausschließlich auf die erstgenannte Beteiligungsebene der Hilfeplanung – die organisatorisch-institutionelle Ebene – vermittelt über die Realisierung der multiperspektivischen Zusammenarbeit mehrerer Fachkräfte (zu den Konsequenzen s.w.u.)

Die professionellen Akteure und Akteurinnen in B-Stadt ‚füllen' das Arbeitssetting Sozialraumteam mithilfe der Sinnformel Sozialraumarbeit. Die Fachkräfte nutzen diesen Rahmen einerseits zum gegenseitigen *Informationsaustausch* in den Dimensionen Sozialraum/Stadtteil, Organisation und Feld und andererseits – aber auch damit in Zusammenhang stehend – für *konsensorientierte Planungsprozesse*, mit denen niederschwellige bzw. fallunspezifische Aktivitäten verabredet werden. Die so entworfenen Handlungsoptionen umfassen insbesondere Gruppenangebote für verschiedene Zielgruppen und können als professionelle Reaktionen auf konstatierte Problemlagen im Sozialraum/Stadtteil verstanden werden. Damit wird im Rahmen der Sozialraumarbeit vor allem die Ebene des infrastrukturbezogenen Planungshandelns angesprochen: Über die gemeinsame Planung und Konzipierung sozialräumlicher Angebote auf Basis des Informationsaustauschs werden die Mitglieder der Sozialraumteams in jugendhilfebezogene, infrastrukturelle Entscheidungsfindungsprozesse für ihren Zuständigkeitsbereich eingebunden. Diese Einbindung der sozialräumlich, ‚vor

Ort' tätigen Fachkräfte in Jugendhilfeplanungsprozesse[132] ist typisch für die konzeptionellen Debatten, wie sie in Bezug auf die Jugendhilfeplanung in den letzten Jahren geführt werden. Hier zeitigt der Diskurs zur sozialraumorientierten Ausrichtung und Organisierung von Jugendhilfeleistungen Auswirkungen auf die Modelle und Konzepte der Jugendhilfeplanung (vgl. Jordan/Schone 2000, Jordan et al. 2001, Merchel 2005). Die Schnittstelle ist dabei die mit der Sozialraumorientierung einhergehende „Reorganisationsperspektive", welche eine Ausrichtung der Angebote und Dienste an den Lebensbedingungen der Adressaten und Adressatinnen forciert.

> „Dabei bleiben die gegebenen oder fehlenden Qualitäten eines bestimmten Sozialraums als Lebensbedingungen für junge Menschen die Bezugspunkte für pädagogisch begründetes Planungshandeln" (Hamburger/Müller 2006: 17).

Mit der Integration einer sozialräumlichen Perspektive in entsprechende Planungskonzepte verbindet sich die Anforderung einer differenzierten und kleinräumigen bzw. regionalisierten Datengewinnung zu den „Lebenslagen, Sozialisationsbedürfnisse[n], Handlungspotentiale[n] und Defizitlagen von Kindern, Jugendlichen und ihren Familien" und die Erwartung, auf diese Weise eine „höhere Adressatennähe" zu erreichen (Jordan et al. 2001: 41). Hier betonen die ‚modernen' sozialräumlichen Konzepte[133] – ähnlich wie die der einzelfallbezogenen Hilfeplanung (s. o.) – Beteiligung und Aushandlung als unverzichtbare Bestandteile von Planungsprozessen. In diesem Sinne wird (wiederum) sowohl den zentral beteiligten Organisationen bzw. Institutionen, (insbesondere auch den freien Trägern der Hilfen zur Erziehung) als auch den Adressaten und Adressatinnen eine gewichtige Rolle in Planungsprozessen attestiert. Ihre Einbindung und Beteiligung verspricht die zuvor benannten Anforderungen bzw. Erwartungen realisieren zu können. In dem Zusammenhang werden dem kooperativen Setting Sozialraumteam im Reformdiskurs einer flexiblen und/oder integrierten und/oder sozialraumorientierten Jugendhilfe besondere Potentiale zur Beförderung einer kooperativ gesteuerten und integrierten Jugendhilfeplanung und Angebotsstruktur zugeschrieben (vgl. Köngeter et al. 2004, Deutschendorf et al. 2006).

In Verbindung mit diesen übergreifenden Planungsprozessen und dem Anspruch einer bedarfsgerechten Infrastruktur wird immer auch die einzelfallbezo-

---

132 Jugendhilfeplanung als „fachliche Entwicklungsaufgabe" und „fachpolitischer Willensbildungsprozess" (Jordan 2005: 874 f.) basiert auf quantitativen und qualitativen Bestands-, Bedarfs-, Sozialraum- und Zielgruppenanalysen sowie aufgaben- und organisationskritischen Bewertungen der Ist-Situation.

133 Zusammenfassend zu den verschiedenen konzeptionellen Entwicklungsetappen der Jugendhilfeplanung vgl. Merchel 2005.

## 5.1 Professionelle Entscheidungsfindungsverfahren

gene Ebene mitgedacht. Diese Verbindung zeigt sich auch im Kontext der Sozialraumarbeit: Die mittels Sozialraumarbeit gemeinsam geplanten niederschwelligen Angebote berühren das Verhältnis von (Einzel-)Fall und Feld insofern, als sie in einen unmittelbaren Zusammenhang mit der Entwicklung der Fallzahlen gestellt werden – wenn hierbei auch zwei verschiedene ‚Wirkungen' konnotiert werden: (1) Sozialraumarbeit senkt Fallzahlen und verhindert Problemlagen, (2) Sozialraumarbeit führt zu steigenden Fallzahlen. In der Zusammenschau erwies sich die erste Lesart als vergleichsweise dominant. Das heißt, Sozialraumarbeit wird vor allem als ‚Mittel' der Fallvermeidung gesehen und damit (fach-)politisch ‚aufgeladen'. Es wird unter Rückgriff auf Ideen zur Aktivierung und Mobilisierung von Sozialkapital und/oder lokaler Handlungsressourcen argumentiert, dass lebensweltliche Probleme eben auch mit lebensweltlichen bzw. niedrigschwelligen bis zivilgesellschaftlichen (professionell betreuten) Lösungen bearbeitet werden können, sodass sich (teure und aufwendige) Einzelfallhilfen erübrigen.

Die Fachkräfte leisten sowohl im Rahmen der Fallberatungsarbeit als auch im Rahmen der Sozialraumarbeit stetig und kontinuierlich *Grenzbearbeitung:* das heißt, mit der Sozialraumteamarbeit verbindet sich immer auch eine Bearbeitung organisatorischer und institutioneller Grenzen, die die Bearbeitung der Relationen und Positionierungen der beteiligten Akteure und Akteurinnen nebst ihrer (Herkunfts-) Organisationen beinhaltet. In den Abstimmungsprozessen wird zumeist en passant (und seltener explizit) die eigene Organisation und Institution in ihrer Modernität repräsentiert und gegebenenfalls modifiziert, indem beispielsweise konzeptionelle Entwicklungen einzelner Organisationen (freier Träger) miteinander entwickelt und/oder abgestimmt werden. In diesem Sinne verringern sich die Abstände zwischen den beteiligten Organisationen und Institutionen – mit der Folge, dass zuvor fest stehende organisatorisch-institutionelle Grenzen sich verflüssigen bzw. verwischen (z. B. durch gemeinsame Angebote und Prozesse der gemeinsamen Fallproduktion). Die Grenzen werden somit auf Basis des je aktuellen Wissens voneinander/übereinander und dem je aktuellen Bedarf angepasst. Die hiermit *auch* verbundene Einschränkung der jeweiligen organisatorischen Eigenständigkeit wird dabei kompensiert durch eine gemeinsame fachliche Programmatik und das Medium ‚Vertrauen', das in den stattfindenden dichten Interaktionen innerhalb der Sozialraumteams durch deren Prozessieren und implizite Konsensorientierung („*gemeinsam* entscheiden"/„*gemeinsam* handeln") aufgebaut wird. Die Flexibilität der Grenzbearbeitung zeigt sich dabei in Formen der Angrenzung als auch der Abgrenzung, wobei die Akteure und Akteurinnen je nach Bedarf in ihren alten und neuen Rollen agieren: so betonen z. B. ASD-Fachkräfte in Situationen von strittigen Falldeutungen u.U. ihre Rolle als fallzuständige Entscheider bzw. Entscheiderinnen oder

Mitglieder der Sozialraumteams verweisen beispielsweise auf ihr ‚Recht' an bestimmten Planungsprozessen beteiligt zu werden. Ein situatives ‚Switchen' z. B. der Fachkräfte des öffentlichen Trägers zwischen Konsens und Hierarchie wird – bei grundsätzlicher Konsensorientierung – wechselseitig als verzeihlich/verstehbar akzeptiert.

Letztlich implizieren solcherart Modelle der Entscheidungsfindung immer auch die Erarbeitung *konsensueller* Lösungen. Wie gezeigt wurde, werden die verschiedenen Perspektiven der Fachkräfte auf Fälle bzw. sozialräumliche Bedarfe explizit im Rahmen der Fallberatungsarbeit bzw. der Sozialraumarbeit eingefordert – in der Konsequenz um eine gemeinsame, konsensuelle Sichtweise bzw. Lösung aller Beteiligten ‚herzustellen'. Solchen ‚Konsenszwang' problematisiert Hansbauer (1995), indem er darauf verweist, dass teambasierte Entscheidungsfindungsprozesse zu einer Gleichförmigkeit von Entscheidungen führen können. Auch Klatetzki (2001) argumentiert ähnlich: Weil in Gruppen tendenziell konsensuelle Lösungen erarbeitet werden, besteht die Gefahr, dass dabei eine realistische Auseinandersetzung mit der Sachlage ins Hintertreffen gerät. Dieses trifft insbesondere für Gruppen zu, die sich durch eine hohe Gruppenkohäsion auszeichnen, eine homogene Zusammensetzung der Mitglieder, eine direktive Gruppenführung und fehlende standardisierte Entscheidungsprozeduren aufweisen sowie sich nach außen abschotten und in stressbeladenen situativen Kontexten agieren müssen.

Aus einer Steuerungsperspektive verbinden sich mit dem ‚Konsenszwang' jedoch noch weitere Implikationen, die zu betrachten sind. Denn mit der Zusammenführung heterogener Sichtweisen und Mehrdeutigkeiten in eine kollektive Deutung wird zugleich auch die Zustimmung (committment) der Akteure und Akteurinnen zu Problemlösungen ‚hergestellt', die (eventuell später) in anderen wie z. B. zentralen politischen Arenen, ohne ihre Beteiligung, getroffen werden (vgl. Brunsson/Sahlin-Andersson 2000). Vermittels solcher Zustimmungspraktiken werden mögliche Konflikte in Zusammenhang mit bestimmten Entscheidungen des öffentlichen Trägers von vornherein über die Einbindung der Fachkräfte der freien Träger am Zustandekommen der Entscheidungen entschärft. In diesem Sinne stellen konsensorientierte, kooperative Entscheidungsfindungsverfahren intelligente Konfliktvermeidungsstrategien dar, mit denen die Zustimmung der Beteiligten auch zu unerfreulichen Lösungen – wie beispielsweise zur Anerkennung ‚unausweichlicher' ökonomischer Rationalitäten – organisiert wird. Aus der Perspektive des öffentlichen Trägers, dessen Steuerungsmacht/-verantwortung auch durch die kooperative Prozessierung von Entscheidungen nicht in Frage gestellt wird, verbinden sich daher mit der Grenzbearbeitung im Rahmen der Sozialraumteams also auch Optionen einer ‚aktiven Zustimmungspolitik', mit deren Hilfe eigene Interessen non-direktiv und ohne große Angriffs-

## 5.1 Professionelle Entscheidungsfindungsverfahren

flächen zu bieten, durchgesetzt werden können. In diesem Sinne stellt die kontinuierliche Grenzbearbeitung der Akteure und Akteurinnen in den Sozialraumteams eine ‚weichere' Steuerungsform, gleichsam einen ‚Governance-Wechsel' (s.w.u.) seitens der öffentlichen Träger dar. Die Kategorie der Grenzbearbeitung verdeutlicht ferner, dass die Theoriedebatten zum Begriff der Grenze und den Praktiken der Grenzziehungen durchaus anschlussfähig sind für die Analyse von Steuerungshandeln in der Jugendhilfe. Kessl/Maurer (2010) zeigen mit ihrer Konzeption Sozialer Arbeit als Grenzbearbeiterin, dass eine grenzanalytische und differenzsensible Perspektive dazu beiträgt, Be- und Eingrenzungen von Handlungsoptionen bearbeitbar zu machen. Dieses gilt nicht ‚nur' in Bezug auf die Handlungsoptionen von Nutzern und Nutzerinnen bzw. Adressaten und Adressatinnen Sozialer Arbeit sondern auch – wie hier gezeigt wurde, für die Handlungsoptionen Professioneller.

Die Analyse des Datenmaterials verdeutlicht ferner, dass die Prozesse zur Herstellung von konsensuellen Lösungen nicht – wie z. T. vielleicht selbst missverstanden – in machtfreien Räumen stattfinden, sondern immer auch von organisatorisch-institutionell begründeten Positionierungen bzw. Sprecher- und Sprecherinnenpositionen der Professionellen im Feld (vor-)strukturiert werden. In diesem Sinne ist das Zustandekommen konsensueller Lösungen äußerst voraussetzungsvoll; es erfolgt nicht automatisch über die Zugehörigkeit zu einer vermeintlich homogenen Gruppe (Profession/Jugendhilfefachkräfte). In den Interviews wird dieses besonders an den Beispielen der durchweg reproduzierten institutionellen Positionierungen und den thematisierten Konfliktlinien im Kontext der Fallberatungsarbeit deutlich (vgl. Kapitel 4.2.1). Die reflexive und kollektive Bearbeitung von Handlungsproblemen und Fallgeschichten in Verfahren kollegialer Beratung führt folglich nicht zwangsläufig zur Aushandlung einer konsensuellen Lösung; das Ergebnis der Runden kann immer auch sein, dass keine gemeinsame Perspektive auf das Handlungsproblem entwickelt werden konnte bzw. die entwickelten Lösungen nicht überzeugen können. In diesem Fall verschärfen oder erzeugen die gemeinsamen Aktivitäten ein Entscheidungsdilemma, das zwar über den Rückgriff auf Hierarchien gelöst werden kann, u.U. aber nicht folgenlos für die Qualität der Arbeitsbeziehungen im Sozialraumteam (bspw. in Bezug auf Vertrauen) bleibt und somit eher ein neues Handlungsproblem erzeugt. Dissens kann folglich zu einer (weitgehenden) Verunsicherung der Professionellen hinsichtlich der Vertrauensdimension – im Extremfall bezogen auf das gesamte Verfahren – führen, wird jedoch über den immanenten ‚Konsenszwang' immer schon strukturell eingegrenzt, da Dissens als Ausnahmefall gilt.

## 5.2 Kooperatives Steuerungshandeln und reflexive Professionalisierung

Bilanziert werden kann an dieser Stelle, dass die Fachkräfte im Rahmen der Sozialraumteams trotz der je unterschiedlichen Interpretationen – also Sinnformeln – Sozialraumarbeit und Fallberatungsarbeit, Grenzbearbeitung leisten, welche wiederum die Basis/das Medium kooperativer Entscheidungsfindungsprozesse bildet. Mit anderen Worten: Das in den Sinnformeln Fallberatungsarbeit und Sozialraumarbeit ‚wirksame', veränderte Steuerungsverständnis drückt sich in der Grenzbearbeitung aus, bezieht sich zunächst auf eine (veränderte) *professionelle* wissensbasiert und kommunikativ strukturierte Prozessierung von Entscheidungsfindungsverfahren und beschränkt sich auf entsprechende Handlungsprobleme der Fachkräfte im Kontext der Entscheidungsfindung. In der Folge bleiben die angestrebten Steuerungsleistungen auf den Ebenen Fall und Feld kontingent – im Sinne von ‚alles ist möglich', was eine durchaus effektive Strategie im Umgang mit Unsicherheit und prinzipiell entwicklungsoffenen ‚Umwelten' darstellt. Prozesse der Herstellung und Steuerung von Jugendhilfeleistungen unter ‚Beteiligung' von bzw. durch Sozialraumteams stellen sich demgemäß als kooperative Entscheidungsfindungsprozesse heterogener professioneller Akteure und Akteurinnen dar, in denen systematisch die Selbstreflexivität des (örtlichen/regionalen) Jugendhilfesystems – gleichsam qua Organisation und Verfahren mittels Einziehen von Reflexionsschleifen – erhöht wird.[134] Auch wenn im Sozialraumteam keine rechtsverbindlichen Entscheidungen getroffen werden (können), finden hier Abstimmungsprozesse statt, mit denen Entscheidungen zumindest vorbereitet werden. In diesem Sinne kann kooperatives Steuerungshandeln zu einer reflexiven Professionalisierung beitragen wie sie Dewe/Otto bzw. Dewe als „Strukturkonzept" von Professionaliät für Soziale Arbeit vorschlagen. Eine so verstandene Professionalisierung beruht auf der diskursiven, kontextualisierten und kommunikativen Auslegung lebensweltlicher Schwierigkeiten und „Fälle" durch die Fachkräfte und die Adressaten bzw. Adressatinnen – mit dem Ziel, Perspektiven zu eröffnen, und Entscheidung unter Ungewissheitsbedingungen begründen zu können (vgl. Dewe/Otto 2002). Mithin beruht *professionelles* Handeln dabei auf einer reflexiven Kompetenz als Fähigkeit zum deutenden Fallverstehen. Die reflexive Kompetenz gründet in professionellem Wissen bzw. Professionswissen, welches „hier aufgefasst [wird] als ein eigenständiger Bereich zwischen praktischem Handlungswissen, mit dem es

---

[134] Über eine zeitnahe – evtl. auch verfahrensmäßig (z. B. fachliches Controlling) abgesicherte – Information der je diskutierten ‚Bedarfslagen'/‚Lösungen' an die Jugendhilfeplanung kann sich dadurch auch die Informations- und Wissensgrundlage für die Gesamtfachplanung (wissensbasiert) erhöhen, was auch als Beitrag zur Erhöhung der Selbstreflexivität verstanden werden kann.

## 5.2 Kooperatives Steuerungshandeln und reflexive Professionalisierung

den permanenten Entscheidungsdruck teilt, und dem systematischen Wissenschaftswissen, mit dem es einem gesteigerten Begründungszwang unterliegt. (ebd.: 192.f). Dewe/Otto stellen heraus, dass die Logik professionellen Handelns nicht in einer Vermittlung wissenschaftlichen Wissens und Praxiswissens besteht, sondern in der systematischen Relationierung der Wissensformen (vgl. dies.: 193). Sowohl in der Fallberatungsarbeit als auch in der Sozialraumarbeit gleichen Professionelle ihr Wissen miteinander ab, beziehen es aufeinander bzw. generieren neues Wissen. Derart strukturierte Entscheidungsfindungsprozesse setzen sich damit grundlegend von der Idee technologischer und vorgefertigter Lösungen ab, wie sie charakteristisch für Ansätze wie „Evidence-Based Practice"[135] sind.

Allerdings bezieht sich die Fallberatungsarbeit als auch die Sozialraumarbeit ausschliesslich auf die organisations- und institutionsbezogene Beteiligungs-/Kooperationsebene der einzelfallbezogenen bzw. infrastrukturellen Planung/Steuerung. In diesem Sinne geht Fallberatungsarbeit und Sozialraumarbeit nicht über das Binnenverhältnis der professionellen Organisationen und Institutionen hinaus, auch wenn die (sich verändernden) jeweils im Fokus stehenden ‚Umwelten' (Adressaten und Adressatinnen, Sozialräume, die jeweils anderen Organisationen) Anlass-, Bezugs- und Zielpunkt der Kommunikation darstellen.

Angesichts der Fokussierung der Sozialraumteams auf die organisatorisch-institutionelle Ebene muss zudem aus einer kritischen Perspektive heraus darüber nachgedacht werden, was die vorliegenden Ergebnisse vor dem Hintergrund des strukturellen machtasymmetrischen Verhältnisses beider ‚Gruppen' und einer fachlich begründeten[136] Forderung nach mehr Partizipation der Adressaten und Adressatinnen für das Verhältnis von Fachkräften und Adressatinnen bzw. Adressaten bedeuten. Zum Bezugspunkt und Gradmesser von Qualität wird dann die Minderung strukturell induzierter Asymmetrien zwischen Fachkräften der Sozialen Arbeit und ihren Adressaten und Adressatinnen, ihre Partizipation an sie betreffenden Entscheidungen sowie die Stärkung ihrer Subjektposition. Demnach muss gefragt werden, was es heißt, wenn in den Fallproduktionsprozessen bzw. infrastrukturbezogenen Planungsprozessen im Rahmen der Sozialraumteam-Treffen die Adressaten und Adressatinnen im wörtlichen Sinne ‚außen vor' sind und ihre etwaigen Positionen nur vermittelt über die professionelle Perspektive eingeholt werden.

---

135 Vgl. zu den grundgelegten Ideen Macdonald et al 1992, Sheldon 1986 – zur Kritik des Ansatzes Webb 2001, Dewe 2009.
136 Partizipation meint hier aber weder ein rein formales/instrumentelles bzw. technologisches Verständnis von Beteiligung (vgl. Pluto 2006) und auch keine Umdefinierung von Rechten in Mitwirkungspflichten.

Deutlich wird, dass auch mit einer kooperativen Prozessierung von Entscheidungsfindungsverfahren in den Sozialraumteams das Spannungsfeld, indem sich Entscheidungsprozesse in der Jugendhilfe bewegen (müssen), nicht aufgelöst wird. Entscheidungsprozesse changieren immer zwischen *Indikation* als Bestandteil von Professionalität und *einer partnerschaftlichen Beziehung* mit den Adressaten und Adressatinnen (vgl. Späth 1986 zit. nach Urban 2004: 24). Dieses Spannungsfeld spiegeln besonders die als gegensätzlich zu kennzeichnenden Interpretationen des Hilfeplanverfahrens wider, die sich zuvorderst im Punkt der (Nicht-) Anerkennung von Objektivität in der sozialpädagogischen Entscheidungsfindung unterscheiden: (a) Hilfeplanung als Aushandlungsprozess (b) Hilfeplanung als psychosoziale Diagnose. Ohne auf die Unterschiede zwischen sowie auf die Widersprüche in beiden Positionen einzugehen (vgl. dazu zusammenfassend Urban 2004: 35 ff.), lässt sich festhalten, dass sich beide Positionen in Bezug auf das vorgestellte Verhältnis von Fachkräften und Adressaten bzw. Adressatinnen unterscheiden und darüber hinaus auch auf unterschiedlichen Rationalitätsvorstellungen bezüglich sozialpädagogischer Entscheidungsprozesse basieren. Befürworter und Befürworterinnen der Diagnoseposition argumentieren im Wesentlichen aus einem expertokratischen Professionalitätsverständnis heraus, wonach sozialpädagogische Fachkräfte aufgrund ihrer Ausbildung und professionsspezifischen Wissensbestände eine subjektiv bestehende Problemlage von einer objektiv bestehenden Problemlage trennen können und müssen (vgl. ebd.: 41). Diagnosen werden hier als objektivierte und neutrale Instrumente gekennzeichnet, mit denen objektive Realitäten erschlossen werden können. Fachkräfte übernehmen dann die Rolle neutraler Experten und Expertinnen als "detached and impartial searchers after truth, who remain uninvolved with the people and distant from situations they are assessing" (Taylor/White 2001: 42).

Die richtige Anwendung des Diagnoseverfahrens (Assessments) produziert in dieser Logik akkurate und wahre Beschreibungen darüber, wie Menschen sind und was sie tun oder tun sollten – eine Funktion, die (vorgeblich) auch den Erwartungen der Adressaten und Adressatinnen bzw. der Klienten und Klientinnen entspricht. Obgleich diese auch gehört und beteiligt werden sollen, obliegt die legitimierte Definitionsmacht zur Deutung der objektiven Problemlage aber unbestreitbar den Professionellen. Demgegenüber betont die Aushandlungsposition die Subjektstellung der Adressaten und Adressatinnen, die als anspruchsberechtigte Subjekte mit Experten- bzw. Expertinnenstatus in persönlichen Angelegenheiten verstanden werden und unbedingt und angemessen in die Entscheidungsfindung einzubeziehen sind. Insbesondere infolge der Dekonstruktion von Rationalitätsversprechen sozialtechnologischen Expertenwissens und entsprechender Professionsfiguren im Kontext disziplinärer Diskurse zur dienstleistungsorientierten, demokratischen, reflexiven und/oder lebensweltorientierten

## 5.2 Kooperatives Steuerungshandeln und reflexive Professionalisierung 167

Professionalität (vgl. Olk 1986; Thiersch 2005; Dewe/Otto 2005) werden die Beteiligungsrechte der Betroffenen bei der Inanspruchnahme öffentlich gewährleisteter Sozialleistungen ge- und beachtet. Damit verbindet sich u. a. die Zielstellung, ihre Position in den Interaktionsprozessen mit Professionellen zu stärken und somit die (auch weiterhin) bestehenden strukturellen Asymmetrien bearbeitbar zu machen; einseitige Experten- bzw. Expertinnendiagnosen werden daher heftig kritisiert (vgl. Urban 2004: 36 ff. [137]).

Empirische Studien zur Beteiligung der Adressaten und Adressatinnen bzw. Nutzer und Nutzerinnen, die sich vor allem auf Hilfeplanungsprozesse konzentrieren (vgl. Pluto 2007 sowie den Überblick in Oechler 2009: 155 und Messmer 2004: 81 ff.) zeigen deutlich, dass ihre Beteiligung – trotz der verfahrensrechtlichen Regelungen im § 36 SGB VIII – in institutionellen Problembearbeitungsprozessen der Kinder- und Jugendhilfe als prekär eingestuft werden muss. Prozesse, Funktion und Intention der Hilfeplanung werden von den Adressaten und Adressatinnen oftmals nicht vollständig verstanden und Hilfeplangespräche werden eher als „Verwaltungs- und Routineakt erlebt, denn als echter Austausch- und Unterstützungsprozess" (Strehler 2005: 58 zit. nach Oechler 2009: 159). Die Studie von Oechler (2009) demonstriert, dass sich die Personensorgeberechtigten als auch Kinder bzw. Jugendliche zwar beteiligt fühlen, die Auswahl der Hilfe nicht einseitig von den Fachkräften im Jugendamt getroffen wurde und die Einbindung der betroffenen Familien auch über eine bloße ‚Anhörung' hinausgeht, aber dennoch die Befragten ihre Mitwirkungschancen im institutionellen Problembearbeitungsprozess eher gering einschätzen. Sie gaben an, dass sie bestimmen konnten, was geschehen soll – Mitbestimmung bezog sich allerdings nur auf die von den Fachkräften vorgeschlagene Hilfe. In der Konsequenz bedeutet dies, dass die Adressaten und Adressatinnen zwar Hilfen ablehnen, aber keine Alternativen vorschlagen konnten und ihnen so konstruktive Möglichkeiten der Mitwirkung versperrt bleiben (vgl. Oechler 2009: 168). Die strukturelle Asymmetrie in den Beziehungsgefügen, in der die Fachkräfte die weitaus überlegenere Position einnehmen, besteht angesichts dieser Ergebnisse weiterhin. Urban-Stahl (2009: 172) konstatiert daher:

---

137 Urban (2004) arbeitet in ihrer empirischen Studie zur Hilfeplanung mit dem ‚beruflichen Selbstkonzept' als zentraler, analytischer Kategorie und unterscheidet dabei idealtypisch zwischen den Polen Expertentum und Diskursivität. Beide Ausprägungen entsprechen dabei Bewältigungsstrategien von ASD-Fachkräften, mit Hilfe derer sie die strukturellen Widersprüchlichkeiten im Kontext ihrer beruflichen Rolle bearbeiten. Sie schlussfolgert daher, dass beide Positionen (Aushandlung und Diagnose) zwei Seiten der Hilfeplanung darstellen und nicht als unvereinbar gegenüber stehen.

„Dennoch ist keineswegs von einer Gleichberechtigung in der Hilfeplanung auszugehen, sondern in der Machtbalance zwischen Helfer und Klient ist die Fachkraft deutlich überlegen. Sie speist ihre Macht vor allem aus dem Status der Profession mit dem damit verbundenen Fachwissen und Definitionsmacht, aus ihrer Berechtigung zur Entscheidung über die Verteilung von Ressourcen, aus ihrem Vorsprung an Orientierung, Information und Rollensicherheit und aus der psychosozialen Belastungssituation der Betroffenen".

In Hilfeplangesprächen werden oftmals nur die von Professionellen vorbereiteten Lösungen nachträglich bestätigt, während die ‚Weichen' für Entscheidungen bereits häufig im Anschluss an die kollegiale Beratung – von denen die Betroffenen ausgeschlossen sind – gestellt werden (vgl. Messmer 2004: 80, Früchtel u. a. 2009: 148). Daraus lässt sich schließen, dass die Hilfeentscheidungen vor allem auf zuvor ausgehandelten Positionen und Deutungen der Professionellen basieren und Adressaten und Adressatinnen wenige Möglichkeiten (Settings) haben, ihre Sichtweisen so einzubringen, dass sie bestehende Fallkategorisierungen verändern können.

Die vorliegende Studie verdeutlicht, dass und wie Fallgeschichten im Rahmen der Fallberatungsarbeit produziert werden – in einem Setting bzw. einem Arbeitsschritt, der oftmals den Hilfeplangesprächen vorausgeht. Dabei werden Fälle produziert und zugerichtet, wobei äußerst wirkmächtige Interpretationen, Kategorisierungen und Typisierungen der jeweiligen konkreten Problemlagen oder Fall-Lagen entstehen. Entgegen den immer noch dominierenden Charakterisierungen von ASD-Arbeit als bürokratischer Verwaltungsarbeit zeigt das empirische Material zudem deutlich, dass und wie die zu leistende Entscheidungsarbeit der fallverantwortlichen Fachkräfte immer mehr ist als eine einfache Subsumption von Tatbeständen unter Paragrafen – vielmehr werden in diesem Kontext die Tätigkeiten erbracht bzw. die Anforderungen bearbeitet, die als genuin professionstypische Aufgaben bezeichnet werden können.

Nun sieht der Gesetzgeber, wie zuvor dargelegt, ein Zusammenwirken der Fachkräfte explizit vor und kollegiale Beratungen bilden demgemäß einen verbindlichen Bestandteil von Hilfeplanungsprozessen. Allerdings bekräftigten die gesetzlichen Regelungen auch die Subjektstellung der Adressaten und Adressatinnen, die darüber an allen sie betreffenden Entscheidungen zu beteiligen sind. Zu konstatieren ist in dem Zusammenhang, dass mit der Fallberatungsarbeit eine Rationalisierungsweise der professionellen Urteilsbildung und/oder der Ermessensarbeit vollzogen wird, die sich auf die Zusammenarbeit der zentralen Institutionen und Organisationen der Jugendhilfe in Hilfeplanungsprozessen konzentriert. Vor dem Hintergrund, dass sozialpädagogisches Handeln und fallbezogene Entscheidungen immer unter Unsicherheitsbedingungen stattfinden, intendiert das mit der Fallberatungsarbeit praktizierte Modell der Entscheidungsfindung

## 5.2 Kooperatives Steuerungshandeln und reflexive Professionalisierung 169

eine *Erhöhung/Erweiterung der Reflexionsoptionen*, die sich als Unterstützung und Kontrolle der Entscheidungsträger und Entscheidungsträgerinnen (also der ASD-Fachkräfte) zugleich darstellt (vgl. Schrapper/Pies 2006: 11 f.). Fallberatungsarbeit im Rahmen der Sozialraumteams dient also explizit der Vorbereitung von Fallentscheidungen. Allerdings sind die Adressaten und Adressatinnen in diesen Prozessen nicht beteiligt, ja nicht einmal anwesend. Es wird zwar versucht, ihre Sichtweise über die Rolle der ‚Perspektivwechsler' einzuholen – insgesamt findet in diesem Setting aber zuvorderst ein ‚sprechen über' und kein ‚sprechen mit' statt. In der Konsequenz werden so wirkmächtige Fallgeschichten produziert, ohne dass die direkt Betroffenen daran beteiligt werden bzw. Einspruch gelten machen können. Diese Problematisierung professioneller Beratungssettings ist nun keinesfalls als grundsätzliche Kritik an dieser Form zu verstehen, vielmehr soll darauf hingewiesen werden, dass kollegiale Beratungen/Fallberatungsarbeit im Hinblick auf eine reflexive Professionalisierung als machtvolle Instrumente zu begreifen sind und nicht losgelöst von Klientifizierungsprozessen (vgl. Hitzler/Messmer 2008) zu betrachten sind. In dem Zusammenhang muss sich sozialpädagogische Jugendhilfeforschung gründlicher und umfassender als bisher damit auseinandersetzen, wie Fachkräfte zu ihren Entscheidungen bzw. Beurteilungen kommen:

> „(...) what is needed is dialogue and debate about the range of evaluative mechanisms upon which we all draw in judging people [and situations]. The debate is not about whether things like injuries to children are real – of course they are real – but about what kinds of devices we use to make sense of how they occurred, to determine future risk and to decide what action to take" (Taylor/White 2001: 51).

Vor diesem Hintergrund kann die aufgezeigte Profilierung von Sozialraumarbeit und die damit in Verbindung stehenden Elemente einer sozialraumorientierten Fachlichkeit (auch) als Versuch gedeutet werden, *Fallproduktionsprozesse zu vermeiden*. So verstanden, zielt professionelles Handeln im Rahmen von Sozialraumarbeit darauf ab, dass Menschen und ihre Probleme gar nicht erst zu ‚richtigen' Fällen für die Hilfen zur Erziehung gemacht werden müssen. Der zentrale Ansatz besteht demnach also in der Einbindung der Adressaten und Adressatinnen in bestehende (oder neu zu initiierende) Gruppen im sozialen Nahraum. Nimmt man die Ausführungen zu den asymmetrisch strukturierten Beziehungen zwischen Fachkräften und Adressaten bzw. Adressatinnen ernst, die wiederum über Hilfeplanverfahren bzw. Fallproduktionsprozesse oftmals (re-)produziert werden (s. o.), könnte Sozialraumarbeit – über die Etablierung anderer Lösungen vermittelt – dazu beitragen, die institutionellen Settings dieser Herstellungsprozesse zu umgehen. Mit anderen Worten: Werden Menschen und ihre Probleme nicht im Rahmen von Hilfeplanverfahren bearbeitet, erübrigen sich eine Vielzahl der institutionellen Settings, in denen Fallproduktionsprozesse stattfinden und strukturelle Asymmetrien (re-)produziert werden.

Diese Argumentation spiegelt insbesondere einen Schwerpunkt des Sozialraumdiskurses wider – das ‚gewandelte'/veränderte Professionsverständnis im Rahmen einer sozialraumorientierten Ausgestaltung erzieherischer Hilfen; allerdings auch hier wiederum in einer spezifischen Lesart. Demnach wird eine sozialräumliche Ausrichtung mit einer veränderten professionellen Haltung bzw. veränderten Handlungsprinzipien in Zusammenhang gebracht, die die „erzieherische Einstellung" (Hinte 2007) überwindet und programmatisch vor allem an Impulse der gemeinwesenorientieren Sozialen Arbeit anschließt. Die Kernelemente der entsprechenden Handlungsprinzipien können folgendermaßen zusammengefasst werden:

- Der Wille und die Interessen der Betroffenen (der leistungsberechtigten Menschen) stehen im Zentrum,
- aktivierende Arbeit und Förderung von Selbsthilfe,
- Beachtung und Nutzung der Ressourcen der im Quartier lebenden Menschen bzw. der materiellen Struktur des Quartiers,[138]
- Professionelle Aktivitäten sind zielgruppen- und bereichsübergreifend angelegt,
- Kooperation und Abstimmung der professionellen Ressourcen (vgl. Hinte 2004, 2006).

Hilfen zur Erziehung bzw. professionelles Handeln in diesem Kontext zielen demnach nicht darauf ab, Menschen zu verändern „sondern Lebenswelten zu gestalten und Arrangements zu kreieren, die leistungsberechtigten Menschen helfen auch in prekären Lebenssituationen zurecht zu kommen" (Hinte 2006: 9). Solcherart forcieren sozialraumorientierte Vorgehensweisen vor allem die Aktivierung von Ressourcen bzw. von Sozialkapital.

Die entscheidende Frage in diesem Kontext ist allerdings, vor welchem Hintergrund die Fachkräfte ihre Einschätzungen treffen und die Entscheidungen über die ‚richtige' Hilfeform fällen. Hier zeigt das Datenmaterial, dass Sozialraumarbeit bzw. die Planung von Gruppenangeboten vor allem auch mit ökonomischen Rationalitäten bzw. Anforderungen in Verbindungen gebracht werden. Daraus lässt sich schlussfolgern, dass entsprechende Entscheidungen auch von ökonomischen ‚Sachzwängen' geprägt werden und somit die Gefahr besteht,

---

138 Damit verbindet sich ein Blick auf die Herkunftsmilieus der Adressaten und Adressatinnen, der ihre Lebensräume nicht einseitig negativ betrachtet, sondern auch Ressourcen und Potentiale in den Fokus rückt – ohne allerdings die Belastungen außer Acht zu lassen: vgl. Köngeter et al. 2004.

## 5.2 Kooperatives Steuerungshandeln und reflexive Professionalisierung 171

dass Entscheidungen für niedrigschwellige Problemlösungen im Einzelfall nicht nur fachlich begründet getroffen werden, sondern auch Sparinteressen bzw. Sparzwängen geschuldet sind.

Landhäußer (2009) zeigt in ihrer Studie, dass und wie die Strategie der Aktivierung sozialen Kapitals[139] im Kontext sozialraumorientierter Vorgehensweisen auf eine veränderte Thematisierung sozialer Probleme im Rahmen des Exklusions- und Unterschichts- sowie des (soziologischen) Desintegrationsdiskurses zurückzuführen ist. Mit der „Lösung" der Aktivierung von Sozialkapital verschieben sich die Verantwortlichkeiten bzw. Verantwortungsbereiche: weg von der staatlichen Ebene hin zur Verantwortung der Bürger und Bürgerinnen/der Adressaten und Adressatinnen. Diese Verschiebungen staatlicher bzw. privater Verantwortungsteilungen ist Ausdruck einer „Neujustierung des Sozialen" bzw. der „neo-soziale[n] Transformation des wohlfahrtsstaatlichen Arrangements", die sich u.a. in „staatlich inszenierter Aktivierungspädagogik" (z.B. in der Arbeitsmarktpolitik) manifestiert (Kessl 2006b: 224, 218).

Für die Kinder- und Jugendhilfe zeitigen diese Neujustierungen insofern weitreichende Konsequenzen, indem eine aktivierungspolitisch aufgeladene Sozialpädagogik die Neukonnotierung von Eigenverantwortung und eine Umdefinition sozialer zu privaten Risiken übernimmt bzw. fortschreibt. Von besonderer Bedeutung ist hierbei, dass aktivierungspolitische Strategien und/oder Argumentationsfiguren in bestimmten Aspekten eine hohe Anschlussfähigkeit an Konzeptionen professionellen Handelns aufweisen. Aktivierung oder „Hilfe zur Selbsthilfe" gilt als pädagogisches Kernprinzip – entscheidend ist allerdings, ob und wie entsprechende pädagogische Hilfeleistungen innerhalb einer öffentlich verantworteten Infrastruktur verortet sind.

Als weiterer kritischer Punkt im Kontext der rekonstruierten Form der Sozialraumarbeit erweist sich das unterlegte Sozialraumverständnis. Unter sozialpädagogischen und steuerungstechnischen Aspekten besitzt der Sozialraum meistens „eine doppelte Bedeutung: Zum einen meint er (...) die individuell definierten, sich verändernden sozialen Räume wie auch die gleichsam aus der additiven Anhäufung der sich überlappenden Einzel-Sozialräume entstandenen Verdichtungen", die „als Bezugspunkte für Soziale Arbeit von Bedeutung sind" (Bitzan et al. 2005: 549). Die Überlappungen dieser Sozialräume ermöglichen zwar sozialräumliche Interessen, Problemlagen und Ausdrucksformen von Alltagskultur zu identifizieren, sind allerdings nur selten geografisch identisch mit administrativ definierten Stadtteilen oder Gebieten. Genau diese werden aber in der Fachdiskussion auch als Sozialräume bezeichnet. Und so taucht der Sozialraumbegriff in seiner zweiten Bedeutung als Steuerungsgröße auf. Betonen ela-

---
139 Landhäußer (2009, ins. Kap. 4.2.) differenziert in dem Zusammenhang zwischen Strategien der lokalen Solidarisierung, der Informalisierung und der Individualisierung.

boriertere Konzepte sozialraumorientierter Sozialer Arbeit und/oder Jugendhilfeplanung die Relevanz subjektiver Sichtweisen und Raumkonstruktionen der Adressaten/Adressatinnen und fordern ihre Berücksichtigung programmatisch ein, so verdeutlichte die Analyse des empirischen Materials jedoch demgegenüber, dass die Prozesse bzw. Ergebnisse der Sozialraumarbeit, die sich zuvorderst auf die Planung von niederschwelligen Gruppenangeboten im Sozialraum beschränken, diesen hohen Erwartungen insofern nicht gerecht werden als das sie weitestgehend auf den territorialen Raumkonstruktionen der Professionellen beruhen und die subjektiven Raumkonstruktionen der Adressaten und Adressatinnen nur über die professionelle Perspektive vermittelt Eingang in die Planungsprozesse finden. Zudem zeigt sich, dass die Entscheidungskompetenzen der Sozialraumteam-Mitglieder zu Gestaltungs- bzw. Infrastrukturentscheidungen aufgrund der Einbindung der Teams in eine *doppelte Hierarchie* relativ beschränkt sind. Damit verbindet sich die Anforderung, Anschlussstellen zu den anderen Gremien herstellen zu müssen.

Aus den dargelegten Aspekten lässt sich schlussfolgern, dass Sozialraumarbeit in der dargestellten Ausprägung nicht ausschließlich als Ausdruck einer veränderten professionellen Haltung im Sinne der hier favorisierten reflexiven Professionalität Sozialer Arbeit gewertet werden kann, sondern eben auch den Einfluss ökonomischer Rationalitäten/Denkweisen auf professionelle Ermessensleistungen verdeutlicht.

In diesem Sinne kann eine sozialräumlich ausgerichtete Organisierung von Jugendhilfeleistungen weder per se als Sparprogramm begriffen werden, mit der die Effizienz von Jugendhilfeleistungen um jeden Preis erhöht werden soll. Sie führt aber auch nicht (automatisch) zu einer völlig veränderten professionellen Haltung, in der die Interessen der Adressatinnen und Adressaten in jedem Fall den unbedingten Ausgangspunkt professionellen Handelns bilden. Eine konstruktive Erweiterung /Wendung bietet das Konzept einer *reflexiven räumlichen Haltung*, wie es Kessl/Reutlinger (2007: 121 ff.) vorschlagen. Charakteristisch für eine solche professionelle Einstellung ist die *Kontextualisierung* des jeweiligen Interventionsfeldes und -auftrags sowie ein bewusster und geplanter Umgang mit auftretenden Dilemmata, die raumbezogene Verfahrensweisen mit sich bringen. Kontextualisierung bezieht sich dabei auf die (Re-)Konstruktion der Konstitutionsbedingungen und die damit verbundene Einordnung eines Phänomens in einen übergeordneten Kontext (vgl. Kessl/Reutlinger 2007). Günnewig (2010: 114) verweist in dem Zusammenhang darauf, dass auch der professionelle Kontext, in dem Fachkräfte agieren, in den Blick genommen werden muss, „um so eingeschriebene Kategorien, Fragestellungen, Definitionen etc. aufzustöbern und zu thematisieren". Über die Einnahme einer reflexiven räumlichen Haltung können die aufgezeigten Engführungen der Sozialraumarbeit bearbeitet werden –

Sozialraumarbeit würde dann zur reflexiv professionalisierten Sozialraumarbeit, die sich ausdrücklich immer auch als (sozial) politische Aktivität versteht, mit der Zielstellung, Handlungsoptionen für und mit Adressaten und Adressatinnen Sozialer Arbeit zu eröffnen bzw. zu erweitern.

## 5.3 Schlussbemerkungen

Sozialraumteams stellen einen Rahmen für die *kooperative Prozessierung von Entscheidungsfindungsprozessen* dar; die Mitglieder dieser kooperativen Steuerungsformen agieren ‚im Schatten' von Hierarchie und Markt. Demnach verschwinden ‚alte' Steuerungsrationalitäten bzw. -modelle nicht, sondern Veränderungen und neue Formen entstehen im und aus dem ‚Alten'. Eine kooperative Organisierung und Steuerung von Jugendhilfeleistungen stellt demnach keine klar abgrenzbare Alternative zu anderen Steuerungsmechanismen dar, wie eine Vielzahl theoriesystematischer Analysen nahelegen; vielmehr agieren die Fachkräfte *in bestehenden Strukturen in neuen Rollen*. In diesem Sinne partizipieren – vermittelt über Sozialraumteams – formal nicht entscheidungsberechtigte Akteure und Akteurinnen der freien Träger an Entscheidungsprozessen, von denen sie bisher ausgeschlossen waren. Darüber erhalten sie einerseits die Möglichkeit, ihre Problemsicht und Interessen einzubringen, andererseits wird über diese Beteiligung auch ihre Zustimmung (committment) zu Problemlösungen (vorab) ‚erzeugt', die (nachher) in anderen Arenen, ohne ihre Beteiligung, getroffen werden (können).

In die Analyse von Steuerungshandeln in der Jugendhilfe/Sozialen Arbeit müssen demnach einerseits immer die historisch-spezifischen politischen und sozialen Prozesse einbezogen werden, da Wohlfahrtsregime die je konkrete Ausgestaltung strukturieren und Handlungsrahmen begründen. Vor dem Hintergrund dieser Ergebnisse ist eine analytische Perspektive auf Steuerung und Organisierung angezeigt, die die jeweils ‚modernen' Ideen nicht getrennt von etablierten Organisationskulturen betrachtet bzw. die vermeintlich neuen Handlungsrationalitäten den vermeintlich alten unverbunden gegenüberstellt, sondern immer auch die komplexen Verschränkungen und dynamischen Verflechtungen der unterschiedlichen Formen sozialer Handlungskoordinierung in den Blick nimmt.

In Bezug auf die Frage, welche der aufgezeigten Aspekte denn nun das Besondere und Neue kooperativer Steuerungsformen darstellt, kann resümiert werden, dass die kontinuierliche Grenzbearbeitung und kooperative Prozessierung von Entscheidungsfindung der Akteure und Akteurinnen in den Sozialraumteams – vermittelt in der Fallberatungsarbeit bzw. Sozialraumarbeit – eine ‚weichere' Steuerungsform im Vergleich zu marktförmiger und bürokratischer Steuerung darstellt. Weicher deswegen, weil keine verbindlichen Entscheidungen getroffen, sondern diese ‚nur' vorbereitet werden und darüber Kontingenz erhalten bleibt. Hierbei wird sowohl der Steuerungsmodus Markt als auch Bürokratie mitbearbeitet. Mit der multiperspektivischen Prozessierung der Entscheidungsfindung verbindet sich einerseits eine Erhöhung von Fachlichkeit, Reflexivität und Responsivität. Denn die Entscheidungsprozesse – und somit Steuerungshandeln – werden durch fachliche Diskussionen prozedural strukturiert; eine Möglichkeit, die weder über marktförmige noch über bürokratische Steuerung in dieser Form hergestellt werden kann. Zugleich können kooperative Steuerungsformen andererseits dazu genutzt werden, Zustimmung zu potentiell konfliktträchtigen Lösungen vorab zu erzeugen, ohne direktive(re) Steuerungsinstrumente einzusetzen.

Obgleich Sozialraumteams bzw. die Forcierung kooperativer Steuerung aus jugendhilfespezifischen Diskursen und Entwicklungen hervorgegangen sind (vgl. Kapitel 2.5), liegt ein Blick bzw. ein kursorischer Hinweis auf den jüngeren Governance-Diskurs nahe, denn die Schnittstellen sind (wenngleich wohl ungewollt') unübersehbar. Eines der zentralen Elemente der Governance-Modelle besteht in der Vorstellung, dass eine kooperative und dialogische Problembearbeitung seitens staatlicher Administrationen gegenüber klassischer hierarchischer Steuerung effizienter ist (vgl. Brand 2004: 112). In den entsprechenden – zumeist mit einem normativen Bias belasteten – Beschreibungen kooperativer, dezentraler Steuerungsformen werden allerdings Herrschaftsaspekte zugunsten der Vorstellung einer shareholder-Perspektive selektiv ausgeblendet und darüber sowohl mögliche Interessensgegensätze als auch eine ungleiche Ressourcenverteilung der einbezogenen Akteure und Akteurinnen ignoriert (vgl. ebd.: 114, Mayntz 2004: 74 f.). Im Anschluss daran sind kooperative Entscheidungsfindungsverfahren im öffentlichen Sektor keineswegs mit Demokratisierung gleichzusetzen. Vielmehr wird konstatiert, dass die Integration von Zielgruppen öffentlicher Politik in Entscheidungsprozesse darauf abzielt, eine Erhöhung der Akzeptanz staatlicher Zielsetzungen zu erreichen (vgl. Papadopoulos 2004).

Kooperative Steuerungsformen sind folglich auch als (neue) Herrschaftsinstrumente – und nicht vorschnell als quasi neutrale, lösungsorientierte und vor allem Erfolg sichernde Verfahren – in den Blick zu nehmen, da sie fundamentale Fragen in Bezug auf Aspekte der demokratischen Repräsentation bzw. Legitimation aufwerfen (vgl. ebd., sowie die Debatte zu Konzepten des partizipativen Regierens in Heinelt 2008).

Notwendig erscheint daher ein empirisches Forschungsprogramm zu spezifischen Organisierungs- und Koordinierungsweisen der Jugendhilfe, welches – informiert durch Erkenntnisse der Governance-Theorie – die Sichtweisen und

## 5.3 Schlussbemerkungen

Deutungen der beteiligten professionellen Akteure und Akteurinnen zum Ausgangspunkt nimmt und Macht- und Herrschaftsbeziehungen einbezieht.

Angesichts der dargelegten ambivalenten Aspekte kooperativer Entscheidungsprozesse in Sozialraumteams bleibt die Herausforderung bestehen, der Frage (weiter) nachzugehen, wie professionelle Beratungssettings gedacht und gestaltet sowie in Hilfeprozesse/Steuerungshandeln so eingebaut werden können, dass sie die ohnehin bestehenden machtvermittelten strukturellen Asymmetrien zwischen Fachkräften und Adressaten bzw. Adressatinnen nicht verstärken. Es geht darum, wie professionelle Settings dazu beitragen können, dass es bspw. in Hilfeplangesprächen nicht zu ‚Frontstellungen' von professionellen (objektivierten) Problemdeutungen gegen subjektive und lebensweltliche Problemdeutungen kommt bzw. infrastrukturbezogene Planungsprozesse so organisiert werden, dass neben den sozialräumlichen Kenntnissen der Fachkräfte die ‚Stimmen' der Adressaten und Adressatinnen Eingang in entsprechende Settings finden – also um Formen und Settings, die das ‚Sprechen mit' statt des ‚Sprechens über' ermöglichen.

# 6 Literatur

Abbott, A. (1988): The system of professions: An Essay on the Division of Expert Labor, Chicago.
Abeling, M./Ziegler, H. (2004): Räumlichkeit und soziales Kapital in der Sozialen Arbeit. Zur Analyse der lokalen Governance des Sozialen Raums, in: Kessl,F./Otto, H. -U. (Hg.): Soziale Arbeit und Soziales Kapital. Zur Kritik lokaler Gemeinschaftlichkeit, Wiesbaden, S. 269–289.
Achinger, H. (1958): Sozialpolitik als Gesellschaftspolitik. Von der Arbeiterfrage zum Wohlfahrtsstaat, Hamburg.
AGJ (Arbeitsgemeinschaft für Jugendhilfe) (Hg.) (2005): Sozialgesetzbuch VIII: Arbeitshilfe zur Novellierung, Berlin.
Ahlheim, R./Hülsemann,W./Kapczynski, H. /Kappeler, M./Liebel, M./Marzahn, C./Werketin, F. (1971): Gefesselte Jugend. Fürsorgeerziehung im Kapitalismus, Frankfurt (Main).
Alford, J. (2004): Dienstleistungsqualität in Australien, in: Beckmann, C./Otto, H. -U./Richter, M./Schrödter, M. (Hg.): Qualität in der Sozialen Arbeit. Zwischen Nutzerinteresse und Kostenkontrolle, Wiesbaden, S. 67–83.
Almstedt, M./Munkwitz, B. (1982): Ortsbestimmung in der Heimerziehung. Geschichte, Bestandsaufnahme, Entwicklungstendenzen, Weinheim.
Banner, G. (1994): Steuerung kommunalen Handelns, in: Roth R./Wollmann H. (Hg.): Kommunalpolitik, Opladen, S. 350–361.
Baum, D. (1988): Bürokratie und Sozialpolitik. Zur Geschichte staatlicher Sozialpolitik im Spiegel der älteren deutschen Staatsverwaltungslehre. Ein Beitrag zu einer historisch-soziologischen Begründung der Bürokratisierung der Sozialpolitik, Berlin.
Beck, U. (1986): Risikogesellschaft: Auf dem Weg in eine andere Moderne, Frankfurt (Main).
Beck, U./Bonß, H. (Hg.) (1989): Weder Sozialtechnologie noch Aufklärung?. Analysen zur Verwendung sozialwissenschaftlichen Wissens, Frankfurt (Main).
Becker, H. S. (1982): Art Worlds, Berkeley.
Becker, H. S. (1974): Art as Collective Action, in: American Sociological Review, Nr. 39 (6), S. 767–776.
Becker, H. S. (1986): Doing things together: Selected Papers, Evanston.

Benz, A. (2004): Einleitung: Governance. Modebegriff oder nützliches sozialwissenschaftliches Konzept?, in: Benz, A. (Hg.): Governance – Regieren in komplexen Regelsystemen. Eine Einführung, Wiesbaden, S. 11–28.
Benz, A./Lütz, S. /Schimank, U./Simonis G. (2007): Einleitung, in: Benz, A./Lütz, S. /Schimank, U./Simonis G. (Hg.) (2007): Handbuch Governance. Theoretische Grundlagen und empirische Anwendungsfelder, Wiesbaden, S. 9–25.
Berger, P. L./Luckmann, T. (1998): Die gesellschaftliche Konstruktion der Wirklichkeit, Frankfurt (Main).
Bestmann, S. /Brandl, M. (2006): Fallunspezifische Arbeit, in: Forum Erziehungshilfen, Heft 1, S. 53–57.
Bitzan, M./Hinte, W./Klöck, T./May, M./Stövesand, S. (2005): Diskussionsbeitrag Gemeinwesenarbeit, in: Kessl, F./Reutlinger, C./Maurer, S. /Frey, O. (Hg): Handbuch Sozialraum, Wiesbaden, S. 548–554
Blandow, J. (1987): Der ‚Zwischenbericht'. Die Heimreform und die Zukunft der Heimerziehung, in: Sozialpädagogik, Heft 5, S. 210–214.
Blandow, J. (1989): Erziehungshilfen im historischen Kontext. Aspekte zu ihrer Geschichte seit 1945, in: Blandow, J./Faltermeier (Hg.): Erziehungshilfen in der Bundesrepublik Deutschland: Stand und Entwicklungen, Frankfurt (Main), S. 6–19.
Blandow, J. (1991): Heimreform in den 80er Jahren. Materialien und Einschätzungen zur jüngeren Entwicklung der Heimerziehung, in: Peters, F. (Hg.): Jenseits von Familie und Anstalt. Entwicklungsperspektiven in der Heimerziehung I, Bielefeld, S. 28-49.
Blumer, H. (1986): Symbolic Interactionism: Perspective and Method, Berkeley.
BMFSFJ (Bundesministerium für Familie, Frauen und Jugend) (1994): 9. Jugendbericht, : Bericht über die Situation der Kinder und Jugendlichen und die Entwicklung der Jugendhilfe in den neuen Bundesländern, Bonn.
BMFSFJ (Bundesministerium für Familie, Frauen und Jugend) (2002): 11. Kinder- und Jugendbericht: Bericht über die Lebenssituation junger Menschen und die Leistungen der Kinder- und Jugendhilfe in Deutschland, Bonn.
BMJFFG (Bundesministerium für Jugend, Familie, Frauen und Gesundheit) (1980): 5. Jugendbericht der Bundesregierung: Bericht über Bestrebungen und Leistungen der Jugendhilfe. Bonn
BMJFFG (Bundesministerium für Jugend, Familie, Frauen und Gesundheit) (1990): 8. Jugendbericht: Bericht über Bestrebungen und Leistungen der Jugendhilfe, Bonn.
BMJFG (Bundesministerium für Jugend, Familie, und Gesundheit) (1972): 3. Jugendbericht. Aufgaben und Wirksamkeit der Jugendämter in der Bundesrepublik Deutschland, Bonn.

# 6 Literatur

BMJFG (Bundesministerium für Jugend, Familie, und Gesundheit) (1974): Mehr Chancen für die Jugend – Zu Inhalt und Begriff einer offensiven Jugendhilfe, Stuttgart.
Bogner, A./Menz, W. (2005): Das theoriegenerierende Experteninterview, in: Bogner, A./Menz, W. (Hg.): Das Experteninterview. Theorie, Methode, Anwendung, Wiesbaden, S. 33–70.
Bogumil, J. (2004): Bürgerkommunen als Perspektive der Demokratieförderung und Beteiligungsstärkung, in: Kessl, F./Otto, H. -U. (Hg.): Soziale Arbeit und Soziales Kapital. Zur Kritik lokaler Gemeinschaftlichkeit, Wiesbaden, S. 113–122.
Bogumil, J. (2005): Die Umgestaltung des Verhältnisses von Politik und Verwaltung, in: Blanke, B./von Bandemer, S. /Nullmeier, F./Wewer, G.(Hg.): Handbuch zur Verwaltungsreform. 3., völlig überarbeitete und erweiterte Auflage, Wiesbaden, S. 494 –502.
Bogumil, J./Jann, W. (2005): Verwaltung und Verwaltungswissenschaft in Deutschland. Einführung in die Verwaltungswissenschaft, Wiesbaden.
Bogumil, J./Kuhlmann S. (2004): Zehn Jahre kommunale Verwaltungsmodernisierung Ansätze einer Wirkungsanalyse, in: Jann, W./Bogumil, J./Bouckaert, G./Budäus, D./Holtkamp, L./Kißler, L./Kuhlmann, S. /Mezger, E./Reichard, C./Wollmann, H. (Hg.): Status-Report Verwaltungsreform. Eine Zwischenbilanz nach zehn Jahren, Berlin, S. 51–63.
Böhnisch, L./Münchmeier, R. (1993): Pädagogik des Jugendraums. Zur Begründung und Praxis einer sozialräumlichen Jugendpädagogik, Weinheim.
Böhnisch, L./Schröer, W./Thiersch, H. (2005): Sozialpädagogisches Denken: Wege zu einer Neubestimmung, Weinheim.
Bohnsack, R./Marotzki, W./Meuser, M. (Hg.) (2006): Hauptbegriffe qualitativer Sozialforschung, Opladen.
Böllert, K. (2004): Qualität und Wettbewerb sozialer Dienste, in: Beckmann, C./Otto, H. -U./Richter, M./Schrödter, M. (Hg.): Qualität in der Sozialen Arbeit. Zwischen Nutzerinteresse und Kostenkontrolle, Wiesbaden, S. 121–132.
Bönker, F./Wollmann, H. (1998): Reform der sozialen Dienste zwischen „kommunaler Staatlichkeit" und Verwaltungsmodernisierung, in: Reis, C./Schulze-Böing, M. (Hg.): Planung und Produktion sozialer Dienstleistungen. Die Herausforderung „neuer Steuerungsmodelle", Berlin, S. 35–54.
Brand, U. (2004): Governance, in: Bröckling, U./Krassmann, S. /Lemke, T. (Hg.): Glossar der Gegenwart, Frankfurt (Main), S. 111–117.
Brüsemeister, T. (2000): Qualitative Forschung, Wiesbaden.
Brunnengräber, A./Dietz, K./Hirsch, B./Walk, H. (2004): Diskussionspapier 01/04 des Projektes „Global Governance und Klimawandel", Berlin

Brunsson, N./Sahlin-Andersson, K. (2000): Constructing organizations, in: Organization Studies, Heft 21, S. 721–746.
Budde, W./Früchtel, F. (2006): Die Felder der Sozialraumorientierung – ein Überblick, in: Budde, W./Früchtel, F./Hinte, W. (Hg.): Sozialraumorientierung. Wege zu einer veränderten Praxis, Wiesbaden, S. 27–50.
Budde, W./Früchtel, F./Hinte, W. (Hg.) (2006): Sozialraumorientierung – Wege zu einer veränderten Praxis, Wiesbaden.
Bundesregierung (Hg.) (1999): Moderner Staat – Moderne Verwaltung. Leitbild und Programm der Bundesregierung. Kabinettsbeschluss vom 01.12.1999, http://www.verwaltung-innovativ.de/nn_684264/SharedDocs/Publikationen/ Bestellservice/programm__der__bundesregierun,templateId=raw,property= publicationFile.pdf/programm_der_bundesregierung.pdf, Zugriff am 5.01.2009.
Bußmann, U./Esch, K./Stöbe-Blossey, S. (2003): Neue Steuerungsmodelle – frischer Wind im Jugendhilfeausschuß?. Die Weiterentwicklung der neuen Steuerungsmodelle. Tendenzen und Potenziale am Beispiel der Jugendhilfe, Opladen.
Clark, C. (2005): The Deprofessionalisation Thesis, Accountability and Professional Character, in: Social Work and Society, Heft. 2, S. 182–190.
Clarke, A. (1991): Social Worlds/Arenas Theory as Organizational Theory, in: Maines, D. (Hg.): Social Organization and Social Process. Essays in Honor of Anselm Strauss, New York, S. 119–158.
Clarke, A. (2005): Situational Analysis. Grounded Theory after the Postmodern Turn, Thousand Oaks.
Clarke, J./Gewirtz, S. /McLaughlin, E. (Hg.) (2000): New Managerialism, new Welfare?, London.
Clarke, J./Newman, J. (1997): The Managerial State: Power, Politics and Ideology in the Remaking of Social Welfare, London.
Combe, A./Helsper, W. (2002): Professionalität, in: Otto, H. -U./Rauschenbach, T./Vogel, P. (Hg.): Erziehungswissenschaft: Professionalität und Kompetenz, Opladen, S. 29– 47.
Dahme, H. -J. (2008): Krise der öffentlichen Kassen und des Sozialstaats, in: APuZ, Heft 12–13, S. 10–16.
Dahme, H. -J./Otto, H. -U./Trube, A./Wohlfahrt, N. (Hg.) (2003): Soziale Arbeit für den aktivierenden Staat, Leverkusen.
Dahme, H. -J./Wohlfahrt, N. (2002): Aktivierender Staat, in: neue praxis, Heft 1, S. 10–32.
Dahme, H. -J./Wohlfahrt, N. (2003): Soziale Dienste auf dem Weg in die Sozialwirtschaft. Auswirkungen der neuen Steuerung auf die freien Träger und Konsequenzen für die soziale Arbeit, in: Widersprüche, Heft 90, S. 41–55.

Dahme, H. -J./Wohlfahrt, N. (2004): Budgetierte Sozialraumorientierung – Präventionspolitik oder Sparprogramm?, http://www.efh-bochum.de/homepages/wohlfahrt/pdf/Dahme-wohlfahrt-sozialraumkritik-NDV.pdf, Zugriff am 4.05.2009

Dahme, H. -J./Wohlfahrt, N. (Hg.) (2005): Aktivierende soziale Arbeit. Theorie – Handlungsfelder – Praxis, Baltmannsweiler.

Deinet, U./Reutlinger, C. (Hg.) (2004): „Aneignung" als Bildungskonzept der Sozialpädagogik, Wiesbaden.

Denzin, N. (2005): Symbolischer Interaktionismus, in: Flick,U./von Kardorff, E./Steinke, I. (Hg.): Qualitative Forschung. Ein Handbuch, Reinbek, S. 136–150.

Denzin, N./Lincoln, Y.S. (Hg.) (2008): The Landscape of Qualitative Research, Los Angeles.

Deutschendorf, R./Hamberger, M./Koch, J./Lenz, S. /Peters, F. (Hg.) (2006): Werkstattbuch INTGRA. Grundlagen, Anregungen und Arbeitsmaterialien für integrierte, flexible und sozialräumlich ausgerichtete Erziehungshilfen, Weinheim.

Dewe, B. (2009): Reflexive Sozialarbeit im Spannungsfeld von evidenzbasierter Praxis und demokratischer Rationalität – Plädoyer für die handlungslogische Entfaltung reflexiver Professionalität, in: Becker-Lenz, R./Busse, S./Ehlert, G./Müller, S. (Hg.): Professionalität in der Sozialen Arbeit. Standpunkte, Kontroversen, Perspektiven. Wiesbaden, S. 89-109.

Dewe, B./Otto, H. -U. (2005): Reflexive Sozialpädagogik, in: Thole, W. (Hg.): Grundriss Soziale Arbeit. Ein einführendes Handbuch, Wiesbaden, S. 179–198.

Dey, I. (1999): Grounding grounded theory, San Diego.

Dingeldey, I. (2006): Aktivierender Wohlfahrtsstaat und sozialpolitische Steuerung, in: APuZ, Heft 8–9, S. 3–9.

Dollinger, B./Raithel, J. (Hg.) (2006): Aktivierende Sozialpädagogik. Ein kritisches Glossar, Wiesbaden.

Düring, D. (2003): Akzeptanz durch Diffusion? Thematische Verschiebungen innerhalb eines Modellprojektes zur Einführung integrierter und flexibler Hilfen, unv. Diplomarbeit, Erfurt.

Evers, A./Nowotny, H. (1987): Über den Umgang mit Unsicherheit. Die Entdeckung der Gestaltbarkeit von Gesellschaft, Frankfurt (Main).

Evers, A./Olk, T. (1996): Wohlfahrtspluralismus, in: Evers, A./Olk, T. (Hg.): Wohlfahrtspluralismus. Vom Wohlfahrtsstaat zur Wohlfahrtsgesellschaft, Opladen, S. 9–60.

Flick, U./von Kardorff, E./Steinke, I. (2005): Was ist qualitative Forschung? Einleitung und Überblick, in: Flick,U./von Kardorff, E./Steinke, I. (Hg.): Qualitative Forschung. Ein Handbuch, Reinbek , S. 13–29.

Flösser, G. (1994): Soziale Arbeit jenseits der Bürokratie. Über das Management des Sozialen, Neuwied.

Flösser, G. (1996a): Von der Neuorganisation der sozialen Dienste der 70er Jahre zum Kontraktmanagement in den 90er Jahren – Lehren aus den vergangenen Verwaltungsreformen, in: Merchel, J./Schrapper, C. (Hg.): „Neue Steuerung". Tendenzen der Organisationsentwicklung in der Sozialverwaltung, Münster, S. 18-31.

Flösser, G. (1996b): Kontraktmanagement – Das neue Steuerungsmodell für die Jugendhilfe, in: Flösser, G./Otto, H. -U. (Hg.): Neue Steuerungsmodelle für die Jugendhilfe, Neuwied, S. 55–74.

Flösser, G./Otto, H. -U./Rauschenbach, T./Thole, W. (1998): Jugendhilfeforschung. Beobachtungen zu einer wenig beachteten Forschungslandschaft, in: Rauschenbach, T./Thole, W. (Hg.): Sozialpädagogische Forschung. Gegenstand und Funktionen, Bereiche und Methoden, Weinheim, S. 225–261.

Freigang, W. (1986): Verlegen und Abschieben, Weinheim.

Freigang, W./Wolf, K. (2001): Heimerziehungsprofile. Sozialpädagogische Porträts, Weinheim

Frey, F. (2008): Chancen und Grenzen von Wirkungsorientierung in den Hilfen zur Erziehung, Wiesbaden.

Frey, H. (1994): Agonie des Bürokratiemodells?, in: Steger, U. (Hg.): Lean Administration. Die Krise der öffentlichen Verwaltung als Chance, Frankfurt (Main), S. 23– 47.

Früchtel, F./Budde, W. (2006): Wie funktioniert fallunspezifische Ressourcenarbeit? Sozialraumorientierung auf der Ebene von Netzwerken, in: W. Budde,/Früchtel, F./Hinte, W. (Hg.): Sozialraumorientierung. Wege zu einer veränderten Praxis, Wiesbaden, S. 201–218.

Früchtel, F. u. a. (2009): Familienrat als konsequente Sozialraumorientierung. Ergebnisse aus einem Berliner Modellprojekt, in: Forum Erziehungshilfe, Heft 3, S. 147–152.

Früchtel, F./Lude, W./Scheffer, T./Weißenstein, R. (2001): Umbau der Erziehungshilfe. Von den Anstrengungen, den Erfolgen und den Schwierigkeiten bei der Umsetzung fachlicher Ziele in Stuttgart, Weinheim.

Früchtel, F./Scheffer, T. (1999): Fallunspezifische Arbeit oder: Wie lassen sich Ressourcen mobilisieren?, in: Forum Erziehungshilfen, Heft 5, S. 304 –311.

Galuske, M. (2002): Flexible Sozialpädagogik. Elemente einer Theorie Sozialer Arbeit in der modernen Arbeitsgesellschaft, Weinheim.

# 6 Literatur

Galuske, M. (2003): Methoden der sozialen Arbeit,. Eine Einführung, Weinheim.
Galuske, M. (2007): Methoden der sozialen Arbeit. Eine Einführung, Weinheim, 7., ergänzte Auflage.
Galuske, M./Müller, C. W. (2005): Handlungsformen in der Sozialen Arbeit. Geschichte und Entwicklung, in: Thole, W. (Hg.): Grundriss Soziale Arbeit. Ein einführendes Handbuch, Wiesbaden, S. 485–508.
Geideck, S. /Liebert W.-A. (2003): Sinnformeln, in: Geideck, S. /Liebert W.-A. (Hg.): Sinnformeln. Linguistische und soziologische Analysen von Leitbildern, Metaphern und anderen kollektiven Orientierungsmustern, Berlin, S. 3–14.
Giddens, A. (1999): Der dritte Weg. Die Erneuerung der sozialen Demokratie, Frankfurt (Main).
Gilbert, N./Gilbert, B. (1989): The Enabling State: Modern Welfare Capitalism in America, New York.
Glaser, B. (1978): Theoretical sensitivity, Mill Valley.
Glaser, B./Strauss, A. (1967): The Discovery of Grounded Theory. Strategies for qualitative Research, Chicago.
Goffman, E. (1980): Rahmen-Analyse. Ein Versuch über die Ordnung von Alltagserfahrungen, Frankfurt (Main).
Goffman, E. (1986): Interaktionsrituale. Über Verhalten in direkter Kommunikation, Frankfurt (Main).
Günnewig, N. (2010): Kontext, in: Reutlinger, C./Fritsche, C./Lingg, E. (Hg.): Raumwissenschaftliche Basics. Eine Einführung für die Soziale Arbeit. Wiesbaden, S. 109 – 117.
Habermas, J. (1985): Die neue Unübersichtlichkeit, Frankfurt (Main).
Haller, S. /Hinte, W./Kummer, B. (Hg.): Jenseits von Tradition und Postmoderne. Sozialraumorientierung in der Schweiz, Österreich und Deutschland, Weinheim.
Hamberger, M. (1998): Zur Notwendigkeit der Evaluationsforschung im Bereich erzieherischer Hilfen, in: JULE BMFFSJ (Bundesministerium für Familie, Frauen, Senioren und Jugend) (Hg.): Leistungen und Grenzen von Heimerziehung: Ergebnisse einer Evaluationsstudie stationärer und teilstationärer Erziehungshilfen; Forschungsprojekt Jule, Stuttgart, S. 34 –52.
Hamberger, M. (2006): Ressourcenorientierung in der Fallarbeit, in: Deutschendorf, R./Hamberger, M./Koch, J./Lenz, S. /Peters, F. (Hg.) (2006): Werkstattbuch INTGRA. Grundlagen, Anregungen und Arbeitsmaterialien für integrierte, flexible und sozialräumlich ausgerichtete Erziehungshilfen, Weinheim, S. 103–110.
Hamberger, M. (2008): Erziehungshilfekarrieren – belastete Lebensgeschichte und professionelle Weichenstellungen, Frankfurt (Main).

Hamburger, F./Müller, H. (2006): „Die Stimme der AdressatInnen" im Kontext der sozialraumorientierten Weiterentwicklung der Hilfen zur Erziehung, in: Bitzan, M./Bolay, E./Thiersch, H. (Hg.): Die Stimme der Adressaten. Empirische Forschung über Erfahrungen von Mädchen und Jungen in der Jugendhilfe, Weinheim, S. 13–38.

Hansbauer, P. (1995): Fortschritt durch Verfahren oder Innovation durch Irritation?, in: neue praxis, Heft 1, S. 12–33.

Hansbauer, P. (1999): Traditionsbrüche in der Heimerziehung. Analysen zur Durchsetzung der ambulanten Einzelbetreuung, Münster.

Harris, J. (1998): Scientific Management, Bureau-professionalism and New Managerialism, in: British Journal of Social Work, Heft 28, S. 839–862.

Heckes, C./Schrapper, C. (1991): Traditionslinien im Verhältnis Heimerziehung – Gesellschaft: Reformepochen und Restaurierungsphasen, in: Peters, F. (Hg.): Jenseits von Familie und Anstalt. Entwicklungsperspektiven in der Heimerziehung I, Bielefeld, S. 9–27.

Heinelt, H. (2005): Vom Verwaltungsstaat zum Verhandlungsstaat, in: Blanke, B./von Bandemer, S. /Nullmeier, F./Wewer, G.(Hg.): Handbuch zur Verwaltungsreform. 3., völlig überarbeitete und erweiterte Auflage, Wiesbaden, S. 11–17.

Heinelt, H. (2008): Demokratie jenseits des Staates. Partizipatives Regieren und Governance, Baden-Baden.

Heinze, R. (2003): Inszenierter Korporatismus im sozialen Sektor, in: Dahme H. -J./Wohlfahrt, N. (Hg.): Netzwerkökonomie im Wohlfahrtsstaat. Wettbewerb und Kooperation im Sozial- und Gesundheitssektor, Berlin, S. 31–46.

Hekele, K. (1989): Mobile Betreuung, in: Blandow, J./Faltermeier (Hg.): Erziehungshilfen in der Bundesrepublik Deutschland: Stand und Entwicklungen, Frankfurt (Main), S. 333–343.

Hekele, K. (1993): ‚Sich am Jugendlichen orientieren'. Präsizierung eines Praxiskonzepts im Licht der Kritik, in: Peters, F. (Hg.): Professionalität im Alltag. Entwicklungsperspektiven in der Heimerziehung II, Bielefeld, S. 118–133.

Hendriks, F./Schalken, F. (1998): Local Government and the New Public Management. The Case of the Tilburg Model, in: Grunow, D./Wollmann, H. (Hg.): Lokale Verwaltungsreform in Aktion. Fortschritte und Fallstricke, Basel, S. 386–398.

Hildenbrand, B. (2005): Anselm Strauss, in: Flick,U./von Kardorff, E./Steinke, I. (Hg.): Qualitative Forschung. Ein Handbuch, Reinbek, S. 32– 42.

# 6 Literatur

Hill, H. (1994): Kommunikation als Herausforderung für Staat und Verwaltung, in: Steger, U. (Hg.): Lean Administration. Die Krise der öffentlichen Verwaltung als Chance, Frankfurt (Main), S. 49–66.

Hinte, W. (1999): Fallarbeit und Lebensweltgestaltung – Sozialraumbudgets statt Fallfinanzierung, in: Soziale Praxis, Heft 20 – Soziale Indikatoren und Sozialraumbudget in der Kinder- und Jugendhilfe, Hg.: Institut für soziale Arbeit (ISA), Münster, S. 82–94.

Hinte, W. (2004): Sozialraumorientierung, Budgets und die Praxis integrierter Erziehungshilfen, in: Peters, F./Koch, J. (Hg.): Integrierte erzieherische Hilfen. Flexibilität, Integration und Sozialraumbezug in der Jugendhilfe, Weinheim, S. 57–73.

Hinte, W. (2006): Geschichte, Quellen und Prinzipien des Fachkonzeptes „Sozialraumorientierung" (Einleitung), in: Budde,W./Früchtel, F./Hinte, W. (Hg.): Sozialraumorientierung. Wege zu einer veränderten Praxis, Wiesbaden, S. 7–24.

Hinte, W. (2007): Das Fachkonzept „Sozialraumorientierung". Herausforderungen an professionelles Handeln und hilfreiche Bedingungen in öffentlichen Institutionen, in: Haller, S. /Hinte, W./Kummer, B. (Hg.): Jenseits von Tradition und Postmoderne. Sozialraumorientierung in der Schweiz, Österreich und Deutschland, Weinheim, S. 98–117.

Hinte, W./Litges, G./Springer, W. (1999): Soziale Dienste: vom Fall zum Feld. Soziale Räume statt Verwaltungsbezirke, Berlin.

Hitzler, S. /Messmer, H. (2008): Gespräche als Forschungsgegenstand in der Sozialen Arbeit, in: Zeitschrift für Pädagogik, Heft 2, S. 244 –260.

Hoettermann, H. /Koch, J./Peters, F. (2004): „Change Management" – Zur Empirie einer komplexen Praxisveränderung, in: Peters, F./Koch, J. (Hg.): Integrierte erzieherische Hilfen, Weinheim, S. 149–193.

Hollingsworth, J. R /Boyer, R. (1997): Coordination of Economic Actors and Social Systems of Production, in: Hollingsworth, J. R./Boyer, R. (Hg.): Contemporary Capitalism. The Embeddedness of Institutions, Cambridge, S. 1– 47.

Hörster, R. (2003): Fallverstehen. Zur Entwicklung kasuistischer Produktivität in der Sozialpädagogik, in: Helsper, W./Hörster, R./Kade, J. (Hg.): Ungewissheit. Pädagogische Felder im Modernisierungsprozess, Weilerswist, S. 318–344.

IGfH (1977): Zwischenbericht der Kommission Heimerziehung der Obersten Landesjugendbehörden und der Bundesarbeitsgemeinschaft der Freien Wohlfahrtspflege, Frankfurt (Main).

IGfH (1998): Bundesmodellprojekt INTEGRA – Antrag auf Förderung eines Projekts zur Implementierung und Qualifizierung integrierter, regionalisierter Angebotsstrukturen in der Jugendhilfe am Beispiel von 5 Regionen, unv. Projektantrag.

IGfH (2003): Abschlussbericht zum Modellprojekt INTEGRA – Implementierung und Qualifizierung integrierter, regionalisierter Angebotsstrukturen in der Jugendhilfe am Beispiel von fünf Regionen, unv. Abschlussbericht.

IGfH (2006): Thema Wirkungsorientierung. in: Forum Erziehungshilfen, Heft 5, S. 260-285.

Jäger, W./Meyer, H. -J. (2003): Sozialer Wandel in soziologischen Theorien der Gegenwart, Wiesbaden.

Jann, W. (2005): Neue Steuerung, in: Blanke, B./von Bandemer, S. /Nullmeier, F./Wewer, G.(Hg.): Handbuch zur Verwaltungsreform. 3., völlig überarbeitete und erweiterte Auflage, Wiesbaden, S. 74 –84.

Jann, W./Wegrich, K. (2004): Governance und Verwaltungspolitik, in: in: Benz, A. (Hg.): Governance – Regieren in komplexen Regelsystemen. Eine Einführung, Wiesbaden, S. 193–214.

Jessop, B. (2005): The Future of the Capitalist State, Cambridge.

Joas, H. /Knöbl, W. (2004): Sozialtheorie, Frankfurt (Main).

Jordan, B./Jordan, C. (2000): Social Work and the Third Way. Tough Love as Social Policy, London.

Jordan, E. (2005): Jugendhilfeplanung, in: Otto, H. -U./Thiersch, H. (Hg.): Handbuch Sozialarbeit/Sozialpädagogik, München, S. 874 –880.

Jordan, E./Hansbauer, P./Merchel, J./Schone, R. (2001): Expertise Sozialraumorientierte Planung. Begründungen, Konzepte, Beispiele, Hg.: Institut für soziale Arbeit (ISA), Münster.

Jordan, E./Reismann, H. (1998): Qualitätssicherung und Verwaltungsmodernisierung in der Jugendhilfe, Hg.: Institut für soziale Arbeit (ISA), Münster.

Jordan, E./Schone, R. (2000): Handbuch Jugendhilfeplanung. Grundlagen, Bausteine, Materialien, Münster.

Kailitz, S. (2007): Staatsformen im 20. Jahrhundert II: Demokratische Systeme, in: Gallus, A./Jesse, E. (Hg.): Staatsformen. Von der Antike bis zur Gegenwart, Bonn, S. 281–328.

Kalthoff, H. (2008): Einleitung: Zur Dialektik von qualitativer Forschung und soziologischer Theoriebildung, in: Kalthoff, H. /Hirschauer, S. /Lindemann, G. (Hg.): Theoretische Empirie. Zur Relevanz qualitativer Forschung, Frankfurt (Main), S. 8-32.

Kaufmann, F. (2005a): Sozialpolitik und Sozialstaat: Soziologische Analysen. 2., erweiterte Auflage, Wiesbaden.

Kaufmann, F. (2005b): Zur historischen und aktuellen Entwicklung des europäischen Staates, in: Blanke, B./von Bandemer, S. /Nullmeier, F./Wewer, G.(Hg.): Handbuch zur Verwaltungsreform. 3., völlig überarbeitete und erweiterte Auflage, Wiesbaden, S. 3–10.

Kaufmann, F. X. (1994): Staat und Wohlfahrtsproduktion, in: Delien, H. - U./Gerhard, U./Scharpf, F. (Hg.): Systemrationalität und Partialinteresse. Festschrift für Renate Mayntz, Baden-Baden, S. 357–380.

Kaufmann, F. X. (2003): Sicherheit: Das Leitbild beherrschbarer Komplexität, in: Lessenich, S. (Hg.): Wohlfahrtsstaatliche Grundbegriffe, Frankfurt (Main), S. 73-104.

Kelle, U./Marx, J./Pengel, S. /Uhlhorn, K./Witt, I. (2003): Die Rolle theoretischer Heuristiken im qualitativen Forschungsprozeß – ein Werkstattbericht, in: Otto, H. -U./Oelerich, G./Micheel, H. -G. (Hg.): Empirische Forschung und Soziale Arbeit. Ein Lehr- und Arbeitsbuch, Neuwied, S. 239–257.

Kessl, F. (2001): Komm rein, dann kannst Du rausschau'n!, in: Widersprüche, Heft 4, S. 39 –52.

Kessl, F. (2002): Ökonomisierung der Kinder- und Jugendhilfe, in: Schröer, W./Struck, N./Wolff, M. (Hg.): Handbuch Kinder- und Jugendhilfe, Weinheim, S. 1113–1128.

Kessl, F. (2005): Der Gebrauch der eigenen Kräfte, Weinheim.

Kessl, F. (2006a): Sozialer Raum als Fall?. in: Galuske, M./Thole, W. (Hg.): Vom Fall zum Feld. Neue Methoden der Sozialen Arbeit, Wiesbaden, S. 37–54.

Kessl, F. (2006b): Aktivierungspädagogik statt wohlfahrtsstaatlicher Dienstleistung? Das aktivierungspolitische Re-Arrangement der bundesdeutschen Kinder- und Jugendhilfe, in: ZSR 52, Heft 2, S. 217–2 32.

Kessl, F./Maurer, M. (2010): Praktiken der Differenzierung als Praktiken der Grenzbearbeitung. Überlegung zur Bestimmung Sozialer Arbeit als Grenzbearbeiterin, in: Kessl, F./Plößer, M. (Hg.): Differenzierung, Normalisierung, Andersheit. Soziale Arbeit als Arbeit mit den Anderen. Wiesbaden, S. 154–169.

Kessl, F./Otto, H. (2004): Soziale Arbeit und soziales Kapital. Zur Kritik lokaler Gemeinschaftlichkeit, Wiesbaden.

Kessl, F./Otto, H. -U. (2002): Aktivierende Soziale Arbeit – Anmerkungen zu neosozialen Programmierungen Sozialer Arbeit, in: neue praxis, Heft 5, S. 444 – 457.

Kessl, F./Otto, H. -U. (2009): Soziale Arbeit ohne Wohlfahrtsstaat?, in: Kessl, F./Otto, H. -U. (Hg.): Soziale Arbeit ohne Wohlfahrtsstaat?. Zeitdiagnosen, Problematisierungen und Perspektiven, Weinheim, S. 7–21.

Kessl, F./Reutlinger, C. (2007): Sozialraum. Eine Einführung. Mit einem Beitrag von Ulrich Deinet, Wiesbaden.

KGSt (Kommunale Gemeinschaftsstelle für Verwaltungsvereinfachung) (1998): Kontraktmanagement zwischen öffentlichen und freien Trägern in der Jugendhilfe. Bericht 12/1998, Köln.

KGSt (Kommunale Gemeinschaftsstelle für Verwaltungsvereinfachung) (1993): Das Neue Steuerungsmodell. Gründe, Konturen, Umsetzung. Bericht 5/1993, Köln.

KGSt (Kommunale Gemeinschaftsstelle für Verwaltungsvereinfachung) (1992): Wege zum Dienstleistungsunternehmen Kommunalverwaltung. Fallstudie Tilburg. Bericht 19/1992, Köln.

KGSt (Kommunale Gemeinschaftsstelle für Verwaltungsvereinfachung) (1991): Dezentrale Ressourcenverantwortung. Überlegungen zu einem Neuen Steuerungsmodell. Bericht 12/1991, Köln.

Klatetzki, T. (1993): Professionelles Handeln als Problemsetzung, in: Peters, F. (Hg.): Professionalität im Alltag, Bielefeld, S. 105–117.

Klatetzki, T. (1995b): Eine kurze Einführung in die Diskussion über flexible Erziehungshilfen, in: Klatetzki, T. (Hg.): Flexible Erziehungshilfen, Ein Organisationskonzept in der Diskussion, Münster, S. 5–12.

Klatetzki, T. (1998): Noch einmal: Was sind flexibel organisierte Erziehungshilfen?, in: Peters, F./Trede, W./Winkler, M. (Hg.): Integrierte Erziehungshilfen. Qualifizierung der Jugendhilfe durch Flexibilisierung und Integration?, Frankfurt (Main), S. 322–337.

Klatetzki, T. (2001): Kollegiale Beratung als Problem, sozialpädagogische Diagnostik ohne Organisation, in: Ader, S. /Schrapper, C./Thiesmeier, M. (Hg.): Sozialpädagogisches Fallverstehen und sozialpädagogische Diagnostik in Forschung und Praxis, Münster, S. 22–30.

Klatetzki, T. (Hg.) (1995a): Flexible Erziehungshilfen. Ein Organisationskonzept in der Diskussion, Münster.

Klingler, B./Landhäuser, S. /Ziegler, H. (2008): Die AdressatInnen sozialräumlich orientierter Sozialer Arbeit und der Sozialraum als Adressat – eine empirische Betrachtung, in: Bielefelder Arbeitsgruppe 8 (Hg.): Soziale Arbeit in Gesellschaft, Wiesbaden, S. 211–216.

Koch, J. (1999): Gegen Ausgrenzung und Abschottung: Zielperspektiven integrierter und flexibler Hilfen, in: Koch, J./Lenz, S. (Hg.): Auf dem Weg zur einer integrierten und sozialräumlichen Kinder- und Jugendhilfe, Frankfurt (Main), S. 33– 47.

Koch, J. u. a. (2002): Mehr Flexibilität, Integration und Sozialraumbezug in den erzieherischen Hilfen. Zwischenergebnisse aus dem Bundesmodellprojekt INTEGRA, Frankfurt (Main).

# 6 Literatur

Koch, J./Lenz, S. (Hg.) (2000): Integrierte Hilfen und sozialräumliche Finanzierungsformen, Frankfurt (Main).
Koch, J./Peters, F. (2004): Das Projekt integrierte, flexible Erziehungshilfen. Zur Einleitung, in: Peters, F./Koch, J. (Hg.): Integrierte erzieherische Hilfen. Flexibilität, Integration und Sozialraumbezug in der Jugendhilfe, Weinheim, S. 7–25.
Koetz, A. G. (1994): Organisationsentwicklung in der Finanzkrise: Ansatzpunkte und Abläufe – Kulturrevolution für den bürokratischen Super-Perfektionismus, in: Steger, U. (Hg.): Lean Administration. Die Krise der öffentlichen Verwaltung als Chance, Frankfurt (Main), S. 123–143.
Köngeter, S. (2009). Professionalität in den Erziehungshilfe, in: Becker-Lenz, R./Busse, S. /Ehlert, G./Müller, S. (Hg.): Professionalität in der Sozialen Arbeit. Standpunkte, Kontroversen, Perspektiven, Wiesbaden, S. 175–191.
Köngeter, S. /Eßer, F./Thiersch, H. (2004): Sozialraumorientierung – Innovation oder Ideologie?, in: Peters, F./Koch, J. (Hg.): Integrierte erzieherische Hilfen. Flexibilität, Integration und Sozialraumbezug in der Jugendhilfe, Weinheim, S. 75–99.
Krause, H. -U./Peters, F. (2002): Perspektiven einer integrierten und sozialräumlichen Erziehungshilfe: Sozialraumorientierung und integrierte, flexible Hilfen, in: Krause, H. -U./Peters, F. (Hg.): Grundwissen Erzieherische Hilfen. Ausgangsfragen Schlüsselthemen Herausforderungen, Münster, S. 156–161.
Kühn, D. (1999): Reform der öffentlichen Verwaltung. Das Neue Steuerungsmodell in der kommunalen Sozialverwaltung, Köln.
Kühn, D. (2002): Bilanz der Verwaltungsmodernisierung im sozialen Bereich und Tendenzen der Weiterentwicklung, in: Otto, H. -U./Peter, H. (Hg.): Jugendhilfe trotz Verwaltungsmodernisierung?.Fachlichkeit durch professionelle Steuerung, Münster, S. 21–37.
Kurz-Adam, M. (2006): Richtig, machbar oder gerecht?, in: Jugendhilfe, Heft 4, S. 190–197.
Landhäußer, S. (2009): Communityorientierung in der Sozialen Arbeit. Die Aktivierung von sozialem Kapital. Wiesbaden.
Lange, S. (2000): Politische Steuerung als systemtheoretisches Problem, in: Lange, S. /Braun, D. (Hg.): Politische Steuerung zwischen System und Akteur, Opladen, S. 15–97.
Lange, S. /Schimank, U. (2004): Governance und gesellschaftliche Integration, in: Lange, S. /Schimank, U. (Hg.): Governance und gesellschaftliche Integration, Wiesbaden, S. 9–44.
Lessenich, S. (2003): Wohlfahrtsstaatliche Grundbegriffe – Semantiken des Wohlfahrtsstaats, in: Lessenich, S. (Hg.): Wohlfahrtsstaatliche Grundbegriffe, Frankfurt (Main), S. 9–19.

Lessenich, S. (2008): Die Neuerfindung des Sozialen. Der Sozialstaat im flexiblen Kapitalismus, Bielefeld.
Liebig, R. (2001): Strukturveränderungen des Jugendamts. Kriterien für eine „gute" Organisation der öffentlichen Jugendhilfe, Weinheim.
Lüders, C. (1987): Der „wissenschaftlich ausgebildete Praktiker" in der Sozialpädagogik – zur Notwendigkeit der Revision eines Programms, in: Zeitschrift für Pädagogik, Heft 5, S. 635–653.
Lüders, C./Rauschenbach, T. (2005): Forschung: sozialpädagogische, in: Otto, H. -U./Thiersch, H. (Hg.): Handbuch Sozialarbeit/Sozialpädagogik, München, S. 562-575.
Luhmann, N. (1981): Politische Theorie im Wohlfahrtsstaat, München.
Luhmann, N. (2000): Die Politik der Gesellschaft, Frankfurt (Main).
Macdonald, G./Sheldon, B./Gillespie, J. (1992): Contemporary studies of the effectiveness of social work, in: British Journal of Social Work 22(6), S. 615–643.
Maines, D. R. (2001): The Faultline of Consciousness. A View of Interactionism in Sociology, New York.
Mamier, J. (2002): Organisatorische Einbettung von Jugendhilfeaufgaben in der Kommunalverwaltung, in: Sachverständigenkommission Elfter Kinder- und Jugendbericht (Hg.): Strukturen der Kinder und Jugendhilfe. Eine Bestandsaufnahme, München, S. 265–318.
Mayntz, R. (2004): Governance im modernen Staat, in: Benz, A. (Hg.): Governance – Regieren in komplexen Regelsystemen, Wiesbaden, S. 65–76.
Mayntz, R. (2006): Governance Theory als fortentwickelte Steuerungstheorie?, in: Schuppert, G. (Hg.): Governance-Forschung. Vergewisserung über Stand und Entwicklungslinien, Baden-Baden, S. 11–20.
Meinhold, M. (2005): Einzelfallhilfe/Case-Management, in: Otto, H. -U./Thiersch, H. (Hg.): Handbuch Sozialarbeit/Sozialpädagogik, München, S. 361–367.
Merchel, J. (1998): „Hilfen aus einer Hand" – ein Traum sozialpädagogisch ambitionierter Reformer?, in: Peters, F./Trede, W./Winkler, M. (Hg.): Integrierte Erziehungshilfen. Qualifizierung der Jugendhilfe durch Flexibilisierung und Integration?, Frankfurt (Main), S. 297–321.
Merchel, J. (2003a): 10 Jahre Kinder- und Jugendhilfegesetz, in: Sachverständigenkommission 11. Kinder- und Jugendbericht (Hg.): Band 2: Kinder- und Jugendhilfe im Reformprozess, München, S. 11–142.
Merchel, J. (2003b): Trägerstrukturen in der Sozialen Arbeit. Eine Einführung, Weinheim.
Merchel, J. (2005): Planung, in: Otto, H. -U./Thiersch, H. (Hg.): Handbuch Sozialarbeit/Sozialpädagogik, München, S. 1364–1374.

Merchel, J./Reismann, H. (2004): Der Jugendhilfeausschuss. Eine Untersuchung über seine fachliche und jugendhilfepolitische Bedeutung am Beispiel NRW, Weinheim.

Merchel. J. (2004): Qualität als Verhandlungssache. Kontraktsteuerung und Professionalisierung Sozialer Dienste, in: Beckmann, C./Otto, H. -U./Richter, M./Schrödter, M. (Hg.): Qualität in der Sozialen Arbeit. Zwischen Nutzerinteresse und Kostenkontrolle, Wiesbaden, S. 133–154.

Messmer, H. (2003): Kostensteuerung oder fachliche Indikation, in: Widersprüche, Heft 4, S. 25–40.

Messmer, H. (2004): Hilfeplanung, in: Sozialwissenschaftliche Literaturrundschau, Heft 48, S. 73–93.

Meuser, M. (2006): Rekonstruktive Sozialforschung, in: Bohnsack,R./Marotzki, W./Meuser, M. (Hg.): Hauptbegriffe Qualitativer Sozialforschung, Opladen, S. 140–142.

Meuser, M./Nagel, U. (1997): Das ExpertInneninterview. Wissenssoziologische Voraussetzungen und methodische Durchführung, in: Friebershäuser, B./Prengel, A. (Hg.): Handbuch Qualitative Forschungsmethoden in der Erziehungswissenschaft, Weinheim, S. 481– 491.

Michel-Schwartze, B. (2002): Handlungswissen der sozialen Arbeit, Opladen.

Mollenhauer, K. (1965): Das sozialpädagogische Problem Beratung, in: Mollenhauer, K./Müller, C. W. (Hg.): „Führung" und „Beratung" in pädagogischer Sicht, Heidelberg, S. 25–50.

Müller, B. (2006): Sozialpädagogisches Können. Ein Lehrbuch zur multiperspektivischen Fallarbeit, Freiburg im Breisgau.

Müller, W./Neusüß, C. (1970): Die Sozialstaatsillusion und der Widerspruch von Lohnarbeit und Kapital, in: Sozialistische Politik 2, S. 4 –67.

Nestmann, F./Sickendiek, U. (2005): Beratung, in: Otto, H. -U./Thiersch, H. (Hg.): Handbuch Sozialarbeit/Sozialpädagogik, München, S. 140–152.

Neumann, L. F./Schaper, K. (2008): Die Sozialordnung der Bundesrepublik Deutschland, Bonn.

Newman, J. (2001): Modernising Governance. New Labour, Policy and Society, London.

Nullmeier, F. (2005): Wettbewerb und Konkurrenz, in: Blanke, B./von Bandemer, S. /Nullmeier, F./Wewer, G.(Hg.): Handbuch zur Verwaltungsreform. 3., völlig überarbeitete und erweiterte Auflage, Wiesbaden, S. 108–120.

Oechler, M. (2009): Dienstleistungsqualität in der Sozialen Arbeit. Eine rhetorische Modernisierung, Wiesbaden.

Offe, C. (1972): Strukturprobleme des kapitalistischen Staates. Aufsätze zur politischen Soziologie, Frankfurt (Main).

Olk, T. (1986): Abschied vom Experten. Sozialarbeit auf dem Weg zu einer alternativen Profession, Weinheim.

Ortmann, F. (1994): Öffentliche Verwaltung und Sozialarbeit. Lehrbuch zu Strukturen, bürokratischer Aufgabenbewältigung und sozialpädagogischem Handeln der Sozialverwaltung, Weinheim.

Ortmann, F. (2005): Organisation und Verwaltung des ‚Sozialen', in: Thole, W. (Hg.): Grundriss Soziale Arbeit. Ein einführendes Handbuch, Wiesbaden, S. 403–414.

Otto, H. -U./Peter, H. (2002): Jugendhilfe trotz Verwaltungsmodernisierung?. Fachlichkeit durch professionelle Steuerung, Münster.

Otto, H. -U./Schnurr, S. (Hg.) (2000): Privatisierung und Wettbewerb in der Jugendhilfe. Marktorientierte Modernisierungsstrategien in internationaler Perspektive, Neuwied.

Otto, H. -U./Ziegler, H. (2006): Managerielle Wirkungsorientierung und der demokratische Nutzwert professioneller Sozialer Arbeit, in: Badawia, T./Luckas, H. /Müller, H. (Hg.): Das Soziale Gestalten. Über Mögliches und Unmögliches der Sozialpädagogik, Wiesbaden, S. 95–112.

Palumbo, A. (2006): Administration, Civil Service, and Bureaucracy, in: Nash, K./Scott, A. (Hg.): The Blackwell Companion to Political Sociology, Malden, S. 127–138.

Papadopoulos, Y. (2004): Governance und Demokratie, in: Benz, A. (Hg.): Governance – Regieren in komplexen Regelsystemen. Eine Einführung, Wiesbaden, S. 215–237.

Peters, F. (1993): Zur Professionalisierbarkeit von Heimerziehung – diskutiert am Beispiel der Entwicklung in Hamburg zwischen 1980 und 1990, in: Peters, F. (Hg.): Professionalität im Alltag. Entwicklungsperspektiven in der Heimerziehung II, Bielefeld, S. 77–103.

Peters, F. (1997): Probleme von und mit flexiblen, integrierten Erziehungshilfen: eine Zwischenbilanz, in: neue praxis, Heft 4, S. 313–327.

Peters, F. (1998): Professionelles Handeln in integrierten, flexiblen, sozialräumlich orientierten Erziehungshilfen, in: Peters,F./Trede, W./Winkler, M. (Hg.): Integrierte Erziehungshilfen. Qualifizierung der Jugendhilfe durch Flexibilisierung und Integration?, Frankfurt (Main), S. 250–268.

Peters, F. (2004a): Qualitätsentwicklung unter den Bedingungen von Markt und Wettbewerb, Beckmann, C./Otto, H. -U./Richter, M./Schrödter, M. (Hg.): Qualität in der Sozialen Arbeit. Zwischen Nutzerinteresse und Kostenkontrolle, Wiesbaden, S. 155–171.

# 6 Literatur

Peters, F. (2004b): INTEGRA – ein kooperatives sozialpolitisches Steuerungsmodell als Alternative zu ‚Wettbewerb' und Marktorientierung?, in: Peters, F./Koch, J. (Hg.): Integrierte erzieherische Hilfen. Flexibilität, Integration und Sozialraumbezug in der Jugendhilfe, Weinheim, S. 111–128.

Peters, F. (2005): „Achtundsechzig" und die Wiederentdeckung praktischer Gesellschaftskritik, in: Forum Erziehungshilfen, Heft 5, S. 260–267.

Peters, F. (Hg.) (1983): Gemeinwesenarbeit im Kontext lokaler Sozialpolitik, Bielefeld.

Peters, F./Hamberger, M. (2004): Integrierte flexible, sozialräumliche Hilfen (INTEGRA) und der aktuelle Erziehungshilfediskurs, in: Peters, F./Koch, J. (Hg.): Integrierte erzieherische Hilfen. Flexibilität, Integration und Sozialraumbezug in der Jugendhilfe, Weinheim, S. 27–56.

Peters, F./Koch, J. (Hg.) (2004): Integrierte erzieherische Hilfen. Flexibilität, Integration und Sozialraumbezug in der Jugendhilfe, Weinheim.

Peters, F./Trede, W./Winkler, M. (Hg.) (1998): Integrierte Erziehungshilfen. Qualifizierung der Jugendhilfe durch Flexibilisierung und Integration?, Frankfurt (Main).

Pfadenhauer, M. (2003): Professionalität. Eine wissenssoziologische Rekonstruktion institutionalisierter Kompetenzdarstellungskompetenz, Opladen.

Pilz, F. (2004): Der Sozialstaat. Ausbau – Kontroversen – Umbau, Bonn.

Pitschas, R. (2002): Strukturen und Verfahrensweisen des Jugendamtes im kooperativen Rechts- und Sozialstaat, in: Sachverständigenkommission 11. Kinder- und Jugendbericht (Hg.): Strukturen der Kinder-und Jugendhilfe, , S. 163–263.

Pluto, L. (2007): Partizipation in den Hilfen zur Erziehung. Eine empirische Studie, München.

Pothmann, J. (2003): Kennzahlen in der Kinder- und Jugendhilfe. Zur Bedeutung und Verwendung eines Messinstrumentes für Soziale Dienste, Dortmund.

Raithelhuber, E. (2006): Netzwerk der Politikgestaltung im Sozial- und Bildungssektor – ein Blick durch die Brille der Gouvernementalität, in: Weber, S. /Maurer, S. (Hg.): Gouvernementalität und Erziehungswissenschaft. Wissen – Macht – Transformation, Wiesbaden, S. 163–179.

Reis, C./Schulze-Böing, M. (Hg.) (1998): Planung und Produktion sozialer Dienstleistungen. Die Herausforderung „neuer Steuerungsmodelle", Berlin.

Reismann, H. (1998): Verwaltungsmodernisierung in der Jugendhilfe, in: Jordan, E./Reismann, H. (1998): Qualitätssicherung und Verwaltungsmodernisierung in der Jugendhilfe, Hg.: Institut für soziale Arbeit (ISA) Münster, S. 40–78.

Reutlinger, C. (2005): Gespaltene Stadt und die Verdinglichung des Sozialraums – eine sozialgeographische Betrachtung, in: Projekt „Netzwerke im Stadtteil" (Hg.): Grenzen des Sozialraums. Kritik eines Konzepts – Perspektiven für die Soziale Arbeit, Wiesbaden, S. 87–108.

Risse, T. L. (2007): Governance in Räumen begrenzter Staatlichkeit, in: APuZ, Heft 20–21, S. 3–9.

Ritter, E. (1979): Der kooperative Staat. Bemerkungen zum Verhältnis von Staat und Wirtschaft, in: Archiv des öffentlichen Rechtes, Heft 104, S. 389–413.

Röber, M. (2005): Aufgabenkritik im Gewährleistungsstaat, in: Blanke, B./von Bandemer, S. /Nullmeier, F./Wewer, G.(Hg.): Handbuch zur Verwaltungsreform. 3., völlig überarbeitete und erweiterte Auflage, Wiesbaden, S. 84 – 94.

Rose, B. (1995): Flexibel organisierte Erziehungshilfen, in: Klatetzki, T. (Hg.): Flexible Erziehungshilfen. Ein Organisationskonzept in der Diskussion, Münster, S. 26–36.

Rosenbauer, N. (2008): Gewollte Unsicherheit?. Flexibilität und Entgrenzung in Einrichtungen der Jugendhilfe, Weinheim.

Rosenbauer, N./Seelmeyer, U. (2005): Was ist und was macht Jugendhilfeforschung?. Theoretische Annäherungen und empirische Forschungsergebnisse zu jüngeren Entwicklungen, in: Schweppe, C./Thole, W. (Hg.): Sozialpädagogik als forschende Disziplin. Theorie, Methode, Empirie, Weinheim, S. 253–275.

Rucht, D. (1988): Themes, Logics and Arenas of Social Movements: A Structural Approach, in: Klandermans, B./Kriesi, H. /Tarrow, S. (Hg.): From Structure to Action: Comparing Social Movement Research across Cultures, Greenwich, S. 305-328.

Sachße, C. (2003): Subsidiarität: Leitmaxime deutscher Wohlfahrtsstaatlichkeit, in: Lessenich, S. (Hg.): Wohlfahrtsstaatliche Grundbegriffe, Frankfurt (Main), S. 191-212.

Sachße, C./Engelhardt, H. T. (1990): Sicherheit und Freiheit, Frankfurt (Main).

Sandermann, P./Urban-Stahl, U. (2008): Sozialraumorientierung oder Gemeinwesenorientierung?. Begriffliche Entgrenzungen in der Debatte um Sozialraumorientierung in der Jugendhilfe und ihre Folgen, in: Rundbrief Integrierte Erziehungshilfen, Heft 2, S. 10–17.

Schäfer, G. (2005): Abschlussbericht des Modellprojektes Sozialräumliches Arbeiten und Sozialraumbudgetierung, Celle.

Schimank, U. (2005): Die Entscheidungsgesellschaft. Komplexität und Rationalität der Moderne, Wiesbaden.

# 6 Literatur

Schimank, U. (2007): Elementare Mechanismen, in: Benz, A./Lütz, S. /Schimank, U./Simonis G. (Hg.) (2007): Handbuch Governance. Theoretische Grundlagen und empirische Anwendungsfelder, Wiesbaden, S. 29–45.

Schmidt, M. (1996): Modernisierung der Profession – ohne professionelle Modernisierung?, in: Flösser, G./Otto, H. -U. (Hg.): Neue Steuerungsmodelle für die Jugendhilfe, Neuwied, S. 33–54.

Schrapper, C. (1989): Erziehungs-Aufseher, Gerichts-Helfer oder mehr? Die „besonderen Erziehungshilfen" des Jugendamtes (Erziehungsbeistandschaft, Jugendgerichtshilfe und formlose Betreuung). Reformziele und Praxisveränderungen seit 1970, in: In: Blandow, J./Faltermeier, J. (Hg.): Erziehungshilfen in der Bundesrepublik Deutschland: Stand und Entwicklungen, Frankfurt (Main), S. 58–87.

Schrapper, C. (1990): Voraussetzungen, Verlauf und Wirkungen der „Heimkampagnen", in: neue praxis, Heft 5, S. 417–427.

Schrapper, C./Pies, S. (2006): Empirische, theoretische und rechtliche Dimensionen in der Hilfeplanung, in: Neuberger, C. (Hg.): Dialog der Konzepte: Hilfeplanung nach § 36 SGB VIII und in angrenzenden Hilfen. Dokumentation eines ExpertInnengesprächs vom 17. bis 18. Oktober 2005, München, S. 7–37.

Schrapper, C./Sengling, D./Wickenbrock, W. (1987): Welche Hilfe ist die richtige? Historische und empirische Studien zur Gestaltung sozialpädagogischer Entscheidungen im Jugendamt, Frankfurt (Main).

Schröer, N. (1994): Umrisse einer hermeneutischen Wissenssoziologie, in: Schröer, N. (Hg.): Interpretative Sozialforschung. Auf dem Weg zu einer hermeneutischen Wissenssoziologie, Opladen, S. 9–27.

Schröter, E./Wollmann, H. (2005): New Public Management, in: Blanke, B./von Bandemer, S. /Nullmeier, F./Wewer, G.(Hg.): Handbuch zur Verwaltungsreform. 3., völlig überarbeitete und erweiterte Auflage, Wiesbaden, S. 63–74.

Schubert, H. (2008): The Chicago School of Sociology Theorie, Empirie und Methode, in: Klingemann, C. (Hg.): Jahrbuch für Soziologiegeschichte, Wiesbaden, S. 119–164.

Schütze, F. (1994): Strukturen des professionellen Handelns, biographische Betroffenheit und Supervision, in: Supervision, Heft 26, S. 10–39.

Schütze, F. (1996): Organisationszwänge und hoheitsstaatliche Rahmenbedingungen im Sozialwesen. Ihre Auswirkung auf die Paradoxien des professionellen Handelns, in: Combe, A./Helsper, W. (Hg.): Pädagogische Professionalität. Untersuchungen zum Typus pädagogischen Handelns, Frankfurt (Main), S. 183–275.

Scourfield, J./Welsh, I. (2003): Risk, Reflexivity and Social Control in Child Protection: New Times or same Old Story?, in: Critical Social Policy, Heft 23, S. 298– 420.
Sennett, R. (2000): Der flexible Mensch. Die Kultur des neuen Kapitalismus, Berlin.
Sheldon, B. (1986): Social work effectiveness experiments: review and implications, in: British Journal of Social Work 16(2), S. 223–242.
Shibutani, T. (1955): Reference Groups as Perspectives, in: American Journal of Sociology, Heft 60, S. 562–569.
Spatscheck, C. (2008): Methoden der Sozialraum- und Lebensweltanalyse im Kontext der Theorie und Methodendiskussion der Sozialen Arbeit, in: Deinet, U. (Hg.): Methodenbuch Sozialraum, Wiesbaden, S. 33– 44.
Steger, U. (1994): Einleitung, in: Steger, U. (Hg.): Lean Administration. Die Krise der öffentlichen Verwaltung als Chance, Frankfurt (Main), S. 9–19.
Stolterfoht, B. (1994): Umbau des Sozialstaates: ist die Krise eine Chance?, in: Steger, U. (Hg.): Lean Administration. Die Krise der öffentlichen Verwaltung als Chance, Frankfurt (Main), S. 145–167.
Strauss, A. u. a. (1964): Psychiatric Ideologies and Institutions, New York.
Strauss, A. (1978): A Social Worlds Perspective, in: Denzin, N. (Hg.): Studies in Symbolic Interaction. Vol. 1, Greenwich, S. 119–128.
Strauss, A. (1987): Qualitative Analysis for Social Scientists, Cambridge.
Strauss, A. (1988): Negotiations. Variaties, Contexts, Processes and Social Order, San Francisco.
Strauss, A. (1998): Grundlagen qualitativer Sozialforschung. 2. Auflage, München.
Strauss, A. (2008): Continual Permutations of Action, Hawthorne.
Strauss, A./Corbin, J. (1996): Grounded Theory. Grundlagen qualitativer Sozialforschung, Weinheim.
Struck, N. (2002): Kinder- und Jugendhilfegesetz/SGB VIII, in: Schröer,W./Struck, N./Wolff, M. (Hg.): Handbuch Kinder- und Jugendhilfe. Weinheim, S. 529–544.
Strübing, J. (2004): Grounded Theory. Zur sozialtheoretischen und epistemologischen Fundierung des Verfahrens empirisch begründeter Theoriebildung, Wiesbaden.
Strübing, J. (2005): Pragmatistische Wissenschafts- und Technikforschung. Theorie und Methode, Frankfurt (Main).
Strübing, J. (2007): Anselm Strauss, Konstanz.

# 6 Literatur

Strübing, J. (2008): Pragmatismus als empistemische Praxis. Der Beitrag der Grounded Theory zur Empirie-Theorie-Frage, in: Kalthoff, H. /Hirschauer, S. /Lindemann, G. (Hg.): Theoretische Empirie. Zur Relevanz qualitativer Forschung, Frankfurt (Main), S. 279–311.

Strübing, J./Schnettler, B. (Hg.) (2004): Methodologie interpretativer Sozialforschung. Klassische Grundlagentexte, Konstanz.

Swedberg, R. (1994): Markets as Social Structures, in: Smelser, N./Swedberg, R. (Hg.): The Handbook of Economic Sociology, Princeton, S. 255–282.

Taylor, C. /White, S. (2006): Knowledge and Reasoning in Social Work. Educating for Humane Judgement, in: British Journal of Social Work, Heft 6, S. 937.

Taylor, C./White, S. (2001): Knowledge, Truth and Reflexivity. The Problem of Judgement in Social Work, in: Journal of Social Work, Heft 1, S. 37–58.

Thiersch, H. (2005): Lebensweltorientierte soziale Arbeit. Aufgaben der Praxis im Sozialen Wandel, Weinheim, 6., Auflage.

Thole, W. (2005): Soziale Arbeit als Profession und Disziplin, in: Thole, W. (Hg.): Grundriss Soziale Arbeit. Ein einführendes Handbuch, Wiesbaden, S. 13–60.

Trapper, T. (2002): Erziehungshilfe: Von der Disziplinierung zur Vermarktung?. Entwicklungslinien der Hilfen zur Erziehung in den gesellschaftlichen Antinomien zum Ende des 20. Jahrhunderts, Bad Heilbrunn.

Urban, U. (2004): Professionelles Handeln zwischen Hilfe und Kontrolle. Sozialpädagogische Entscheidung in der Hilfeplanung, Weinheim.

Urban-Stahl, U. (2009): „Ich muss letztendlich entscheiden." – Dialog und Entscheidungsmacht in der Hilfeplanung, in: Krause, H. -U./Rätz-Heinisch, R. (Hg.): Soziale Arbeit im Dialog gestalten. Theoretische Grundlagen und methodische Zugänge einer dialogischen Sozialen Arbeit, Opladen, S. 163–174.

Verein für Kommunalwissenschaften e.V. (1997): Verwaltungsmodernisierung. Standpunkte und Entwicklungen in der Jugendhilfe, Berlin.

Vogel, M.-R. (1966): Die kommunale Apparatur der öffentlichen Hilfe. Eine Studie über Grundprobleme ihres gegenwärtigen Systems, Stuttgart.

von Bandemer, S. /Hilbert, J. (2005): Vom expandierenden zum aktivierenden Staat, in: Blanke, B./von Bandemer, S. /Nullmeier, F./Wewer, G.(Hg.): Handbuch zur Verwaltungsreform. 3., völlig überarbeitete und erweiterte Auflage, Wiesbaden, S. 26-35.

Webb, S. (2006): Social Work in a Risk Society. Social and Political Perspectives, Basingstoke.

Webb, S. (2001): Some considerations on the validity of evidence-based practice in social work, in: British Journal of Social Work 31(1), S. 57–79.

Weber, M. (1972): Wirtschaft und Gesellschaft: Grundriss der verstehenden Soziologie, Tübingen.
Weber, M. (1980): Wirtschaft und Gesellschaft: Grundriss der verstehenden Soziologie, Tübingen.
Weber, S. /Maurer, S. (Hg.) (2006): Gouvernementalität und Erziehungswissenschaft. Wissen – Macht – Transformation, Wiesbaden.
White, V. (2000): Profession und Management, in: Widersprüche, Heft 3, S. 9–27.
Wiesenthal (2005): Markt, Organisation und Gemeinschaft als „zweitbeste" Verfahren sozialer Koordination, in: Jäger, W./Schimank, U. (Hg.): Organisationsgesellschaft. Facetten und Perspektiven, Wiesbaden, S. 223–264.
Wiesenthal, H. (2006): Gesellschaftssteuerung und gesellschaftliche Selbststeuerung. Eine Einführung, Wiesbaden.
Wiesner, R. (2006): Gesetzgeberische Absichten zur Verbesserung des Schutzes von Kindern und Jugendlichen vor Gefahren für ihr Wohl durch das Kinder- und Jugendhilfeweiterentwicklungsgesetz (KICK), in: IKK-Nachrichten, Heft 1–2, S. 4-8.
Willke, H. (1997): Supervision des Staates, Frankfurt (Main).
Willke, H. (2001): Systemtheorie III: Steuerungstheorie, Stuttgart.
Winkler, M. (1998): Fachlichkeit durch Auflösung, In: Peters, F./Trede, W. /Winkler, M. (Hg.): Integrierte Erziehungshilfen, Qualifizierung der Jugendhilfe durch Flexibilisierung und Integration?, Frankfurt (Main), S. 269–296.
Wohlfahrt, N. (1996): Steuerungsprobleme „neuer Steuerungsmodelle": Welche Rolle spielt die Politik bei der Modernisierung der Kommunalverwaltung?, in: Merchel, J./Schrapper, C. (Hg.): „Neue Steuerung" Tendenzen der Organisationsentwicklung in der Sozialverwaltung, Münster, S. 91–106.
Wohlfahrt, N. (2002): Kommunale Verwaltungsmodernisierung als Reformpolitik?- Auswirkungen auf die Jugendhilfe, in: Otto, H. -U./Peter, H. (Hg.): Jugendhilfe trotz Verwaltungsmodernisierung. Fachlichkeit durch professionelle Steuerung, Münster. S. 84 –98.
Wohlfahrt, N./Dahme, H. -J. (2002): Sozialraumbudgets in der Kinder- und Jugendhilfe: eine verwaltungswissenschaftliche Bewertung. Expertise für die Regiestelle des Bundesprogramms "Entwicklung und Chancen junger Menschen in sozialen Brennpunkten", Berlin, Herausg vom BMFSFJ.
Wohlgemuth, K. (2009): Prävention in der Kinder- und Jugendhilfe. Annäherung an eine Zauberformel, Wiesbaden.

# 6 Literatur

Wolf, K. (1992): Veränderungen in der Heimerziehung und Jugendhilfe als Spiegel veränderter Moralvorstellungen und Kontrollstile, in: Peters, F./Trede, W. (Hg.): Strategien gegen Ausgrenzung. Politik, Pädagogik und Praxis der Erziehungshilfen in den 90er Jahren, Frankfurt (Main), S. 157–167.

Wolf, K. (Hg.) (1993): Entwicklungen in der Heimerziehung, Münster.

Wolff, M. (2000): Integrierte Erziehungshilfen. Eine exemplarische Studie über neue Konzepte in der Jugendhilfe, Weinheim.

Wolff, M. (2004): Integrierte Erziehungshilfen versus Verwaltungslogik, in: Peters, F./Koch, J. (Hg.): Integrierte erzieherische Hilfen. Flexibilität, Integration und Sozialraumbezug in der Jugendhilfe, Weinheim, S. 101–110.

Wolff, S. (1983): Die Produktion von Fürsorglichkeit, Bielefeld.

Wolff, S. /Scheffer, T. (2003): Begleitende Evaluation in sozialen Einrichtungen, in: Schweppe, C. (Hg.): Qualitative Forschung in der Sozialpädagogik, S. 331–351.

Ziegler, H. (2003): Diagnose, Macht, Wissen und ‚what works'? – Die Kunst, dermaßen zu regieren, in: Widersprüche, Heft 88, S. 101–116.

# Programm Soziale Arbeit

Gertrud Oelerich /
Hans-Uwe Otto (Hrsg.)
**Empirische Forschung
und Soziale Arbeit**
Ein Studienbuch
2010. ca. 300 S. Br. ca. EUR 24,95
ISBN 978-3-531-17204-0

Friederike Heinzel / Werner Thole /
Peter Cloos / Stefan Köngeter (Hrsg.)
**„Auf unsicherem Terrain"**
Ethnographische Forschung im Kontext
des Bildungs- und Sozialwesens
2010. 274 S. Br. EUR 34,95
ISBN 978-3-531-15447-3

Bettina Paul /
Henning Schmidt-Semisch (Hrsg.)
**Risiko Gesundheit**
Über Risiken und Nebenwirkungen
der Gesundheitsgesellschaft
2010. 289 S. Br. EUR 24,95
ISBN 978-3-531-16544-8

Bernd Dollinger
**Reflexive Sozialpädagogik**
Struktur und Wandel
sozialpädagogischen Wissens
2008. 265 S. Br. EUR 29,90
ISBN 978-3-531-15975-1

Lotte Rose /
Benedikt Sturzenhecker (Hrsg.)
**‚Erst kommt das Fressen ...!'**
Über Essen und Kochen
in der Sozialen Arbeit
2009. 316 S. Br. EUR 24,90
ISBN 978-3-531-16090-0

Roland Becker-Lenz / Stefan Busse /
Gudrun Ehlert / Silke Müller (Hrsg.)
**Professionalität
in der Sozialen Arbeit**
Standpunkte, Kontroversen, Perspektiven
2. Aufl. 2009. 352 S. Br. EUR 39,90
ISBN 978-3-531-16970-5

Erhältlich im Buchhandel oder beim Verlag.
Änderungen vorbehalten. Stand: Juli 2010.

**www.vs-verlag.de**

Abraham-Lincoln-Straße 46
65189 Wiesbaden
Tel. 0611.7878-722
Fax 0611.7878-400

| | MIX |
|---|---|
| | Papier aus verantwortungsvollen Quellen |
| | Paper from responsible sources |
| FSC www.fsc.org | FSC® C105338 |

If you have any concerns about our products,
you can contact us on
**ProductSafety@springernature.com**

In case Publisher is established outside the EU,
the EU authorized representative is:
**Springer Nature Customer Service Center GmbH
Europaplatz 3, 69115 Heidelberg, Germany**

Printed by Libri Plureos GmbH
in Hamburg, Germany